21 世纪法学系列教材

# 环境法学概要

Environmental Law in a Nutshell


主　编｜吕忠梅

撰稿人｜吕忠梅　刘　超
（以撰写章节先后为序）｜陈海嵩　张　宝
邱　秋



法律出版社
——北　京——
始创于 1954 年


好书，同好老师和好学生分享

# 出版说明

法律出版社作为中国历史最悠久、品牌积淀最深厚的法律专业出版社，素来重视法学教育图书之出版。

原"21世纪法学规划教材"系列作为本社法学教育出版的重心，延续至今已有十余年。该系列一直以打造新世纪新经典教材为己任，遍揽名家新秀，因其卓越品质而颇受瞩目并广受肯定。当前，根据法学教育发展变化的客观需要，本社将原有教材系列调整重组，形成新编"21世纪法学系列教材"，以便更好地为法学师生服务。

中国的法学教育正面临深刻变革，未来的法学教育势必以培养高素质法律人才为目标，以知识教育与应用教育相结合、职业教育与素质教育相结合、精英教育与大众教育相结合为导向，法学教育图书的编写与出版也将由此进入变革与创新的时代。

为顺应未来法学教育的改革方向和发展趋势，本社将应时而动，为不同学科、不同层次、不同阶段、不同需求的法学师生量身打造法学教材及教学辅助用书。在教材方面，将推出课堂教学系列、实训课程系列、通识课程系列、简明本系列、双语教学系列等；在教学辅助用书方面，将推出案例教程系列、法规教程系列、练习与测验系列、法学讲座系列、专业培训系列等。或革新，或全新，以厚基础、宽口径、多元化、开放性为基调，力求从品种、内容和形式上呈现崭新风采，为法学师生提供更好教本与读本，同享规划教材之盛。

"好书，同好老师和好学生分享"。本社在法学教育图书出版上必将继往开来，以精益求精的专业态度，打造全新"21世纪法学系列教材"，传播法学知识，传承法学理念，辅拂法律教育事业，积累法律教育财富，服务于万千法学师生和明日法治英才。

法律出版社

# 出版说明

# 作 者 简 介

**吕忠梅**　湖北荆州人，法学博士。现任全国政协社会和法制委员会驻会副主任，武汉大学环境资源法研究所兼职教授、博士生导师，教育部人文社科基地——环境资源法学术委员会委员。第十届、第十一届、第十二届全国人大代表，第十二届全国政协委员。最高人民法院特邀咨询员、最高人民法院环境司法研究中心副主任兼学术委员会主任；中国法学会环境资源法研究会副会长、中国法学会经济法研究会常务理事。主持国家社科基金重大项目等国家级、省部级科研项目四十余项，发表科研成果六百余万字。获得省部级以上科研成果奖励二十余项。代表性著作有《环境法新视野》等十余部，论文《论公民环境权》等二百余篇。1999 年获国务院特殊津贴，2002 年获评中国第三届“杰出中青年法学家”，2005 年入选中国法学名家，2009 年获评中国杰出人文社会科学家，2014 年获评“中国法治人物”，2015 年被评为对中国法学理论有影响的 50 名学者之一，2016 年获批中国人文社会科学领军人才。

**刘　超**　湖北武穴人，法学博士、博士后。现为华侨大学法学院副教授、硕士生导师。主持国家社科基金项目、教育部人文社会科学基金项目、博士后科学基金面上资助项目等十七项，出版学术专著四部，发表学术论文七十余篇，其中，在《法律科学》、《法商研究》、《现代法学》、《法学评论》、《政治与法律》、《法学杂志》、《政法论丛》等 CSSCI 来源期刊上发表学术论文四十余篇，七篇论文被《人大复印资料》全文转载。入选“福建省高校新世纪优秀人才支持计划”、“福建省高校杰出青年科研人才培育计划”等多项人才项目。

**陈海嵩**　湖北武汉人，法学博士。现为中南大学法学院教授。在《中国法学》、《法学研究》、《新华文摘》等刊物上发表论文四十余篇，主持国家级、省部级科研项目十项，出版专著三部；获省部级科研奖励多项。获“2015年中达环境法青年学者奖”。代表性论著有：《国家环境保护义务论》（2015年）、《解释论视角下的环境法研究》（2016年）、《雾霾应急的中国实践与环境法理》（2016年）。

**张　宝**　安徽阜阳人，法学博士（中美联合培养）、博士后。现为中南大学法学院院长助理、副教授、硕士生导师。主持国家社科基金后期资助、司法部、中国法学会等国家、部省级课题八项，作为核心成员参与国家重大项目等十余项。独著有：《环境侵权的解释论》、《环境规制的法理与制度》，合著有：《侵害与救济：环境友好型社会中的法治基础》、《环境污染责任：案例与争点》等十余部，在《现代法学》、《政治与法律》、《人民日报（理论版）》等刊物发表论文四十余篇。兼任江西理工大学文法学院硕士生导师、中国环境科学学会环境法学分会委员等。

**邱　秋**　湖北黄陂人，法学博士、博士后，美国PACE大学访问学者。现为湖北经济学院教授、法学院院长，湖北水事研究中心副主任，水资源保护跨学科团队负责人，中南财经政法大学博士研究生合作导师，湖北省环境资源法学研究会副会长。代表性著作为《自然资源国家所有权制度研究》，先后主持“环境立法前评估制度研究”等八项省部级以上课题。

# 编写说明

改革开放三十多年来，我国在经济发展与社会建设上取得了举世瞩目的成就，但也付出了沉重的环境代价。放眼世界与历史，现代环境法产生于西方资本主义国家，带有鲜明的亡羊补牢的特征。前车之鉴，理应昭示我国环境法治建设摒弃见兔顾犬而重视未雨绸缪的制度理念与路径，在经济社会发展和大国崛起中承担保驾护航的功能。实际上，我国改革开放以来的现代化建设中，环境法从未缺位，但其效果却饱受诟病，在一路争议与质疑中跌撞前行。自 1979 年《环境保护法（试行）》以来的环境立法与执法实践也给了我们建立中国环境法学知识体系的对象与样本，使得我们既可以检讨环境法的缺陷，因为承认不足是前进的动力；也可以展开“同情之理解”，建立“制度自信”、归纳“中国经验”。2014 年 4 月 24 日，全国人大常委会十二届八次会议通过的《中华人民共和国环境保护法修订案》应该说是对我国环境法实践深刻反思的结果，也是我们继续前行的新起点。当前，在深化生态文明体制改革、建设“美丽中国”的宏大背景下，环境法治建设正在以全新的理念与前所未有的力度展开。我们在这样的时代背景下编写这本教材，不能只是提供一个空洞的环境法知识框架，而是要紧密结合中国的环境法治实践，归纳提炼中国的环境法知识体系，为解决中国环境法实践问题提供理论指引。

1. 本教材定位为环境法学概要，主要阐释环境法学的基本概念、基础理论和基本制度。从环境法的基本范畴、权利基础、制度体系和运行环节等方面总结环境法的知识体系。

2. 本教材按照环境法的理论逻辑安排内容，不严格区分总论与分论。按照法学逻辑对国内外的环境法理论与实践进行梳理，以对环境法律规范的梳理与条文解析为依据与佐证，阐释环境法基本理论、基本制度和重要实践。

3. 本教材注重理论创新，尽可能地吸收国内外最新理论研究及立法成果。

充分吸纳各学科、各领域关于环境保护问题的研究的最新成果，尤其是法学不同学科的环境法理论研究成果与立法进展，并将其融入环境法知识体系之中。

4. 本教材关注社会实践，以中国三十多年的环境法治实践为重要研究对象，高度重视环境法理论对实践的解释与引领，从环境社会事件、环境执法过程、环境司法实践中抽象与提炼环境法理论、制度，回应环境法制度创新需求。

5. 本教材坚持法言法语表达，务求实现环境法知识与法理学和相关法学知识的“无缝对接”，使学习者既能将环境法融入法律大家族，形成相对完整的法律知识体系；又能发现环境法作为法律家族新成员的活泼与清新，理解环境法的青春梦想与追求，感受环境法知识的独特魅力。

为了实现目标，我们精心挑选了作者并根据其专长与特点进行了分工：吕忠梅负责撰写导论和统稿；刘超负责撰写第一章、第三章；陈海嵩负责撰写第二章、第六章；张宝负责撰写第四章、第七章；邱秋负责撰写第五章。除主编以外的各位作者都是近年来环境法学界的实力派新秀，也是本科教学一线的主力军。

客观地说，本着编写一本好教材的愿望与追求，我们进行了艰苦的努力，三易其稿，反复修改，希望能够呈现一本兼顾理论系统性与知识完备性、既展示一般法学规律又体现环境法个性特色的教材。但是，我们也深知，由于能力与精力所限，遗憾肯定存在，错漏也会难免，期望读者诸君在使用的过程中，多予批评，不吝指正！

吕忠梅

2016 年 5 月 28 日

# 目　录

# 导　论

## 一、环境

### （一）环境与环境要素

环境法要实现保护和改善环境的目标，首先需要明确环境法保护的是什么样的环境，因此，厘清“环境”的内涵尤其必要。在汉语中，“环境”一词内涵丰富，不同的词典可能会有不同解释，但可以发现其共同点，即“环境”总是相对于某一事物而言，是围绕着中心事物并对该事物产生影响的所有外界事物。概言之，环境是指相对并影响某中心事物的周围事物。比如，《汉语大词典》将环境界定为：第一，周围的地方；第二，环绕所管辖的区域；第三，周围的自然条件和社会条件。[1]《现代汉语大词典》对环境的界定是：第一，周围的地方；第二，周围的自然条件和社会条件。[2] 其他词典也基本上是从（中心事物）的周围地方、周围的情况和条件去定义环境。[3] 具体到不同学科中，“环境”也有不同的具体指涉。比如，物理学所讲的环境是“物质运动时通过物质空间的场所”，生物学中的环境是“一切有机体生存所必需的外部条件的总和”，地

---

〔1〕《汉语大词典》，上海辞书出版社2008年版，第640页。

〔2〕《现代汉语大词典》，上海辞书出版社2008年版，第1968页。

〔3〕比如，《大辞海》对环境的界定是：第一，环绕所辖的区域、周匝；第二，指周围的情况和条件。参见《大辞海》，上海辞书出版社2011年版，第1385～1386页。《现代汉语词典》对环境的界定是：第一，周围的地方；第二，周围的情况和条件，参见《现代汉语词典》，商务印书馆2012年版，第565页。《商务国际现代汉语词典》对环境的界定是：第一，周围的地方；第二，指周围的情况和条件，参见《商务国际现代汉语词典》，商务印书馆国际有限公司2013年版，第448页。《辞海》对环境的界定最为详细，其具体界定为：第一，环绕所辖的区域；周匝；第二，一般指环绕人类生存和发展的各种外部条件和要素的总体。在时间上与空间上是无限的。分为自然环境和社会环境。其内容有：合理利用自然资源，防止环境污染；在产生环境污染后，做好综合治理；保护人群健康，促进经济、社会与环境的全面、协调、可持续发展。涉及经济学、法学、卫生学、地质学、化学、物理学、生物学、海洋学、水文学、土壤学、气象学、生态学、遗传学以及环境工程等各学科。参见《辞海》，上海辞书出版社2009年版，第947页。

理学中的环境是围绕人类的自然现象的总和;[4]等等。在环境科学里,中心是人,环境是以人为中心的客观存在,这个客观存在主要是指:人类已经认识到,直接或间接影响人类生存与发展的周围事物。[5] 这种客观存在,既有我们能够感受到的自然状态,如阳光、空气、土壤、河流、湖泊、海洋、森林、草原、野生动物等;也有经过人工改造过的状态,如城市、村落、水库、港口、公路、铁路、空港、园林等。

环境是由不同的基本物质构成的综合体,我们把各种物质称为环境要素,包括自然环境要素和人工要素。自然环境要素,也叫环境基质,是指构成环境整体的各个独立的、性质不同而又服从总体演化规律的基本物质组分,主要包括水、大气、生物、土壤、岩石和阳光等。环境要素组成环境结构单元,环境结构单元又组成环境整体或环境系统。比如,空气、水蒸气等组成大气层,整个大气层组成大气圈;河流、湖泊、海洋等地球上各种形态的水体组成水圈;岩石和土壤构成岩石—土壤圈;动物、植物和微生物组成生物群落,全部生物群落构成生物圈。大气圈、水圈、岩石—土壤圈和生物圈这四个圈构成了人类的生存环境——地球环境系统。人工要素是指由人工形成的物质能量,包括城市规划、住宅设计和配套、公共服务设施、交通、供水、供气、绿化面积,等等。自然环境要素是人工要素的基础,因此,在环境法中,研究的重点是自然环境要素,如《水污染防治法》、《大气污染防治法》、《野生动物保护法》,都是针对自然环境要素的立法。

自然环境要素具有一些非常重要的属性,它们相互之间紧密联系和互相作用,这是人类认识与改造环境的自然规律基础,也是环境立法、执法、司法必须尊重的自然规律。这些属性可以概括如下:

1. 最小限制律。环境要素的最小限制律也称最差限制律,是对环境质量而言的。它意味着环境质量,不能由环境诸要素的平均状态决定,而是受环境诸要素中那个与最优状态差距最大的要素所控制。也就是说,环境质量的好坏不是由环境诸要素的平均水平决定,而是由诸多环境要素中处于最差状态的环境要素限制,并且不能由其他处于良好状态的环境要素来补偿。比如,我

---

[4] 战友主编:《环境保护概论》(第二版),化学工业出版社 2010 年版,第 1 页。
[5] 曲向荣主编:《环境学概论》(第二版),科学出版社 2015 年版,第 1 页。

们在雾霾天时,感受到的是整个环境质量不好,而不仅仅是空气质量差。

2. 环境要素等值性。指无论各环境要素本身在规模上或数量上存在何种差异,只要是一种独立的环境要素,它对于环境质量的限制就没有本质差异。也就是说,任何一种具体的环境要素,对于环境质量的限制,只有当它们处于最差状态时,才具有等值性。雾霾就是当空气污染达到严重程度时所形成的对环境质量的限制,我们所看到的 PM2.5 指数(一种大气污染指数),代表着空气中细微颗粒物污染的不同程度。

3. 环境整体性。指环境并不是单一环境要素的简单叠加,而是在相互联系与相互作用的环境要素基础上形成的整体效应,是环境要素的个体效应基础上的质的飞跃。环境的整体性大于诸环境要素之和。比如,空气质量不好,不仅会对人的健康产生影响,也会对其他环境要素产生影响,空气中的有毒有害物质也会被植物吸收,导致植物生病甚至死亡;空气污染物被雨雪带到河流中,也会造成水体污染。

4. 环境要素的相互依赖性。环境诸要素在地球演化史上的出现即使有先后顺序,但它们相互之间紧密联系、相互依赖。这种相互依赖于制约,一方面,通过能量在各要素之间传递,或者以能量形式在各个环境要素之间的转换实现;另一方面,物质在环境要素之间的传递和转化,也使得各环境要素紧密联系在一起。比如,植物生长需要阳光、空气和水,通过光合作用完成能量转换和物质传递,人也是通过吃喝拉撒在与自然进行能量与物质的转化。

(二)环境的分类

法律是对人的行为类型化规则,环境法要实现对环境的保护和改善,也必须对人与环境相关的行为类型化。为了从法律上更好地认识环境,我们有必要对环境进行分类,不同的分类标准和分类方法可以得出不同的分类结果。

1. 自然环境与人为环境

这是依据组成环境的物质与人类活动关系而进行的分类。自然环境又称为天然环境,是指地球在发展演化过程中自然形成、未受人类干预或只受人类轻微干预,尚能保持自然风貌的环境,如野生动植物、原始森林等。人为环境又称人工环境,是指由于人类活动在自然环境基础之上而形成的环境要素,包括水库、道路、公园和城市等。这种分类方法最先被联合国第一次人类环境会议通过的《斯德哥尔摩宣言》采用,后为各国立法所接受,我国的环境立法也采用了这一分类方法,《环境保护法》第 2 条规定:"本法所称环境,是指影响人类生存和发展的各种天然的和经过人工改造的自然因素的总体,包括大气、水、海洋、土地、矿藏、森林、草原、湿地、野生生物、自然遗迹、人文遗迹、自然保护区、风景名胜区、城市和乡村等。"

2. 大气环境、水环境、土壤环境等

这是依据自然环境要素所作的分类,主要有大气环境、水环境、土壤环境、生物环境等。大气环境又称大气圈,是自然环境的组成要素之一,也是一切生物赖以生存的物质基础,大气是由多种气体、水汽、液体颗粒和悬浮固体杂质组成的混合物,这些物质在地球引力作用下形成了对流层、平流层、中间层、暖层和逸散层等不同的结构形式。水环境也被称为水圈,是指地球表面的各种水体,包括海洋、江河、湖泊、沼泽、冰川等地表水、大气水和地下水。土壤环境是指岩石经过物理、化学、生物的侵蚀和风化作用,以及地貌、气候等诸多因素长期作用下形成的地球陆地表面具有肥力、能生长植物和微生物的疏松表层,由矿物质、动植物残体腐烂分解产生的有机物质以及水分、空气等固、液、气三相组成。生物环境是指地球表面除人类以外的其他所有生物,包括所有的动物、植物、微生物等。这种分类对于环境立法具有重要意义,当前世界各国主要采用这种分类进行立法,如美国的《清洁空气法》、《清洁水法》。

3. 聚落环境、地理环境、地质环境、宇宙环境

这是根据对人的生活影响远近而作的分类。聚落环境是人类聚居和生活场所的环境,进一步可划分为院落环境、村落环境和城市环境。地理环境是围绕人类的自然现象的总体,位于地球表层,即水圈、土圈、大气圈和生物圈相互制约、相互渗透、相互转化的交错带上,其厚度约为 10 ~ 30km。地质环境是指地理环境中除生物圈以外的其余部分,能为人类提供丰富的矿物资源。宇宙环境是指地球大气圈以外的环境,又称星际环境。这种分类法将环境中的自然因素和人为因素综合加以考虑,是环境科学研究环境的发展变化规律的重要方法,也是环境法研究人类活动对环境的影响、研究环境法律行为的重要方法。在环境法具体制度中,对人类影响环境的行为控制,会采用这种方法,比如,环境规划、环境影响评价、环境标准等制度都需要根据污染物对人的生活影响远近来确定城市、工厂的选址及生产、生活行为。

（三）环境的功能[6]

对人类而言，环境功能是环境要素及其构成的环境状态对人类生产和生活所承担的职能和作用，内容非常广泛，可以概括为如下方面。

1. 为人类提供生存的基本要素

人类、生物都是地球演化到一定阶段的产物，生命活动的基本特征是生命体与外界环境的物质交换和能量交换。空气、水和食物是人体获得物质和能量的主要来源。因此，清洁的空气、洁净的水、无污染的土壤和食物是人类健康和世代繁衍的基本环境要素。

2. 为人类提供从事生产的资源基础

环境是人类从事生产与社会经济发展的资源基础。自然环境要素是人类劳动创造财富的对象，在经济学上，自然环境要素又被称为自然资源。自然资源分为可耗竭资源（不可再生资源）和可再生资源两大类。可耗竭资源是指环境蕴藏量不再增加的资源，它的持续开采过程也是资源的耗竭过程，当储藏量为零时，就达到了耗竭状态，主要是指煤炭、石油、天然气等能源和金属等矿产资源。可再生资源是指能够通过自然力以某一增长率保持、恢复或增加蕴藏量的自然环境，如太阳能、大气、森林、水体、各种野生植物等。许多可再生资源的可持续性受人类利用方式的影响。如果人类合理开发利用，资源就可以恢复、更新、再生，甚至不断增长。而不合理地开发利用会导致可再生过程受阻，使蕴藏量不断减少，以致枯竭。比如，水土流失或盐碱化导致土壤肥力下降，农作物减产；过度捕捞使渔业资源枯竭，由此降低鱼群的自然增长率。有些可再生资源不受人类活动影响，当代人消费的数量不会使后代人消费的数量减少，如太阳能、风力等。

3. 对废物的消化和同化

人类在进行物质生产或消费过程中，会产生一些废物并排放到环境中。环境通过各种各样的物理（稀释、扩散、挥发、沉降等）、化学（氧化和还原、化合和分解等）、生物降解等途径来消化、转化这些废物。只要污染物在环境中的含量不超出环境的自净能力，环境质量就不会受到损害。

环境自净能力（环境容量）与环境空间的大小、环境要素的特性、污染物

---

[6] 曲向荣主编：《环境学概论》（第二版），科学出版社2015年版，第4~5页。

本身的物理和化学性质有关。环境空间越大,环境对污染物的自净能力就越大,环境容量就越大。对某种污染物而言,它的物理和化学性质越不稳定,环境对它的自净能力也就越大。

4. 为人类提供精神享受

环境不仅能为人类的生产和生活提供物质资源,还能满足人们对舒适、优美、高雅等精神上的需求。清洁的空气和水不仅是工农业生产必需的要素,也是人类健康愉快生活的基本要求。优美的自然、和谐的环境是人文艺术的源泉,音乐、绘画、体育、文学、舞蹈等都是自然与人的交流、交融。舒适的环境可使人心情与精神愉悦,充满活力。

## 二、环境问题与环境保护

### (一)环境问题

环境法因解决环境问题的需要而产生,学习环境法,必须理解什么是环境问题,环境问题是怎么产生的。

1. 环境问题及其分类

环境问题是指由自然原因或者人类活动引起的环境条件恶化与生态系统破坏等不利于人类的变化,并直接或者间接影响人类生存和发展的现实或潜在问题。根据环境问题产生的不同原因,可以分为两类:(1)原生环境问题或第一环境问题,是指由于自然环境本身运动变化而造成的环境条件变化,主要有火山爆发、冰川运动、地震、洪水、台风、旱灾、虫灾等。原生环境问题是自然规律演化的结果,人类无法控制,其危害后果也难以为人们所估量,人类对这类环境问题只能采取预防措施,以尽量减少危害后果。(2)次生环境问题或第二环境问题,是指由人类生产生活活动作用于自然界,因违背自然规律所引发的环境条件变化。这类环境问题主要由人类活动引起,可以通过对人类活动的规制调整来减少或避免其发生,同时还可以采取有效手段予以治理。环境法需要解决的主要是次生环境问题。

次生环境问题进一步还可以分为环境污染问题和自然环境破坏问题。环境污染问题是由于人类任意排放污染物和有害物质所引起的环境质量下降,有害于人类及其他生物正常生存和发展的现象,主要表现为各种环境要素遭受污染。自然环境破坏问题是由于人类不合理地开发、利用自然环境,过量地向环境索取物质和能量,使得自然环境的恢复和增殖能力受到破坏的现象,主要表现为水土流失、森林覆盖率下降、草原退化、土壤贫瘠化、水源枯竭、气候异常和物种灭绝等。

2. 环境问题的产生和发展

从历史的进程来看,原生环境问题早于人类的出现就已存在,次生环境问题则与人类的起源与进化如影随形。人类社会在改造自然环境和利用自然资源过程中逐步发展,在与环境的相互作用中共同前进。自然环境是人类生产生活活动的物质基础,人类的发展必然伴随着对环境影响,人类学会使用火、狩猎、种植,既是对自然认识和利用的进步,也是对自然环境施加的影响。人类在从动物到人的漫长历史发展进程中,当人类数量较少、生产力水平低下、科技不发达,对环境的影响有限,可以被环境的自净作用所抵消和化解的时候,主要表现为原生环境问题。可以说,在近代工业革命之前人类活动造成的环境影响并不足以形成次生环境问题,或者现代意义上的环境问题。在此背景下,人类发展目标社会政策及法律选择的重点在于如何鼓励科技创新、推动生产力发展,以更好地利用自然为人类服务,而不会将人类开发、利用和改造自然的活动造成的环境的影响作为“环境问题”予以规制,因此,也就没有环境法。

随着人类文明史上的几次产业革命,从蒸汽时代到电气时代再到信息时代,科技水平和生产力水平几次迅猛飞跃,使得人类开发利用自然资源的需求空前巨大、能力空前提高、范围空前扩大,导致了严重的环境污染、资源耗竭和生态恶化,已经威胁到人类的生存。概括而言,环境问题经历了以下几个发展阶段:

(1)环境问题萌芽阶段。原始社会时期,生产力水平极度低下和科技水平极度落后,人类仅能穴居树栖,使用原始简单的石器工具,采集捕食野生动植物,以生产活动和生理代谢过程来完成与自然环境之间简单的物质交换和能量流动,基本靠自然界恩赐度日,难有对自然界的大规模改造利用。因此,这一阶段的环境问题主要表现为随着人口的自然增长,在聚集区过量采捕野生动植物等。总体上,由于人口数量稀少、生产力水平落后、活动范围狭窄,人类在原始狩猎阶段并未对自然环境造成多大影响,但环境问题开始萌芽。

(2)环境污染出现阶段。农牧社会时期,随着农业和畜牧业的产生和发展,生产力水平开始提高、科技水平缓慢进步,认识和改造自然能力也逐步增强。人类在生活方式上结庐而居,对自然资源有了更为丰富的多层次需求;随着科技水平进步和生产力水平提高,人类利用自然和改造自然的能力也得到增强,可以从自然资源环境中获取生产生活资料。这一阶段主要的环境问题有:因为人口数量增加和生产技术进步,开垦土地、砍伐森林、破坏草原引起的水土流失、森林破坏、草原退化、土地荒漠化、盐碱化;因为不适当地兴建水利而引起的土壤沼泽化;城市和手工业作坊兴起,环境污染问题开始出现。

(3)环境质量恶化阶段。第一次工业革命之后,蒸汽机、内燃机相继出现,科学技术水平迅猛发展,大机器生产替代了手工业生产,人类对于自然环境的开发利用能力达到了空前程度。各种机器的使用,需要大量的煤炭石油和天然气资源作为原料或燃料,一些工业发达城市和工矿企业大量产生工业污染,排放大量的废水废渣废气,造成了严重的环境污染,出现了比利时马斯河谷烟雾事件、美国洛杉矶光化学烟雾事件、英国伦敦烟雾事件、美国多诺拉烟雾事件、日本富山痛痛病事件、日本熊本水俣病事件、日本四日市哮喘病事件、日本米糠油事件[7]等多起因环境污染引发人群健康损害事件,环境污染威胁着人类的生存与发展。

3. 环境问题的全球化

环境问题开始在局部产生,只是一个国家或者地区的问题;随着时间的延长和地球生态系统的演进,老的环境问题尚未完全解决,又开始出现新的环境问题,或者老问题又以新的形式开始出现,比如大气污染物引起的全球气候变化;局部环境问题开始蔓延,成为全球性环境问题,如物种灭绝、生物多样性减少。在现代化进程中,困扰全球的环境问题很多,但就其严重性、紧迫性而言,当前威胁人类生存的十大环境问题是:

(1)全球气候变化。由于人口的增加和人类生产活动的规模越来越大,向大气释放的二氧化碳($CO_2$)、甲烷($CH_4$)、一氧化二氮($N_2O$)、氯氟碳化合物(CFC)、四氯化碳($CCL_4$)、一氧化碳(CO)等温室气体不断增加,导致大气组分发生变化。大气质量受到影响,气候有逐渐变暖的趋势。由于全球气候

---

〔7〕　这些事件是我国自20世纪70年代开始陆续向国内介绍的西方国家环境问题,被合称为“震惊世界的八大公害事件”,也是我国最早的环境保护研究成果。

变暖,将会对全球产生各种不同的影响,较高的温度可使极地冰川融化,海平面每10年将升高6厘米,将使一些海岸地区被淹没。全球变暖也可能影响到降雨和大气环流的变化,使气候反常,易造成旱涝灾害,这些都可能导致生态系统发生变化和破坏,全球气候变化将对人类生活产生一系列重大影响。

(2)臭氧层的耗损与破坏。在离地球表面10~50公里的大气平流层中集中了地球上90%的臭氧气体,离地面25公里处臭氧浓度最大,形成了厚度约为3毫米的集中层——臭氧层。臭氧层被称为"地球的保护伞",它能吸收太阳的紫外线,保护地球上的生命免遭过量紫外线伤害,并将能量贮存在大气上层,以调节气候。但臭氧层十分脆弱,一旦可能与臭氧发生化学作用的气体进入,臭氧层就不复存在。目前,被认定的破坏臭氧层的主要物质有15种氯氟烷烃(CFCs)、3种哈龙、40种含氢氯氟烷烃(HCFCs)、34种含氢溴氟烷烃(HBFCs)、四氯化碳($CCl_4$)、甲基氯仿($CH_3CCl_3$)和甲基溴($CH_3Br$)。主要是人工合称物,比如氯氟烷烃(CFCs)就是1928年人类首次合成,后被作为冰箱、空调制冷剂、气雾剂制品中的推进剂、生产靠垫和垫子的软发泡剂、印刷线路板和其他设备的清洗剂等。臭氧层破坏后,将使地面的紫外线辐射增强,给地球上的生命带来危害。研究表明,紫外线辐射能破坏生物蛋白质和基因物质脱氧核糖核酸,造成细胞死亡;使人类皮肤癌发病率增高;伤害眼睛,导致白内障而使眼睛失明;抑制植物生长,并穿透10米深的水层,杀死浮游生物和微生物,危及水中生物的食物链和自由氧的来源,影响生态平衡和水体的自净能力。

(3)生物多样性减少。在漫长的生物进化过程中会产生一些新的物种,同时,随着生态环境条件的变化,也会使一些物种消失,生物多样性在不断变化。但近百年来,由于人口的急剧增加和人类对资源的不合理开发,加之环境污染等原因,地球上的各种生物及其生态系统受到了极大的冲击,生物多样性受到了很大的损害。有关学者估计,世界上每年至少有5万种生物物种灭绝,平均每天灭绝140个,21世纪初,全世界野生生物的损失可达其总数的15%~30%。中国生物多样性所遭受的损失也非常严重,约200个物种已经灭绝;约有5000种植物已处于濒危状态,占中国高等植物总数的20%;约有398种脊椎动物处在濒危状态,占中国脊椎动物总数的7.7%左右。

(4)酸雨蔓延。酸雨是指大气降水中酸碱度(pH值)低于5.6的雨、雪或其他形式的降水，是大气污染的一种表现。酸雨对环境的影响有多个方面。酸雨降落到河流、湖泊中，会妨碍水中鱼、虾的成长，以致鱼虾减少或绝迹；酸雨会导致土壤酸化，破坏土壤的营养，使土壤贫瘠化，危害植物的生长，造成作物减产，危害森林的生长；酸雨还会腐蚀建筑材料，近十几年来，酸雨地区的一些古迹特别是石刻、石雕或铜塑像的损坏超过以往百年以上，甚至千年以上。世界最严重的三大酸雨区是西北欧、北美和中国，目前，中国华南酸雨区是唯一尚未治理的地区。在我国，已形成了东北、东南、华南、西南四大酸雨带。

(5)森林锐减。今天的地球上，森林正在以平均每年4000平方公里的速度消失。森林的减少使许多动物失去了栖息地，其涵养水源的功能受到破坏，造成水土流失和风沙，对二氧化碳的吸收减少，进而加剧温室效应。非洲国家大规模破坏森林植被，导致多年持续干旱，已造成数万人死亡。

(6)土地荒漠化。全球陆地面积占60%，其中沙漠和沙漠化面积占29%。每年有600万公顷的土地变成沙漠，造成经济损失423亿美元。全球共有干旱、半干旱土地50亿公顷，其中33亿遭到荒漠化威胁，致使每年有600万公顷的农田、900万公顷的牧区失去生产力。

(7)大气污染。大气污染的主要因子为悬浮颗粒物、一氧化碳、臭氧、二氧化碳、氮氧化物、铅等。大气污染导致每年有30万~70万人因烟尘污染提前死亡，2500万名儿童患慢性喉炎，400万~700万名农村妇女儿童受害。

(8)水污染。目前，全球每天有多达6000名少年儿童因饮用水卫生状况恶劣而死亡。水污染问题已经成为目前世界上最为紧迫的卫生危机之一。水污染问题在那些人口急剧增长的发展中的国家尤为严重，农村人口大幅度地向城市集中，是导致全球水污染现象日益严重的主要原因。据统计，目前水中污染物已达两千多种，主要为有机化学物、碳化物、金属物，其中自来水里有765种(190种对人体有害，20种致癌，23种疑癌，18种促癌，56种致突变——肿瘤)。水污染不仅加剧了灌溉可用水资源的短缺，成为粮食生产用水的一个重要制约因素，而且直接影响到饮水安全、粮食生产和农作物安全，造成了巨大经济损失。

(9)海洋污染。人类活动使近海区的氮和磷增加50%~200%；过量营养物导致沿海藻类大量生长；波罗的海、北海、黑海、东中国海等出现赤潮。海洋污染导致赤潮频繁发生，破坏了红树林、珊瑚礁、海草，使近海鱼虾锐减，渔业损失惨重。

(10)危险性废物越境转移。危险性废物是指除放射性废物以外,具有化学活性或毒性、爆炸性、腐蚀性和其他对人类生存环境存在有害特性的废物。自20世纪开始,在欧洲多个国家接壤且商业往来频繁的地方,废物的越境转移成为日常活动。1982年发生了美国将污染土壤转移到国外的事件,使有害废物的越境转移变成国际性的问题。危险废物越境转移尤其是发达国家向发展中国家转移,接受国对有害物多数没有法律规定,即便是合法的进出口,也不具备处理有害废物的技术,这种转移可能造成接受地区或被投放地区的居民遭受不可逆转的经济损失和环境破坏,代价巨大。

(二)环境保护

面对日趋严峻的环境问题,如何应对也成为世界上的共同话题。1966年,联合国大会作出在全球范围内开展环境问题大讨论的决定,经过多个国家、多个学科领域、多种社会团体的反复研讨,在1972年召开的联合国第一次人类环境会议上,提出了环境保护的概念。所谓环境保护,是指为保证自然资源的合理开发利用、防止环境污染和自然环境破坏,以协调社会经济发展与环境的关系,保障人类生存和发展为目的而采取的行政、经济、法律、科学技术以及宣传教育等诸多措施和行动的总称,是人类针对环境问题而提出的积极对策。联合国人类环境会议通过的《联合国人类环境宣言》指出:“保护和改善人类环境是关系到全世界各国人民的幸福和经济发展的重要问题,也是全世界各国人民的迫切希望和各种政府的责任。”“人类有权在一种能够过尊严和福利的生活的环境中,享有自由、平等和充足的生活条件的基本权利,并且负有保护和改善这一世代和将来世世代代的环境的庄严责任。”[8]

1. 环境保护的内涵

(1)环境保护是针对环境问题提出的对策。在人类社会早期阶段,人类是生态系统居民,[9]人们基本上生活在一种至多是两到三种生态系统中,直接依赖生态系统而生存,与自然有着亲密的联系,对自然充满敬畏和神秘感。

---

〔8〕 万以诚、万妍选编:《新文明的路标——人类绿色运动史上的经典文献》,吉林人民出版社2000年版,第10~11页。

〔9〕 余达忠:“生态文明的发生学诠释”,载《三明学院学报》2009年第1期。

由于技术的相对不发达,人类与自然之间总体上是一种顺应的关系,自然生态系统能在整体上维持平衡,这时出现的环境问题主要是原生环境问题,人类唯恐避之不及,不存在环境保护的需要。随着人类社会发展,科技水平提高和生产力进步,工业文明使人类由生态系统居民变成了生物圈居民,[10]人们可以利用整个世界范围内的各种生态系统来满足其生活需求,一种资源枯竭或受到破坏之后,可以转向其他资源,在经济利益驱动下,实施了很多违反自然规律的行为,使得人类生产生活活动导致的第二环境问题凸显,这才有必要提出环境保护的概念。

(2)环境保护是多样环境保护措施的总称。环境保护是预期应对环境问题,环境问题具有复杂多样性,要求综合采取多种措施。这些措施从性质上看,包括科学技术措施、法律措施、经济措施、行政措施、宣传教育措施等;从措施实施的主体来看,包括国际社会、国家、政府、企业、社会团体、个人等,任何主体在环境问题面前既不可能独善其身,也不可能置身事外。

(3)环境保护是人类实施的行为。环境保护是人类为了应对与解决环境问题所采取的各种行为的总称,这些行为是人类为了特定的目标有意识的行动,行为实施的效果要受到特定的绩效标准的考核。同时,这类行为又有明确的动机,其直接指向的是环境问题,区别于人类其他类型行为的标志是以防治污染和其他公害进而保障人体健康为根本诉求。虽然在现实生活中,有一些行为主观上为了其他目的,客观上也能够实现环境保护的结果,但不属于环境保护措施,“例如,征收消费税、采取计划生育措施等客观上游离于保护环境,但其直接目的是控制消费、控制人口增长,因此不属于环境保护的范畴”。[11]

2. 环境保护的内容

(1)环境污染防治。在严峻的环境问题中,最严重也是最早影响社会稳定的环境问题是环境污染。西方国家工业革命之后,伴随着城市化工业化进程加快,采矿、冶炼、机械加工、化学工业等生产过程排放的污染物,不仅造成了环境质量的恶化,而且对人的生命健康造成威胁,由此成为了最引人关注与

---

〔10〕 余达忠:“生态文明的发生学诠释”,载《三明学院学报》2009 年第 1 期。

〔11〕 高家伟:《欧洲环境法》,中国工商出版社 2000 年版,第 4 页。

重视的环境问题。现实生活中,污染防治的主要内容有:防治在生产建设或者其他活动中产生的废水、废渣、废气、粉尘、恶臭气体、放射性物质以及噪声、振动、电磁辐射等对环境的污染和危害。

(2)生态系统保护。生态系统是指"植物、动物和微生物群落和它们的无生命环境作为一个生态单位交互作用形成的一个动态复合体"。[12] 人类对生态系统的破坏在原始社会时期就已经产生,随着人类科技进一步发展和影响自然界的范围与深度的拓展日益严重,成为继工业污染之后严峻的全球性环境问题。因此,生态系统保护也成为环境保护的重要内容,主要是防治人为原因引起的生态退化,包括防止过度采伐、乱捕滥猎、刀耕火种、乱砍滥伐、过度放牧、不合理引进物种、过度开垦等。

在欧洲,环境保护的内容包括媒体环境保护、原因环境保护、生命环境保护和连带环境保护四个方面。媒体环境保护是指对环境媒体的保护,如土地、空气和水。原因环境保护针对的是特定的危险物质,如核能和放射性物质、化学物品、药品、生活用品、基因技术和垃圾等。生命环境保护是指保护人类、动植物和微生物。连带环境保护是指在执行其他任务中一并采取环境保护措施,如空间计划、城市规划中的环境保护因素等。[13]

### 三、人与自然的关系

#### (一)人与自然共乘一只"飞船"

20 世纪 80 年代后期,美国在亚利桑那州的沙漠高原上,建成了一座占地约 0.9 公顷、耗资约 3000 万美元的一个密封实验室——"生物圈二号",以实验建立自给、自足,由人类操纵的生活基地的可能性。按照设计,8 名自愿者将在实验室里生活两年。这里除阳光外,一切生活物资都由他们自己生产。其中有小型海洋、雨林和沙漠、沼泽构成的复杂生态系统,在这个人工世界里,一切将反复循环:人类排泄出来的二氧化碳将被植物所吸收,植物放出的氧气,供人体呼吸之用;人体排泄的废物当作农作物生长的肥料,或作为饲料繁殖水藻等水生植物;水生植物用来喂养鱼类;鱼类供人食用……这种前所未有

---

〔12〕《生物多样性公约(序言)》。

〔13〕 高家伟:《欧洲环境法》,中国工商出版社 2000 年版,第 5 ~6 页。

的大规模设计,目的在于保持各种生命循环的平衡,避免生态平衡的破坏。在这个密封的实验室中生活,必须建立极限观念、适度观念和循环观念;还要建立新的价值体系,人们的思维,在空间上必须至少能覆盖这个占地13.5亩的环境中的每个局部和整体的相互关系,在时间上必须顾及目前的活动与长久生存利益的影响。人们必须在大时空上研究怎样使人类的各种活动同自然界的各种物质运动协调起来。[14] 这个实验,因为一名自愿者严重受伤需要出来治疗而提前终止,但却可以给人以许多启示。

将"生物圈二号"扩大567.78亿倍,就是我们生存的地球。整个地球是一只宇宙飞船,它以"生物圈二号"系统一样的方式在运转。地球上的生物生存的几十亿年内,各种构成生命物质的化学元素已经并继续在从非生物环境经过生物又回到非生物环境中去。现在组成我们身体的化学元素,过去曾组成过当时的鱼类、树木甚至恐龙等;这些元素将来还会组成未来的无数的动物和植物。因此,地球上的一切物质在本质上都是公有的,任何个人都不可能把某一块物质永远占为已有。这种本质上公有的物质,如果受到只图近利者的破坏,就会对地球上正常的自然秩序造成混乱,而混乱的危害必然反弹给制造混乱者,使之最终受到大自然的报复。

然而,人类在过去的时代,却并未意识到地球是一只"宇宙飞船",反而更像一个年少无知的牧童在大草原上放牧,将地球看成一个无限大的牧场,根本用不着担心草会被羊群吃光,仿佛大自然提供的一切资源都是取之不尽、用之不竭的;这儿污染了,还有别处。"假如我们把生命在地球上已经存活了30亿年缩短为一天(即24小时)的话,那么'人'在这里经过的时间似乎不到半分钟。我们知道人类同其他生物共享地球这个行星才是过去24小时的几秒钟。然而在这几秒钟内,人类已经直接地滥用了数百物种使之濒临灭绝的境地,如此激烈地改变了地球的环境,以致数千个物种濒临危机。这样就打乱了或者严重破坏了自然界错综复杂的平衡,使大多数物种都受到严重影响。"[15]

人类是同一条船上的乘客,必须共同来维护整体利益和公共秩序,如果哪个人在他自己占据的区域内把船底凿个洞,那么,全船人员包括他自己在内,

---

〔14〕 赵营波:《大协调学》,浙江教育出版社1990年版,第1~3页。
〔15〕 [美]A. W. 哈尼:《植物与生命》,科学出版社1984年版。

都会因他的疯狂行为而葬身于海底。全球气候、全球环境、全球经济、全球人口、全球政治都是紧密地联系在一起的。地球上的任何国家,都不能超出或逃脱这种联系。

将我们目前生活的地球看作"生物圈二号"的扩大体,可以设想:要在这个容易看到各种极限的密封循环的世界里舒适地长久生活,必须自觉地把人体自身新陈代谢的物质循环同生态系统的物质循环和谐地融为一体;必须使生态系统的物质循环同环境中的水循环、氧循环、氮循环、微量元素循环等物质运动相互和谐地融为一体;必须使生态系统中各物种间的物质循环和能量流动处于相互协调的状态;必须自觉地把人类生活的废弃物排放量控制在环境容量和自然分解净化能力的负荷以内;人们对各种资源的开采量必须自觉地控制在资源更新周期和环境时序容量之内;人们对资源的消耗量、燃烧量、耗能量、产热量都必须自觉地控制在适度的范围以内;必须把空气中各种气体和水汽含量保持在维护适宜气候的要求之内。为此,就必须正确处理人类与自然的关系。

(二)人与自然的生态平衡

"整个地球是一个大的封闭系统,它是由许许多多细小的生产环节相互关联所组成;每一个小环节产物或废物的输出也是另一个小环节的原料输入。人类也是这个庞大系统中的一个小环节。在此系统中,人们用之于斯,取之于斯。"[16]人在生物圈中生存,是生物中的一种,和生物圈共存。人和生物圈中其他生命的同一性,决定了人与其他生物一样,必然受到生态平衡运动的限制。

1. 人类生存环境不可替代

人类对大自然有着各种奢望,并将种种幻想编成了无数美丽动人的神话和童话,以表达人们对自然的奢望。但是,仔细想来,如果自然界真的实现了这些愿望,却将带来不堪收拾的后果。假如陆地是由黄金构成的,人类就会饿死;假如谷米、面粉铺满大地,河流中流动的不是水而是奶汁,人们不用劳动就可以掬手取食,那么,超过人类繁殖速度亿万倍的各种微生物和小动物就会充满整个世界,使人类无立锥之地。万幸的是,大自然只是为人类提供了可以种

---

〔16〕 [美]V. F. 韦斯科夫:"人类认识的自然界",转引自赵营波:《大协调学》,浙江教育出版社1990年版,第109页。

植庄稼的土壤，人类必须通过劳动才可以不断获得新鲜食物，还有一个清洁的立身环境。

大自然经过艰辛而漫长的运动演化，为人类提供了精密调节的生存环境。比如，要问为什么电磁力与引力强度之比，只能是眼下这个数值（$e^2/Gm_pm_e \approx 10^{39}$），以及各种粒子的质量恰好是如此这般而不是别的数值，答案就是：否则就没有你我这样的人类存在！〔17〕 我们生活的这个星球，与太阳保持着恰当的距离，使得它既不像水星那么热，也不像火星那么冷；大气层维护着热平衡的周期性适当波动的温和气候；均匀分布着多种有益于植物生长元素的土壤，同时把绝大部分危害生命的元素运动到一定区域的地层深处；进行着物质和能量循环的生物圈为人类提供食物；供人类饮用和灌溉的河流；供人类呼吸的含氧适当的空气；以及河流、海洋、陆地、两极冰山等构成适宜人类生存的环境所不可缺少的一切，都不需要人类劳动，就可以无偿地得到。大自然还为人类提供了可经劳动加工成生活资料的各种自然资源。

生命的出现绝非平凡，地球上导致出现人类的那一系列偶然事件的概率只有 $10^{-8}$。〔18〕 可是，人类似乎并不知道自己怎样从大自然中产生，不懂得自己生存的环境由各种物质循环运动在相互精密调节中构成，也没有意识到人类生存的环境不可以替代，离开了现存的地球环境，人类将失去生存的基本条件，因而不珍惜大自然为人类生存创造的物质条件。把大自然无偿供给的财富，当作可以无限滥用，甚至为了取得最近、最直接的个人或团体利益而破坏巨大的自然财富。生活在大自然怀抱中的人类，由于违背自然规律受到了一次又一次的惩罚，以至于到了毁灭自己生存环境的临界线，人类已没有再犯错误的余地。“在巴黎大街上设有日鲍公司的自动器，过路的顾客放进去几分钱，就可以呼吸到三分钟的‘郊外空气’。在东京街头，这类自动器向顾客供应几口兴奋的氧气。据称，还有人在筹划制造‘空气罐头’，试图把阿尔卑斯山或海滨的空气压缩密封在罐头里出售。”〔19〕 如果全人类都依靠罐头空气来满足基本生存的需要，那么这个世界的末日不用预言。

〔17〕 华新民：“人择原理及其提出的问题”，载《自然杂志》1981 年第 1 期。

〔18〕 ［苏］И. С. 什克洛夫斯基：《宇宙　生命　智慧》，科学普及出版社 1984 年版，第 309 页。

〔19〕 中国科学技术情报研究所编：《国外公害概况》，第 25 页。

2. 人类与自然息息相关

人类早期对自然现象的观察富有成效,但对它们的生态意义却不清楚,我们早就学过“螳螂捕蝉”的课文,今天看来,它能说明生态系统的食物链关系,但我们的语文老师不会这样解释。

“螳螂捕蝉,黄雀在后”,生态系统是由食物链构成的一个物质循环、能量流动和信息传递的开放性系统。在这个系统中,每一个生物种群与很多其他的种群发生着联系。联系的多样性使人眼花缭乱,错综复杂的细则又使人感到奇妙。一个动物,如一只鹿,依靠植物得到食物,而植物又从土壤细菌那里获得营养,反过来这些细菌又靠生活在土壤上的动物所排泄出来的有机粪便生存。同时,鹿又是山狮的食物;昆虫可能以植物的汁液为生,或者从植物的花那里收集花粉为食;另外一些昆虫则吸吮动物的血液,细菌可能靠动物和植物的内部组织生存;真菌腐蚀着死亡的植物和动物的机体。所有这些,都多次重复,种群之间彼此建立起复杂而严格的关系,形成了地球上巨大的生命之网。

在生态系统中,任何一种事物都与别的事物相关,通过生物的生殖、哺乳、养育、共生、竞争等关系相互补偿,并且呈现出一种循环性,这种规律是人们经历了相当长的时间后才认识到的。过去,曾有人把猫引进澳洲,以为可以消灭鼠害,却最终造成了“猫害”;也有美国人给巴拿马送去丽体鱼以供观赏,结果却使巴拿马渔民生活无着。通过多年的观察和研究,生态学的出现,人类才认识了生态系统的相关性和循环规律,如淡水系统中的循环为:鱼—有机排泄物—可致腐烂的细菌—无机物—藻类—鱼。再如,在加拿大的动物捕猎史上,兔子和山猫的种群以几十年为一转折。兔子很多时,山猫繁殖得也很快,但山猫种群的增大越来越多地影响到兔子的种群,使它减少;兔子变得稀少时,就没有足够的食物维持大量的山猫;山猫开始死去,兔子所受的威胁也就较少,数量又开始增加。如此循环往复。这些变化成为简单循环的组成部分,在这种循环中,山猫种群无疑是与兔子种群有关,而兔子种群反过来与山猫种群有关。[20]

实际上,生物圈是由控制着地球的三个巨大系统——空气、水和土壤的行

---

〔20〕 [美]巴里·康芒纳:《封闭的循环》,侯文蕙译,吉林人民出版社 1997 年版,第 25 ~ 26 页。

为的环境循环。在每个系统中都生活着千百万不同种群的生物,每个种群都有适用于它的特殊环境生态位,而且每一个种群,在它整个生命的过程中,都影响着它的中介环境的物理和化学性质。

人类——这一生命形式的复杂物质运动,是地球生态系统的组成部分,也有自己的生存环境,也要通过食物链参与环境的物质循环、能量流动和信息传递,人类与自然的息息相关性,也就是通过这种食物链表现出来的。"人生活在巨大的自然体系中,同时,也是这个巨大的自然体系中最主要的部分,虽然人的食物主要来源于仅仅大约100种植物的动物,但是有几千个物种,包括微生物,相互作用提供了主要食物来源所需要的环境。据估计,在美国至少有15万个动植物借吸收、转移日光来维持生命。另外,其中有某些种作为有分解能力的物质,分解废物和死的有机体,而制造出像碳、氮和其他能够为植物有效再利用的要素并经过食物系统的食物链而供给动物。"〔21〕

人类本身就是自然界的一个部分,包括我们的血、肉和头脑都是属于自然界的,存在于自然界的;我们从小就知道,人体血液中各种微量元素的含量,与地球储存这些元素的丰度呈直接相关性,地球中储存多的,在人体中的含量就高,反之亦然。人类的一些不正常状态,是由于生态环境的特殊性所造成的。各种地方病的产生,都是某一特定地点的生态不平衡的结果。如一部分人因为某些地方水体中含氟量过低而牙质疏松,不得不使用含氟牙膏来补充人体的氟元素含量时;另一部分人却因为他们生活的区域水体中含氟量过高所造成的氟斑牙无限烦恼。

人类的物质循环与能量流动依赖于自然环境,如果一个正常成年人每天消耗的能量为3000千卡,而这种能量通过人—牛肉—玉米的食物链满足,那么,用这种食物链养活一个人需要6000万平方厘米的玉米地。可见,人口的食物链也必须服从"生态金字塔"定律,人口和其全部食物构成,不得超过食物链的供应能力和其所需的耕牧地面积。同样,一个人每天呼吸所需要的氧气,必须依赖三棵树木去供应。

人类在还没有弄清楚生物圈的复杂的整体性联系的时候,已经开始了对森林的大规模砍伐。在人类还没有认识到大气循环机制及气候的各种成因

---

〔21〕［美］P. 亨德莱主编:《生物学与人类的未来》,第425页。

时,已经开始了对矿物性燃料的大量开采和燃烧。还不知道地球化学环境的组成和动态平衡规律时,已经生产出了大量的人造化合物叠加到自然界的物质运动之上。据估计,人类活动所散发出的各种物质,已超过了自然释放量的数十倍到数百倍。另外,数百万吨各种农药,近10万种化学品,也在大规模地改变着地球化学成分的组成和性质。各种公害事件和公害疾病因此而产生。“现在每个人从胎儿未出生直到死亡,都必定要和危险的化学药品接触,这个现象在世界历史上还是第一次出现的。合成杀虫剂使用才不到20年,就已经传遍动物界及非动物界,到处皆是。我们从大部分重要水系甚至地层下肉眼难见的地下水潜流中都已测到了这些药物。早在数十年前施用过化学药物的土壤里仍有余毒残存。它们普遍地侵入鱼类、鸟类、爬虫类以及家禽和野生动物的躯体内,并且潜存下来。”[22]

3. 自然对人类发展的有限性

以前,在中央电视台《动物世界》的栏目中,片头是一只高速奔跑的猎豹正在捕捉羚羊,在猎豹的强壮与剽悍面前,羚羊毫无逃脱之力。但凡看过的人,都不会忘记这个镜头;但是,这个镜头仅仅表现了动物生存状态的一个方面。

印度猎豹可以超出100公里的时速奔跑,该物种获得如此快速奔跑的能力,大约经过了1000万年以上漫长岁月的进化。鸟类进化到能飞,也经过了几百万年、几千万年的时间。鲸的祖先原是陆生哺乳动物,当鲸能在几百米的深水中潜游,也需要几百万年、几千万年的进化过程。各生物物种在长期进化的过程中,始终受到生态规律的制约,表现出生存环境的有限性。像印度猎豹这样的生物,假如是采取集群的捕捉食物的方式,或者善于长跑,那么,它们很快就会杀尽食光可食的动物,随着它们在短期内繁殖数量的猛增,接踵而来的便是本种属的灭绝。幸好猎豹单个进行捕食活动,并且只是短跑健将,虽然它可以追上羚羊,但只是奔跑快还不足以百发百中地捕食。假如有能像猎豹那样快速奔跑,而又是集群捕杀的动物出现在地球上,那么,在长期的进化中,这一种属的动物早就灭绝了。在大自然中,只有保持一定的平衡,这个种属才能长久地生存。因而,生物物种的进化直接影响着物种的生存方式。在自然演

---

〔22〕［美］蕾切尔·卡逊:《寂静的春天》,吕瑞兰、李长生译,吉林人民出版社1997年版,第39页。

进的过程里，有些物种接受了大自然长时间的优裕，因其能力的退化，不能适应突然失去优裕待遇的挑战而面临灭绝，如熊猫；也有些物种因为食物链的突然断裂而灭绝，如恐龙。[23]

在生物圈中，种群不可能长期连续地呈几何级数增长。当种群在一个有限的空间中增长时，随着种群密度的上升，对有限空间资源和其他生活必须条件的种内竞争也将增加。这必然要影响到种群的出生率和存活率，从而降低种群的增长率，一直到停止增长，甚至于种群下降。实际上，各种生物的繁殖和活动，各种物体的运动，都在自然界的调控之中。如果没有调控，一个细菌在4天半时间可以繁殖$10^{36}$个细菌，按照这样的速度，完全可以填满所有的海洋。只是由于它们繁殖到一定密度时，就得不到必需的养分而不得不停止繁殖，这样，地球才不会被它们弄得很糟糕。生物圈中任何一个物种的爆炸性增长，必然会给自己造成爆炸性的灭亡。

自然界的有限性是通过影响生物生存的方式表现出来的，一般而言，动物的需求除食物外，主要是生存的基本条件。鸟儿从自然里索取一些枯枝败叶搭窝、狐狸寻找一个安睡的树洞、老虎霸占一个山洞……然而，任何物种索取自然财富的数量，都会受到生态规律和各种自然规律的调节。假如鸟儿把世界2/3的树木都做成了窝，那么，天空中将不再有它们自由飞翔的矫姿；假如狐狸把森林1/3的大树都逐一挖出树洞，那么，地球上不再有它们美丽的足迹；假如虎豹霸占了森林的每一寸土地，那么，组成它们身体的物质，将一定会被新的形式彻底重新组合。大自然就是以它们的特殊“语言”——生态平衡与失衡的种种现象，说明着它的有限性。

人类在进化过程中，失去了许多动物所应具有的生存本领。除人类以外，有足动物都必须一离开母体就能站立并且奔跑，以逃脱沦为“他人”腹中物的命运；要有灵敏的视觉和听觉，并且还要有抵御自然界各种恶劣条件的能力、有尽快独立摄取食物的能力，等等。但是，人类的婴儿至少要经过七到八个月才能独立站立，要一岁左右才学会行走；独立地为自己获取食物则需要十几年甚至几十年的时间；人的体力极为有限，平均力气为100瓦左右，即使是奥运会冠军，也不过时速36公里。如果人类没有其他生存本领，在完全的自然环

---

〔23〕［日］稻田献一：“关于人文、社会科学的振兴”，载《学术月报》1982年第12期。

境中恐怕根本无立足之地。幸好人类在进化中形成了智力，人类可以依靠独特的理性才能，依靠智力探索知识，可以用微小的体力掌握超过自身体力千万倍的能力。人发明的汽车，可以轻而易举地达到时速100公里，并且比猎豹更富有持久力；人类可以乘坐飞机在天上飞，也可以操纵潜艇比鲸更加持久地在水中潜航；可以使用气相色谱仪，查出狗不能分辨的微量物质。其他动物需要进化几百万年、几千万年才能获得的一种或两种优越能力，人类用所掌握的知识在300年左右，就获得了几乎其他生物的所有的能力，甚至是凌驾于其他生物的能力……

人类的智慧，是人类进步的源泉，但若使用不当，则极有可能成为毁灭人类的力量。假若人类以为可以随心所欲地向大自然索取而不知满足，可以漫无边际地开采自然财富，可以把构成自己生存环境的基本物质，也拿来作为"生活资料"，或者为增加个人的"生活财富"而破坏了人类的整体生存环境。那么，自然界的有限性将使人类受到惩罚。人类会由最富裕的物种地位，落到彻底贫穷的地位——濒临消亡，在追求最大富裕的道路上，实现了最彻底的贫穷。

大自然的有限性决定了人类发展的有限性。人类生存的地球，是浩渺太空中的一只小小的"飞船"，人口的无限繁殖，经济的无机增长，必将最终耗尽"飞船"内的有限资源，人类生产与生活所排出的废物会造成"船舱"被污染；如果我们把"飞船"的"舱盖"毁掉用来生产首饰或其他装饰品，其毁灭性后果不言自明。地球这只飞船要能维持全体"宇航员"长期生活，首先必须使每一个生活在其中的成员懂得地球的各种极限，为此：

（1）人类所需要的适宜的生存环境，必须控制人类活动对自然造成的严重污染，将人类的经济发展置于自然界的有限性考虑之中。

（2）人类的食物链需要生物圈保持良好的生态平衡。任何一个物种的增长或灭绝，都直接或间接地影响着人类的生态寿命。当我们在砍伐或捕杀某一物种时，必须懂得其在生态网络中可能造成的连锁反应和对人类直接或间接的利害。

（3）人类对自然资源的经济性开采，必须遵循自然界物质运动的基本规律和整体联系，使开采量和开采方式不至于影响资源的再生能力，不至于使有害的物质形态叠加在构成人类生存环境的物质循环上。

(4)人类对能源的开采和使用,必须符合自然界的能量的储存和流动规律。

(5)人口的增长,必须控制在生物圈的生态平衡以内等。

生物圈,“是生命为自己在地球表面上所建造起来的家园”。[24] 任何希望在地球上生存的生物都必须适应这个生物圈,否则就得毁灭。

## 四、可持续发展与生态文明

### (一)可持续发展

#### 1. 可持续发展的内涵

人类对自己与环境关系的认识,随着环境问题的严峻和扩展而不断深化,可持续发展作为一种全新的发展观,随着人类对全球环境与发展问题的广泛讨论而提出。“可持续发展”一词,最初出现在 20 世纪 80 年代中期的一些发达国家的文章和文件中,联合国经济合作发展组织的一些出版物中较早地使用过这一词汇。到现在,被认为是可持续发展最权威且广泛的定义是世界环境与发展委员会(WCED)在其 1987 年的报告——《我们共同的未来》(Our Common Future)中提出,即“可持续发展是既满足当代人的需要,又不对后代人满足其需要的能力构成危害的发展。它包括两个重要的概念:‘需要’的概念,尤其是世界上贫困人民的基本需要,应将此放在特别优先的地位来考虑。‘限制’的概念,技术状况和社会组织对环境满足眼前和将来需要的能力施加的限制”,[25]“可持续发展寻求满足现代人的需要和欲望,而又不危害后代人满足其需要和欲望的能力”。[26] 世界环境与发展委员会在 1987 年 2 月 27 日闭幕会上发表的《东京宣言》指出:可持续发展“可以简单地定义为,既满足当

---

〔24〕 Barry Commoner: The Closing Circle—Nature, Man and Technology By Bantam Books, New York 1974. 原文为“Environment is a house for living - things on the earth。”“house”一词具有十分丰富的含义并且非常贴切地表达了生态系统的结构和功能特性,但在中文里很难找到一个如此传神达意的词汇,在侯文蕙的中译本中使用的是“家园”(《封闭的循环——自然、人和技术》,吉林人民出版社 1997 年版,第 7 页)。此处采用该表达,但仍有些意犹未尽的感觉。

〔25〕 世界环境与发展委员会:《我们共同的未来》,王之佳、柯金良等译,吉林人民出版社 1997 年版,第 52 页。

〔26〕 世界环境与发展委员会:《我们共同的未来》,王之佳、柯金良等译,吉林人民出版社 1997 年版,第 48 页。

代人的需要,又不对子孙后代满足其需要的能力构成危害的发展方式”。

可持续发展概念自诞生以来,越来越得到社会各界的关注,其基本思想已经被国际社会广泛接受,并逐步向社会经济的各个领域渗透。可持续发展问题已成为当今社会最热点的问题之一,得到越来越多国际组织和学者的多方面深入的定位和定义。[27] 概括而言,关于可持续发展有三种最具代表性,也是影响较大的定义:(1)从生态环境角度定义可持续发展,可持续发展应以自然资源为基础,同环境承载能力相协调;(2)从经济角度定义可持续发展,可持续发展的核心是经济发展的可持续性;(3)从科技角度定义可持续发展,实施可持续发展科技进步起着重大作用。环境法学界对可持续发展也有不少的论述,有学者认为,可持续发展的内涵包括以下几个方面:(1)前提是发展,是为了增进人类的福利,改善人类的生活质量。人类的发展和生活品质的改善,必须建立在地球生态系统的涵容能力之内。(2)实现发展以满足需要的同时应当维持生态系统的完整性,而不致损害后代人利益。(3)应当把经济发展与生态的可持续性有机地结合起来。[28]

2. 可持续发展观是环境法的认识论和方法论

可持续发展在深刻反思人与自然关系的基础上,摒弃了人类中心主义过于保守和生态中心主义过于激进的人性观假设,符合人性的复合性特征,是能最深入认识和引导人性的认识论和方法论。

舍勒在《人在宇宙中的地位》一书中,对历史上的人性观作了总结分析,认为对人的看法可以分为三种:(1)哲学的观念,即认为人是理性的存在物,人依靠理性能认识世界、改造世界;(2)神学的观念,即认为人是由上帝按照自己的形象创造的,并受上帝派遣来管理这个世界;(3)科学的观念,即认为人是动物发展链条上的最高成果,人与动物没有什么本质区别,只是量的差异而已。我们可以分别审视一下这三种人性观对现代生态危机所应承担的理论责任:[29]

---

〔27〕 叶文虎:“论可持续发展的衡量与指标体系”,载《世界环境》1996 年第 1 期;蔡守秋等:《可持续发展与环境资源法制建设》,中国法制出版社 2003 年版,第 15 页。

〔28〕 金瑞林、汪劲:《中国环境与自然资源立法若干问题研究》,北京大学出版社 1999 年版,第 65 页。

〔29〕 曹孟勤:“新人性观与生态伦理——关于生态伦理之哲学基础的重新认识”,载《学术研究》2003 年第 2 期。

从哲学的人性观来看,欧洲哲学史上理性主义长期居于统治地位。从苏格拉底、柏拉图、亚里士多德,到卢梭、狄德罗、康德以及黑格尔,都把人看作理性的存在,认为人最重要的本质是理性,此乃是人与动物的根本区别。在理性主义者看来,人能认识自然,就能征服自然、驾驭自然。自笛卡尔之后,西方哲学的研究中心由本体论转为认识论,征服自然成为了人的一种基本信念和必然行为。尤其是牛顿力学体系的建立以及此后发生的一系列科学技术革命和所取得的巨大成就,更是强化了人类征服自然的雄心。然而,就在人们依靠理性为自己能够征服自然而欢呼雀跃时,人们蓦然发现自己所创造出来的巨大科技力量正逐渐转变成为一把"双刃剑"。人发明了汽车,炼出了汽油,却带来了温室效应;人发明了农药,却出现了"寂静的春天"。理性具有认识自然的力量,但人类却随意地滥用这种力量,结果陷入了由自己造成的生存危机之中。

从神学的人性观来看,《圣经》说:上帝创造了万物,人是上帝按照他自己的形象创造出来的。整个世界是上帝为人创造的,人优于万物,万物为人类服务。神学人性观确定了人类是整个世界的贵族,并赋予了人类统治自然的天赋权利。人比其他存在物高贵,也存在于人们的哲学观念中。如普罗泰戈拉认为"人是万物的尺度";但丁说:"人的高贵,就其许许多多的成果而言,超过了天使的高贵";康德则提出:"人为自然立法";孟子也认为"万物皆备于我"。在人类中心主义世界观支配下,人类僭妄地认为自己是整个世界发展的最高目的,忽视了大自然的权威与尊严,根本不考虑生态的平衡与和谐。在人类对自然的统治下,森林在消失、沙漠吞噬着绿色原野、江河被污染、生物物种灭绝、温室效应导致全球性气候变化。就像美国原副总统阿尔·戈尔说的:"我们再一次大胆地行使上帝行使的权利但却没有相应地伴有着上帝具有的智慧。"

第三种人性观是把人等同于动物,认为人是由动物转化而来的,是动物发展的最高结果,人和动物都受本能冲动的支配,都是本能欲望的满足者。此观念的出现与文艺复兴和启蒙运动密切相关。文艺复兴运动以人性反对神性,在肯定人的自然本性的基础上,提倡满足人的欲望。一些思想家更是把人看作是感性的自然存在物,认为追求快乐和欲望的满足是人的基本属性。文艺复兴运动否定神权,人类开始了世俗化的过程,由对神圣的追求转变为对世俗享乐、满足物欲的重视。在这种世俗化洪流的冲击下，经济增长、科技进步，无不为人类物质生活的富饶与舒适服务，人变成了无止境的“消费动物”。人欲横流意味着对自然的疯狂掠夺，享乐的水平以占有物质的多少和名贵程度为标志，也就是以消耗自然资源的多少和程度为标志。人类的贪欲过度消耗着地球上有限的资源，把生命栖居地破坏得惨不忍睹。

由此不难看出，这三种人性观均是导致生态危机最深刻的理论根源。都过分强调人与自然的对立、强调人的强大与自然的弱小，忽视人与自然的和谐与统一，为人类破坏自然环境奠定了理论基础。把人看作理性动物，导致人类征服自然、驾驭自然的狂妄；把人看成自然界的高贵者，使人误以为自己是大自然的主宰；把人看作满足欲望的动物，令人猖獗地掠夺自然。三种人性观念纠合在一起，使人类自觉或不自觉地演出了一场摧残大自然的悲惨舞剧。所以，生态危机的深刻根源是人性的危机。保护生态环境不仅需要把伦理道德从人类社会扩展到自然界，更需要对现有的人性观进行反思。

因此，要从根本上认识和解决人类所面临的环境问题与生态危机，也就必须在新的人性观基础上改造我们的行为规则。人类在改造自然的活动中产生了两种关系，一是人与人的关系，二是人与自然的关系。人性的革命就是从人与人的关系向人与自然的关系的转变，是对人的社会本质的超越。新人性观以人与自然的关系为基础，从人与自然的关系中确证人的本质——人的自然性。生态危机是人的社会性侵犯自然性的必然结果。在人与人的社会关系中，人创造出了自己的社会本质。人在与自然的相互作用中也能够在人性中打上自然的烙印，产生不同于动物的反映人与自然关系的基本行为模式。[30]

基于对于人性的这种认识和引导，要求我们对人类的行为规则有契合人性复合性的变更，环境法就是这种变更的代表或者标志。可持续发展要求对于生命和自然进行全新理解，为理性和价值双重尺度的整合提供了可能性，[31]可以为环境法提供认识论和方法论。

现有环境法对主客体关系的认识，要么是在二元论视角下主客体绝对截

---

〔30〕 曹孟勤：“新人性观与生态伦理——关于生态伦理之哲学基础的重新认识”，载《学术研究》2003 年第 2 期。

〔31〕 吕忠梅：《超越与保守——可持续发展视野下的环境法创新》，法律出版社 2003 年版，第 4～10 页。

然二分,要么是在一元论视角下主客不分。可持续发展在某种程度上承认了客体的主体性,以“可持续”解决时间问题,以“发展”解决空间问题,实现主客体关系的重构。

第一,对主客体关系引入了历史的向度,不仅要有过去,还要有未来作为引导,开启了未来的意识。人类的时空观与时代紧密相联系,在农耕文明时代,是面向过去的认识;工业文明时代,是面向现在的认识;后工业化时代,是面向未来的认识。可持续发展提出的“代际公平”,不仅是一个法律概念,也是一个认识世界的新维度。可持续发展以未来思维的方式思考人与自然之间的历史联系,思考人与自然的现实状况,思考人与自然的未来发展。因此,可持续发展对环境法主客体关系模式的更新,在微观上是从代内公平走向同时注重代际公平,在宏观层面是面向现实走向面向未来。

第二,在空间上,体现更大范围内的公平观。可持续发展要解决的是两种问题的综合,即发达国家的过度发展和发展中国家的发展不足,它们同为发展中存在的问题。因此,从空间上而言,可持续发展需要解决的问题在本质上是如何实现公平发展。对于环境法而言,可持续发展需要解决的是发展中的空间问题。传统的经济秩序与侵犯与掠夺的二元结构始终相伴,在世界范围内形成了经济结构的中心与边缘;在法律关系上,主体认识以发达国家为标准,实质上形成了发达国家居于主体地位,发展中国家为被侵犯、被掠夺的对象,主体被客体化,异化成多数人对多数主体的对立关系,造成了南北对立、贫富两极分化严重,发展中国家遭受严重的经济破坏。因此,发展中国家要尽快摆脱贫穷和落后,需要做到两类国家的主体地位平等,经济资源的占有和分配必须公平、公正,公平地对待全人类、公平地占有和分配人类资源,建立主体和客体之间的横向联系。

### (二)生态文明

#### 1. 生态文明的提出

生态文明是中国在新的历史时期提出的概念。中国作为全球最大的发展中国家,改革开放以来,长期实行主要依赖增加投资和物质投入的粗放型经济增长方式,导致资源和能源的大量消耗和浪费,同时也让中国的生态环境面临非常严峻的挑战。实际上,党和政府也意识到尊重和维护生态环境的重要性,“生态文明”概念最早出现在十六大报告中,作为全面建设小康社会的奋斗目标之一提出。十六届五中全会进一步将其纳入建设“资源节约型社会”和“环境友好型社会”目标。十七届五中全会明确要求“树立绿色、低碳发展理念”。“绿色发展”被明确写入“十二五”规划并独立成篇,表明了我国走绿色发展道路的决心和信心。十八大报告再次论及“生态文明”,并将其提升到更高的战略层面。由此,中国特色社会主义事业总体布局由经济建设、政治建设、文化建设、社会建设“四位一体”拓展为包括生态文明建设的“五位一体”,这是总揽国内外大局、贯彻落实科学发展观的一个新部署。

结合十八大报告,可以将生态文明定义为:人类为保护和建设美好生态环境而取得的物质成果、精神成果和制度成果的总和,是贯穿于经济建设、政治建设、文化建设、社会建设全过程和各方面的系统工程,反映了一个社会的文明进步状态。

2. 对生态文明的不同理解

“生态文明”的概念提出后,学者们从不同的角度给出了见解。归纳起来,大致有四种观点:

(1)广义的生态文明。这种观点认为,生态文明是人类的一个发展阶段。[32]广义的生态文明包括多层含义:第一,在文化价值上,树立符合自然规律的价值需求、规范和目标,使生态意识、生态道德、生态文化成为具有广泛基础的文化意识。第二,在生活方式上,以满足自身需要又不损害他人需求为目标,践行可持续消费。第三,在社会结构上,生态化渗入社会组织和社会结构的各个方面,追求人与自然的良性循环。

(2)狭义的生态文明。这种观点认为,生态文明是社会文明的一个方面。[33]生态文明是继物质文明、精神文明、政治文明之后的第四种文明。狭义的生态文明要求改善人与自然关系,用文明和理智的态度对待自然,反对粗放利用资源,建设和保护生态环境。

(3)生态文明是一种发展理念。[34] 这指的是在工业文明已经取得成果的基础上,用更文明的态度对待自然,拒绝对大自然进行野蛮与粗暴的掠夺,积

---

〔32〕 陈瑞清:“建设社会主义生态文明,实现可持续发展”,载《北方经济》2007 年第 7 期。

〔33〕 余昌谋:“生态文明是人类的第四文明”,载《绿叶》2006 年第 11 期。

〔34〕 张才国:“生态文明:一种新的和谐发展理念”,载《重庆大学学报(社会科学版)》2005 年第 4 期。

极建设和认真保护良好的生态环境,改善与优化人与自然的关系,从而实现经济社会可持续发展的长远目标。

(4)生态文明具有社会主义制度的本质属性。[35] 资本主义制度是造成全球性生态危机的根本原因。生态问题实质是社会公平问题,受环境灾害影响的群体是更大的社会问题。资本主义的本质使它不可能停止剥削而实现公平,只有社会主义才能真正解决社会公平问题,从而在根本上解决环境公平问题。因此,生态文明只能是社会主义的,生态文明是社会主义文明体系的基础,是社会主义基本原则的体现,只有社会主义才会自觉承担起改善与保护全球生态环境的责任。

3. 生态文明的基本内涵

生态文明以尊重和维护自然为前提,以人与人、人与自然、人与社会和谐共生为宗旨,以建立可持续的生产方式和消费方式为内涵,以引导人们走上持续、和谐的发展道路为着眼点。其基本认识、实现方式与可持续发展异曲同工,或者说,可持续发展是生态文明的观念基础。

(1)生态文明强调人的自觉与自律,强调人与自然环境的相互依存、相互促进、共处共融,既追求人与生态的和谐,也追求人与人的和谐,而且人与人的和谐是人与自然和谐的前提。这种文明观同以往的农业文明、工业文明具有相同点,它们都主张在改造自然的过程中发展物质生产力,不断提高人的物质生活水平。但它们之间也有明显的不同,即生态文明突出生态的重要,强调尊重和保护环境,强调人类在改造自然的同时必须尊重和爱护自然,而不能随心所欲,盲目蛮干,为所欲为。

(2)生态文明同物质文明与精神文明既有联系又有区别。生态文明既包含物质文明的内容,又包含精神文明的内容:生态文明并不是要求人们消极地对待自然,在自然面前无所作为,而是在把握自然规律的基础上积极地利用自然、改造自然,使之更好地为人类服务,在这一点上,它是与物质文明一致的。生态文明还要求人类要尊重和爱护自然,人类要树立生态观念,自觉约束自己的行动,这又是与精神文明相一致的,或者说它就是精神文明的重要组成部分。但是,生态文明的内容无论是物质文明还是精神文明都不能完全包容,它

---

〔35〕 潘岳:“论社会主义生态文明”,载《绿叶》2006 年第 10 期。

具有相对的独立性。

(3)生态文明的核心是公正、高效、和谐和人文发展。公正,就是要尊重自然权益实现生态公正,保障人的权益实现社会公正;高效,就是要寻求自然生态系统具有平衡和生产力的生态效率,经济生产系统具有低投入、无污染、高产出的经济效率和人类社会体系制度规范完善运行平稳的社会效率;和谐,就是要谋求人与自然、人与人、人与社会的公平和谐,以及生产与消费、经济与社会、城乡和地区之间的协调发展;人文发展,就是要追求具有品质、品味、健康、尊严的崇高人格。公正是生态文明的基础,效率是生态文明的手段,和谐是生态文明的保障,人文发展是生态文明的终极目的。

4. 生态文明的法治系统

建设生态文明,具体到法治领域,涉及为与生态文明相适应的法治系统应如何建立的问题。将生态文明建设与其他四个文明建设同步推进的目标,体现在法律上,不是全部否定已有的法律制度与法律体系,而是要为法律注入生态文明的活力。实现这一任务,最重要的是确立生态法治的基本理念,并将其纳入立法、执法、司法和守法全过程,形成全社会一同遵行的价值追求。

(1)以生态理性拓展法律的价值观

生态理性产生于对生态系统与生态规律的认识,是对生态环境的科学认知能力,[36]关键在于辨识是否处于"生态安全"[37]状态,并根据现实情况做出正确决策,及时调整人的行为。一般认为,生态理性包括生态意识和生态智慧两个方面的内容。

生态意识是指人类善待自然、善待环境、对生态危机觉醒的观念。包括主体自身能够使人正确对待人与自然的关系、关注生态保护、在发展经济的同时注重生态效益,而且能够从生态的角度对待他人的经济行为,积极宣传并营造一种生态氛围。[38]

生态智慧是生态意识与生态知识相结合而显现出来的生态评价与判断能

---

〔36〕 胡军、蔡学英:"'经济人'与'生态人'的统一",载《湘潭大学社会科学学报》2002年第5期。

〔37〕 "生态安全"是生态学的概念,意指生物在地球漫长的生物与环境协同进化过程中形成的、其生存所必需的特定的气候、温度、湿度、光照通量等生态条件均处于稳态。"生态安全"是生物圈保持生态平衡的基本要求。

〔38〕 胡军、蔡学英:"'经济人'与'生态人'的统一",载《湘潭大学社会科学学报》2002年第5期。

力以及决策能力。一方面，生态智慧意味着人在生物圈——社会共同体中自觉地尊重与保护自然的观念并对其行为的生态道德进行反思和评价，把保持生态平衡作为一种人生责任。另一方面，生态智慧意味着人具备与其职业活动及生活方式相应的生态环境知识，既能对一切与环境有关的事物作出符合生态学的评价，又能在某一活动的经济价值与生态价值发生冲突和矛盾时，作出正确的决策。

(2)将生态理性纳入法治系统

欲将生态理性纳入法治，必须有一定的载体与方式。一方面，需要我们重新审视已有的法律以及所建立的社会管理组织和管理系统；另一方面，需要建立与已有法律相互沟通与协调的新的法律，促使适应生态文明需要的新的社会管理组织和管理系统形成，包括立法、执法、司法、守法及法律文化建设等诸多方面的内容。

第一，着力完善环境立法。由于种种原因，我国环境立法还存在一些明显的问题，比较突出的表现是存在立法空白、立法滞后、法规冲突、规范缺乏可操作性、立法技术不尽完善等问题，离“形成完备的法律规范体系”还有较大距离。“良法”是“善治”的前提，也是法治得以彰显的基础。为此，必须加快完善立法步伐，对已有的环境立法进行评估，完善立法规划与计划，区分轻重缓急。加大民主立法、科学立法力度，破除“部门立法”局限，建立委托立法、专家立法、联合立法新机制；完善立法程序、运用现代信息技术手段、广泛征集民意诉求、广开言路、广纳群言；提高立法质量，提升立法技术。

第二，确保环境法律的严格执行。必须改变现行环境执法“九龙治水”格局，加快政府职能转变，改革现行执法体制与机制。完善机构改革与职能配置方案，建立多部门、多环节、多层次的执法体制，建立和健全监管体制内部的合作程序、协调程序、协同程序；构建生态环境保护各部门间的协调协同机制、生态环境风险评估机制、不良环境影响的公共干预机制、生态环境信息共享与公开机制、生态环境保护的公众参与机制、生态环境纠纷的行政处理机制、生态环境损害领导责任追究机制等。同时，加强生态环境执法队伍的能力建设，提升生态环境执法队伍的素质。

第三，保障环境司法公正。中国的环境司法刚刚起步，还有许多工作要做。结合司法体制改革要求，推进环境资源司法专门化建设，完善司法程序。

确立“法院不得拒绝受理案件,法官不得拒绝裁判案件”的理念,建立相应规则,保证生态环境案件能够迅速受理、顺利审理、公正裁判。加大对司法人员的环境资源法律、环境资源案件司法技术与技能的培训力度,提升司法能力与素质。

第四,营造环境法治文化。加强环境法治文化建设,充分利用媒体、学校、社区等载体和平台,加强环境法治宣传教育,形成“保护环境,人人有责”的生态文化,让公民能够自觉地保护环境,能够利用环境法律维护自身和环境的权益,积极参与公共事务。促进环境保护公益性社会组织的发展,集聚环境保护的社会资源与力量,解决环境保护“最后一公里”乃至“最后一米”的问题。加大环境监督力度,完善信息公开,充分保护公民的知情权、参与权、表达权、监督权,形成让环境违法者“无地自容”的氛围;形成公民依法理性维权的自觉,促使政府、企业加大生态环境保护力度,提升保护能力与水平。

## 延伸阅读

根据2012年联合国可持续发展大会的呼吁,联合国大会于2013年通过决议,把由58个成员国参与的联合国环境署理事会升级成为普遍会员制的联合国环境大会,使联合国193个成员国共同在部长级层面商讨全球环境和可持续发展议题并作出决策。

2016年5月23~27日,第二届联合国环境大会在肯尼亚首都内罗毕联合国环境规划署总部召开。届时,全球环境领域的最高决策者,将共同商议并通过各项决议,呼吁全球民众行动起来,共同应对当前国际社会所面临的严峻环境挑战,落实2030年可持续发展议程。

2015年9月,联合国发展峰会在纽约通过了一份由193个联合国成员国共同达成的文件——《2030年可持续发展议程》。这个议程设定了17个可持续发展目标,其中一半与环境和自然资源的可持续性有关,包括贫困、健康、粮食和农业、水和卫生、人类住区、能源、气候变化、可持续消费和生产、海洋和陆地生态环境。169个具体目标中超过86个目标涉及环境的可持续性。为此,联合国环境署期望借助第二届联合国环境大会,以创新思维提出政策建议,为实现2030年可持续发展议程中的环境目标勾勒蓝图、指明方向,并在“健康环境、健康公民”主题下，讨论环境与人类健康之间的关联，就提高环境可持续性，保障人类健康提出政策建议。

联合国环境规划署第27次理事会正式通过了推广中国生态文明理念的决定，中国生态文明理念被正式写入联合国决议，首次以联合国文件形式得以体现。大会期间，环境署举办了专题新闻发布会，向各国介绍中国生态文明理念，传播中国可持续发展经验。中国代表团也利用环境大会这一重要多边平台，与联合国环境署共同举办“可持续发展的多重道路高级别研讨会”，与各国分享中国的生态文明建设和绿色发展理念；举办“中国—南南环境合作展览”，介绍中国在推动区域环境合作、利用中国信托基金支持发展中国家能力建设以及在环保技术合作等领域所开展的活动和取得的成就；发放宣传册，向国际社会展示中国过去五年环境保护所取得的成绩及中国大气污染治理的经验。

## 思考题

1. 环境问题为什么产生？与我们的生产方式、生活方式有什么关系？
2. 人与自然是什么关系？我们应该以什么样的态度对待自然？
3. 中国为什么要提出生态文明？中国应该在全球生态文明建设中做出哪些贡献？

# 第一章　环境法概述

**本章导读**

环境法作为一个独立的法律部门，主要是调整人们在开发利用、保护改善环境的活动中所产生的环境社会关系的法律规范体系；作为一个独立的法学学科，环境法是对环境立法、与环境有关的法律现象的基本规律的总结归纳。本章从三个方面概述环境法的基本内容：首先是解析环境法的概念，厘清环境的法学意义，剖析环境法概念的具体内涵；其次是梳理环境法演进的历史脉络，分析其发展变化规律；最后是抽象环境法的规范体系，类型化列举环境法律规范的多种法律渊源。

## 第一节　环境法的概念

通常我们所说的环境法代表两重含义：(1)立法文本所指称的“环境法”，表现为那些直接以环境或某一具体环境要素命名的法律文件，比如《中华人民共和国环境保护法》、《中华人民共和国水污染防治法》、《美国国家环境政策法》、《日本环境基本法》、《德国环境责任法》等；(2)学科意义上的环境法或环境法学，表现为对环境立法、社会生活中与环境有关的法律现象以及这些现象发生、发展的基本规律的抽象化、概念化和理论化的总结，如环境法的定义、环境法的原则、环境法的权利义务、环境法的制度体系等。我们在这里讲授的是第二种意义上的环境法，也即不仅限于法律文本中的“环境法”，还包括对现行的与环境有涉的环境法律体系、环境法律制度实施和环境法律现象进行的学理解释。

## 一、环境的法学意义

### （一）环境法的定义

1. 环境的法学定义方式

作为环境法上最为核心概念的环境，尚未有明确的定义，需要结合各个国家的立法文本对之予以解析。梳理各国立法对"环境"的规定，主要有以下几种方式：

（1）概括性地将环境在立法上作类型化描述。例如，1991 年《保加利亚环境保护法》和 1987 年《葡萄牙环境基本法》将环境的范围定义为"现实中所有的自然环境和人类环境"。在环境立法中概括性地对环境予以类型化描述的优点在于为法律中保护的"环境"的范围提供一个较有弹性的拓展空间，但不利于清晰地了解法律保护的环境的具体范围。

（2）采用类别化方法在立法上作列举式描述。例如，1969 年《美国国家环境政策法》将环境分为自然环境和人为环境两大类，并列举为"包括但不限于空气和水（包括海域、港湾、河口和淡水）以及陆地环境（包括森林、干地、湿地、山脉、城市、郊区和农村环境）"。1993 年《日本环境基本法》列举了大气、水、土壤、森林、农地、水边地、野生生物物种、生态系统的多样性。采用这种方法的还有 1990 年《英国环境保护法》。由于类别化和列举式描述没有对环境作定性解释，因此需要由单项法律重新规定或者由立法机关或司法机关对未在立法中列举的物质或者要素根据实际情况作出解释。[1]

（3）采用概括加列举方式在立法中予以界定。我国 2015 年 1 月 1 日开始实施的《中华人民共和国环境保护法》（以下简称《环境保护法》）第 2 条规定："本法所称环境，是指影响人类生存和发展的各种天然的和经过人工改造的自然因素的总体，包括大气、水、海洋、土地、矿藏、森林、草原、湿地、野生生物、自然遗迹、人文遗迹、自然保护区、风景名胜区、城市和乡村等。"这种定义就是比较典型的概括加列举方式，其概括的内容为"本法所称环境，是指影响人类生存和发展的各种天然的和经过人工改造的自然因素的总体"，列举的内

---

〔1〕 汪劲：《环境法学》（第三版），北京大学出版社 2014 年版，第 4 页。

容是:“包括大气、水、海洋、土地、矿藏、森林、草原、湿地、野生生物、自然遗迹、人文遗迹、自然保护区、风景名胜区、城市和乡村等。”这种定义方式的优点是:第一,通过概括,对我国环境法所保护的环境的范围进行了性质界定,提炼出了法律上所保护的环境的概念内涵、基本性质、特征与范围。今后,随着认识的深入、研究的进步和人类改造利用自然范围的拓展,出现新的环境要素或者环境空间时,这一条作为兜底规定,就可以为立法机关、司法机关进行扩大解释提供弹性空间。第二,通过列举,明晰现行环境法律保护的环境要素的具体内容,体现法律的明确性。

2.“环境”的法学内涵

进一步分析我国《环境保护法》第2条关于“环境”的定义,也可以理解环境法保护与规制的“环境”的内涵:

(1)环境法上定义的“环境”限于自然因素。在环境科学上,环境是指相对并影响某中心事物的周围事物,环境科学中的环境也是指人群周围的境况及其中可以直接、间接影响人类生活和发展的各种自然因素和社会因素的总和,[2]但《环境保护法》中环境的内涵与范围被限缩于自然因素,不包括社会因素。

(2)自然因素既包括天然的自然因素,也包括经过人工改造的自然因素。

(3)这些自然因素进入法律保护与规制的范围是因为其能够影响人类的生存和发展。法律作为人类行为规则,其所保护的“环境”带有鲜明的价值目的,即这些环境要素是否影响到人类的生存与发展。因此,环境法上保护的“环境”是在自然科学规律基础上结合社会规律予以的范围界定。申言之,环境法上的“环境”作为法律的保护对象,必须体现环境法所调整的社会关系的特点,环境科学上的各种环境要素并非全部或现在都能成为环境法的保护对象,那些目前人类尚无力保护或对其认识有待深化的环境要素尚未进入环境法保护范围。比如,太阳是否可以成为环境法的保护范围?虽然有一些争议,[3]但在大多数人看来,虽然阳光是人类生存必不可少的条件,但因为太阳作为宇宙中的一个星球,人类活动对其本身无法产生影响,法律将其作为保

---

[2] 《中国大百科全书·环境科学》,中国大百科全书出版社2002年版,第134页。

[3] 蔡守秋:“论公众共用物的法律保护”,载《河北法学》2012年第4期。

护对象,既无可能,也无必要。但要通过控制大气污染和保护臭氧层,既让阳光照耀地球又有效阻挡紫外线,以实现保护人类生存环境的目标。

(二)环境问题建构与环境法的名称

环境法是新兴法律领域,目前对“环境法”的名称,各国尚无统一界定。在我国,学者们在不同的论著中,称谓也不统一。例如,在美国多称之为“环境保护法”或“环境法”;在西欧多称之为“污染控制法”;在前苏联和东欧国家则多称之为“自然保护法”;在日本,则多称为“公害法”。而在我国,过去一般称为“环境保护法”,后来多称为“环境法”,后来也有部分学者称其为“环境资源法”。〔4〕

其实,“环境法”名称的分歧与变迁,并不是简单的命名问题,它既体现出对环境法立法目的与作用范围认识的深入过程,也折射出人类环境问题变迁对环境法律规范的需求。

环境问题的产生和发展表明,它既是科学技术问题,又是经济问题,也是社会问题,还是政治问题。因为环境污染和破坏导致的群体性事件爆发,成为影响社会稳定的“火药桶”,也是催生环境法的主要因素。社会问题是指社会中一定范围内的人们在共同的社会生活、社会活动与社会进步中所遭遇的困难、障碍和麻烦,具有以下特点:第一,客观性与常在性;第二,历史性和具体性;第三,多因素而不是单一因素造成;第四,涉及相当广泛的人群等。〔5〕在我国,提出环境保护的目标已近四十年,环境保护也写入宪法成为了基本国策,生态文明作为中国提出的文明新形态,正在向全球传播。但从总体上看,全社会的生态意识依然不高,生态智慧尚未被重视,参与环境保护的情况不甚理想。究其原因,既涉及政府的决策过程是否真正将环境保护纳入经济社会发展的各个环节,也涉及社会公众对环境问题是否足够重视并真正愿意行动。自20世纪80年代以来,环境问题从区域性、局部性向全球性、整体性趋势扩展,在世界上,20世纪已被认为是“全球规模环境破坏的世纪”,〔6〕环境问题作为“全球问题”已经从边缘性问题逐渐向社会中心问题转移,但对这一问题

---

〔4〕 张梓太、吴卫星等编著:《环境与资源法学》,科学出版社2002年版,第22~23页。

〔5〕 姜晓萍、陈昌岑主编:《环境社会学》,四川人民出版社2000年版,第50页。

〔6〕 [日]岩佐茂:《环境的思想——环境保护与马克思主义的结合处》,韩立新、张桂权、刘荣华译,中央编译出版社1997年版,第1页。

的重视程度在不同国家有着很大差异。同时,由于环境问题自身错综复杂、形式多样,环境问题,表面看是人与自然的不和谐的直接反映,其背后反映的是经济问题、社会问题和文化问题。因此,不同的社会和国家由于经济发展程度、社会资源现状和民众思想观念不同,导致了环境问题在严重性、紧迫性和表现方式上的差异。西方发达国家走过了“先污染,后治理”的道路,在经历严重的环境污染并投入大量的财力、物力、人力治理环境的同时,出现了生态环境保护的思想家、理论家和实践者,催生了生态文化,培育了生态公民,当下社会已经非常注重环境保护。而我国和其他许多发展中国家一样,在相当长时间内奉行“发展优先”。加之中国特有的政府主导型发展方式、中央地方财政分权、地方干部考核机制等原因,发展的冲动与“GDP”指挥棒作用叠加。过去三十多年,我们的经济快速发展很大程度上依赖的是资源高消耗与环境软约束,面对日益紧张的资源供给和严峻的环境压力,许多地方依然我行我素、上马污染项目、破坏生态环境,人们还在追求高消费、大手大脚地耗用资源、肆无忌惮地污染环境。应该看到,我国的环境问题有其自身的特殊性。

环境问题虽然具有全球同构的特性,对环境问题的解决世界各国也有许多经验可以借鉴,但如果不与国情结合,难免“水土不服”。过去,我们介绍了不少美国、日本等发达国家的环境法制、环境政策经验并在立法、标准、政策中直接加以采纳,实践中的结果表明,一些立法、标准、政策忽视了“南橘北枳”引起的负面效应而导致“南辕北辙”。就环境问题本身而言,不同国家不同民族所存在的环境问题、对于环境的认识与重视程度以及民众的环境意识有不小的差异。环境问题的共通性使各国的环境法律规范在很大程度上必须体现共性规律,而各国环境问题存在的差异性尤其是文化的差异性也必然使得各国的环境法律规范在立法目的与制度设计上存在差别,这是导致不同国家的环境法名称不同的重要原因。因此,要清晰界定我国的环境法名称及其背后的制度体系,首先必须合理建构中国环境问题,采取有效策略提出环境主张,进而寻求环境问题的解决之路。

环境问题的社会建构来源于社会建构理论,这种思维范式给我们提供了一种认识、凸显从而解决环境问题的新思路、新视角。[7] 这种理论认为,社会

---

〔7〕 闫志刚:“社会建构论:社会问题理论——研究的一种新视角”,载《社会》2006 年第 1 期。

问题是一种社会事实，但这种事实能否成为社会问题，不是由事实自身自我说明和解释的，而是需要整个社会达成某种共识。[8] 从社会建构主义角度来看，社会问题是“个人或群体对其所认称的某些状况主张不满，作出宣称的活动。”社会问题理论研究的中心议题，是“要对宣称和回应宣称活动的出现、性质和持续过程作出解释”。[9] 因此，环境问题作为一种社会问题要引起整个社会的重视，不仅是环境污染或者生态的破坏这种损害人与自然的和谐关系的事实或者状况的存在，而是这种行为作为一种社会活动或者过程而存在。正是这种活动和过程对于环境的污染和生态的破坏在当代社会被断言“有问题”，才被正式定义成一个“社会问题”。由此，构成“环境问题”的基本因素是这种社会活动而不是人类行为将会造成环境污染与生态破坏的状况。与之相对应，环境问题是否存在或者说是否被广大民众“认为”存在，不能仅仅停留于环境污染或者生态破坏的客观状况存在，更为重要的是这种环境污染或者生态破坏的状况是否为公众承认并达成共识。或者说，从社会建构理论看，“环境问题”的紧迫性除了对环境污染和生态破坏的应对的确刻不容缓之外，更重要的是公众是否相信与感觉环境问题的存在并已影响到自己的切身利益。比如，PM2.5 在我国很长时间内并未作为环境监测指标，随着雾霾天气的日益严重，尤其是社会公众、公共媒体的广泛宣传报道，使得 PM2.5 在非常短的时间内成为环境监测指标并向社会公开发布数据，非常典型地展示了“环境问题”从客观状态到社会认知的过程。

环境问题的研究者从自身的社会定位和角色分工出发，当然要从专业的角度研究环境问题的客观规律。但要真正有效地解决环境问题，专业研究者更需要作为参与者，与普通的社会民众一样，进行环境问题的确定活动，以完成环境问题的社会建构过程。在这个过程中，公众对环境的关心并不直接与环境的客观状况相关，公众对于环境的关心程度在不同时期也不一致。比如，近几年，我国多地发生了抵制“PX”项目的公众事件，虽然客观理性地讲，“PX”项目在世界各国都存在并且只要采取措施，不会造成公众所担心的那些环境问题。但由于一些非理性不客观全面的渲染引发了社会的“PX”项目焦

---

〔8〕 Blumer, H:“Social Problems as Collective Behavior.”Social Problems 1971:18.

〔9〕 Spector, M, and Kitsuse, J. I: Constructing Social Problems, NY: Aldinede Gruyter, 1987:75 -76.

虑,公众的恐惧心理超越了事实本身。加之一些地方政府简单处理——“一闹就停”,加深了公众对“PX”项目是严重环境问题的认知。许多民众在根本不知道“PX”项目为何物时,就加入了“抗争”的队伍。可见,环境问题并不能物化自身,它们必须由个人或者组织“建构”,被认为是令人担心且必须采取行动加以应付的情况,这才构成问题。

既然环境问题需要有社会建构过程才能引起社会和全民重视,那么,我们就必须具体讨论并了解其具体过程。我们不禁要问环境污染和生态破坏的客观状况到底是什么？环境污染和生态破坏到底是如何形成、如何对社会造成危害的？而且还要动态地、整体地、全面地了解、关注和引导它受到社会重视的过程,需要关注、聚焦和揭示人们如何获得环境方面的知识、真实真切地了解环境现状,并在这种互动中判断作为社会个体的自我与社会的关系。经由这种人与环境的互动过程以及个人参与的环境社会实践,广大民众才可能创建环境知识、体验环境状况、真正从内心确信环境问题的存在,进而不断地创造、维持、解构与重构着全民的环境知识和环境意识。在此过程中,还必须充分熟谙我们既有的文化、社群与体制特点,高度重视这些因素在构建社会环境问题中的“影子作用”。因此,环境问题的社会建构不是某一个人或者“精英阶层”之事,而是全社会参与的共同建构。社会共同体中形成的知识、体验和思想渊源既直接影响着环境问题的社会建构,这些因素也会与其他社会问题互动,环境问题又会反过来影响这些因素的变迁。

(三)“环境问题”变迁与环境法的范围

环境法在人类对于环境问题认识的不断深入基础上产生和发展。环境问题在当代是一个不容置疑的客观社会事实,但哪些环境危害事实是需要环境政策与环境法律规制的“环境问题”,不由事实自身自我说明和解释,而是需要社会达成某种共识。人类活动作用于自然环境所导致的不良影响种类多样、程度有别、特征各异,但由于管制成本和资源有限,人类也只能选择当前最为严峻的环境风险,经由环境问题的社会建构,形成广大民众的共识,得出当前环境法律体系规制的重点问题和重点领域。

环境问题本身是一个开放性的抽象概念,随着时代背景变迁,其所指称的对象和核心范畴也会有所差异。从历史过程来看,环境问题呈现从单一到全面、从局部到全球的趋势，但不同阶段需要重点规制的环境问题“核心地带”[10]也在移转，这使环境立法对“环境问题”在不同的阶段有不同界定。现代意义上的环境法最早出现于20世纪五六十年代的美国。肇始阶段的环境法要解决的主要环境问题是区域环境污染，美国的第一部联邦环境立法是1955年颁布的《空气污染控制法》，此后出台了《清洁空气法》、《清洁水法》。“二战”后，再度成为德国经济复苏发动机的鲁尔区沦为空气污染重灾区，为应对前所未有的空气污染，第一部适用于全德范围的环境立法《联邦污染防治法》1974年正式生效。[11] 日本现代环境立法始于1967年制定的《公害对策基本法》，韩国也于1975年制定《公害防止法》。我国台湾地区的“环境保护”一词出现在1971年以后，“环境保护”仅局限于公害污染防治。[12]

20世纪七八十年代以后，人类以空前的速度开发利用自然资源，导致了水土流失、森林覆盖率急剧下降、草原退化、土壤贫瘠化、水资源枯竭、气候异常和物种灭绝等生态破坏问题，这个时期凸显出来的“环境问题”是生态系统保护，环境法也必须直面这个紧迫任务。所以，这一阶段，环境法一方面依然要防治“环境污染”，另一方面的重要目的和任务便是加强生态保护或“自然保育”。这一时期，日本环境法实现了从《公害对策基本法》(1967年)以控制公害为中心到1972年《自然环境保全法》再到1993年《环境基本法》以保护自然和环境为中心的转变。[13]

梳理各国环境立法目的和规制对象的演进脉络，可以从纵向和横向两个维度归纳出世界各国环境立法的发展规律与特征。

1. 环境法规制环境问题范围的不断拓展

从历史上看，环境问题开始引起重视并被予以法律规制，是由于工业革命后西方资本主义国家城市化和工业化进程加快导致的严重工业污染，环境法的产生就是源于控制工业污染危害人群健康的社会需求，美国“最初一代的

---

〔10〕 美国最高院布雷耶大法官提出，风险规制的“核心地带”构成许多不同法定项目的基础，必须予以阐明。参见[美]史蒂芬·布雷耶：《打破恶性循环——政府如何有效规制风险》，宋华琳译，法律出版社2009年版，第1页。

〔11〕 “德国鲁尔区：从污染重灾区到‘花园工业区’”，载《中国环境报》2013年7月2日。

〔12〕 陈慈阳：《环境法总论》(2003年修订版)，中国政法大学出版社2003年版，第31页。

〔13〕 汪劲：《环境法律的理念与价值追求》，法律出版社2000年版，第76页。

联邦成文规制法律寻求实现雄心勃勃的目标，主要聚焦于大型工业污染源”。[14] 所以，20世纪下半叶的环境法多以“污染控制法”为名，“环境保护法”也主要针对污染控制。随着科技进一步发展和人类改造自然利用自然的能力进一步提升，人类行为导致了多种类型的生态破坏，环境法的范围逐步扩大，既包括“环境保护”和“污染控制”，也包括“自然资源保护”和“生态保育”。随着时代的发展，人类改造利用自然的深度与范围还会进一步深化与拓展，环境问题也会呈现出新的样态，[15] 以“环境法”命名有最大的包容性，可以容纳环境问题发展变迁对法律提出的制度规则需求。

2. 不同国家与地区的环境问题的特殊性

在世界范围内，各国制定环境法律时，其所特有的法律传统、法系特征和环境问题，很大程度上影响着环境法的概念及其内容。

(1)法律传统的影响。比如，英美法系的实用主义和判例法传统，使其并不注重环境法概念的严谨性，重在揭示环境法的规制重点，如美国学者提出的环境法概念为：“环境法由为同污染、滥用和忽视空气、土地、和水资源作斗争而设计的法律战略和程序所组成。”“环境法是关于自然和人类免遭不明智的生产和发展的后果之危害的法规、行政条例、行政命令、司法判决和公民和政府求助于这些法律时所凭借的程序性规定。”[16] 英国学者提出的环境法概念为“有关环境的三个媒介即土地、空气和水的使用、保护和存续的法律，其中主要是有关环境管理(主要通过国家机关)的法律和调整因故意或者其他环境侵害行为造成的损失及其后果等责任的法律”。[17]

(2)法系特征的影响。典型体现在大陆法系国家，成文法更注重规范的逻辑与自洽性，对新型社会问题倾向于在既有的法律体系框架内解决，或者通过法律解释利用既有制度资源，因此，学者们提出的环境法概念更重视与传统法律部门的联系与差异。比如，德国学者认为环境法有广义和狭义之分，广义

---

〔14〕 [美]罗伯特·V. 珀西瓦尔：《美国联邦环境法——联邦最高法院法官教程》，赵绘宇译，法律出版社2014年版，第30页。

〔15〕 比如，我国已经开始关注整体生态空间问题，生态空间保护将成为环境法的重要内容。参见刘超：“生态空间管制的环境法律表达”，载《法学杂志》2014年第5期。

〔16〕 王曦：《美国环境法概论》，武汉大学出版社1992年版，第59~60页。

〔17〕 高家伟：《欧洲环境法》，中国工商出版社2000年版，第6页。

的环境法是指一切与环境有关的法律规范的总称。狭义的环境法主要包括风景保护法、水资源法、土地法、公害防治法、放射性防治法、垃圾法、危险物品法和将来可能制定的气候保护法。广义的环境法除了狭义的环境法之外，还包括与其他法律部门交叉的规范，如环境宪法、环境行政法、环境私法、环境刑法、欧洲环境法、国际环境法。[18]

（3）环境问题特性的影响。典型如日本，因为"二战"后的产业复兴中各地进行无视与自然相协调的开发和工厂作业，给自然环境带来了严重污染并使其极度恶化，其后果以20世纪六七十年代日本各地爆发的骨痛病、水俣病、哮喘等大规模大范围的公民健康受害事件呈现。[19] 日本环境法因应对公害而产生，[20]学者开始时提出"公害法"概念，以后才发展为"环境法"。[21]

## 二、环境法的概念及内涵解析

我们采用"环境法"的概念并将其定义为：环境法是调整人们在开发利用、保护改善环境的活动中所产生的环境社会关系的法律规范体系。对于这个概念，可从两个方面加以理解。

### （一）环境法的属性与特征

1. 环境法是调整社会关系的法律规范

这是环境法的本质属性。法是调整社会关系的规范，通过规范人们的行为达到调整社会关系的目的。[22] 环境法预期通过保护和改善环境，实现保障公众健康、促进经济社会可持续发展的立法价值，虽然形式上是针对环境而建立的规范体系，但本质上依然是对人与人之间形成的社会关系的调整。环境问题是一种社会问题，也需要用调整社会关系的法律手段来加以解决。因此，环境法不同于直接作用于自然环境的技术规范，不是依循自然规律而制定的

---

〔18〕 高家伟：《欧洲环境法》，中国工商出版社2000年版，第8～9页

〔19〕 [日]原田尚彦：《环境法》，于敏译，法律出版社1999年版，第2页。

〔20〕 [日]原田尚彦：《环境法》，于敏译，法律出版社1999年版，第14～19页。

〔21〕 比如，日本著名的环境法学者淡路刚久，先后出版的环境法著作为：《公害的法律商谈》（有斐阁1971年版），《公害判例的研究—生成与展开》（都市开発研究会、1971年），《公害赔偿的理论（增补版）》（有斐阁1978年版、初版1975年），《环境法（第3版）》（有斐阁ブックス2006年版、初版1995年）。

〔22〕 张文显主编：《法理学》（第四版），高等教育出版社、北京大学出版社2011年版，第45页。

技术规程或者操作标准,而是依循社会规律而制定的行为规则或者法律制度。

2. 环境法是调整间接社会关系的法律规范

这是环境法的学科特色。环境问题的社会性表现为因人参与生态系统的物质循环、能量流动、信息传递,可能在非直接接触的情况下发生联系,从而形成了有自然环境过程加入其中的社会关系,具体表现为“人—自然—人”的关系。这一特性导致了环境法所调整的社会关系的间接性,换言之,这种社会关系必须以自然环境作为媒介才能形成。比如,某河流上游企业排污,下游居民受害,企业的排污行为与下游居民之间的法律关系加入了河水流动、污染物的迁移转化等因素和过程,如果没有河流,企业与居民之间不能形成社会关系。这种社会关系的形成不是因为污染者对受害者的直接侵害,而是通过将污染物、废弃物排放到自然环境中,其他主体在受到污染与破坏的自然环境中生存生活所遭受的权益损害。

3. 环境法是由国家强制力保障实施的社会规范

这是环境法的规范特性。环境法当然具有法律规范的基本特征,其实施由国家强制力予以保障。但是,正确理解法的强制实施性对于环境法尤其必要:(1)环境法具有一般的法律规范的特征,不能被误解为“橡皮图章”,当前一些具体环境法律规范存在可操作性、可实施性不强等问题,这并不是环境法律规范的内生属性,而是立法技术欠缺和法律实施不力等外在因素所导致的。2014 年修订的《环境保护法》在环境法律规范的可操作性与可实施性上有了较大改善与进步,环境法执行部门的依法行政能力与水平还需进一步提升。(2)环境问题是综合性问题,需要多种措施共同发力,因此环境法中既有必须强制实施的权利义务,也有一些激励性、倡导性措施,如宣传教育、经济激励、环境合同、环境责任保险等,这些措施进入环境立法是多措施并举解决环境问题的需要,这些制度的实施更多在于激发主体的内在动力而非施以强制。

### (二)环境法与传统法律规范的沟通与协调

环境问题因工业污染大规模爆发而得以进入法律视野,污染造成的公众人身健康和财产权益损害如何救济?这一难题是环境法产生的直接原因。在环境问题产生之初,污染诉讼进入法院,法官试图运用既有法律加以解决,殚精竭虑地想了各种办法,但各种努力均难以达到对受害人充分救济、合理救济的满意效果。其原因在于原有的法律权利及其保障方式不能覆盖新的利益需求，人在不受污染的环境中生存的权利不在“权利法定”的范围之内，环境问题在法律上的表现是既有权利体系不能满足新的权利诉求，这就需要从理论上和立法实践中解决是否承认新权利以及如何承担新权利的问题，当然，随之而来的是新权利得到承认以后的保障问题。而承认新权利的过程实际上是对已有权利的重新“划界”，这必然涉及如何对待已有法律的问题。

如何进行法制创新以及构建新的制度规范，可供选择的方法有两种：一是打破旧世界，建立新规则；二是在原有规则基础上进行延拓，并实现新旧规则之间的沟通与协调。选择的前提是如何认识新旧规则之间的关系。笔者认为，如果新规则可以完全代替旧有规则解决所有问题，则推翻旧规则完全必要而且可能；如果新规则并不能完全解决旧有规则已经规范的问题，旧规则就还有存在的必要性。从法律发展史上看，环境法的产生不是新规则完全替代旧规则的过程，恰恰相反，它是不断在旧有规则基础上发展的结果。这种现象呈现出两条明显的路径：(1)对原有的法律规则进行拓展，如对于因环境污染造成的侵权行为，在民法上经历了从一般侵权的过错责任向特殊侵权的无过错责任、严格责任拓展；(2)通过新的立法重新界定权利边界，对已有规则进行限制，并通过打破公法与私法的界限而实现沟通与协调，如环境法规定的资源使用许可证制度，就是对民法上的所有权的限制；与此同时，也在民法上宣示主体的环境保护一般义务，以实现制度间的沟通与协调。[23]

事实上，环境法作为古老的法律之树上发出的新枝，也必须吸收传统法律的养分才能更好生长。[24] 以环境侵权为例，环境法出现以前，侵权法承担了解决环境问题的重任；到现在环境法已经非常完备，但侵权法仍然发挥着不可替代的作用。

一方面，环境法可以沿用部分传统侵权救济机制。环境侵权中因污染和破坏涉及对个人财产权、人身权损害的部分可以适用既有的侵权救济机制，因为它们在性质上与传统侵权有共通性，在机制运行目的上预期实现的也是对环境私权的救济，既有侵权法规定的特殊侵权类型、无过错归责原则、举证责

---

〔23〕 晚近制定的《越南民法典》在总则中直接规定了环境保护的一般义务，一些早期制定民法典的国家，如德国、法国、瑞典，也通过修订方式，在民法中宣告了主体的环境保护义务。

〔24〕 吕忠梅、刘超：“戴上眼镜读书　摘下眼镜对话——师生共评汪劲教授的《环境法学》”，载《人大法律评论》(第7辑)，法律出版社2009年版，第298页。

任倒置以及诉讼时效延长等具体设计,可以基本满足这部分环境侵权救济的需要。一般认为,对日照权、眺望权、嫌烟权等生活环境中与我们的生活密切相关、私权性质较强的环境私权的侵犯,可以直接适用侵权法。比如,我国《侵权责任法》第八章就专门规定了"环境污染责任",明确规定:"因污染环境造成损害的,污染者应当承担侵权责任。"

另一方面,环境法需要对传统侵权救济机制进行创新。民法意义上的侵权救济机制主要针对的个人利益损害,但环境污染和破坏的许多情形是对公共利益的损害,有些时候这种公共利益不能归属于任何个人或者现实存在的人。比如,长江被污染或被破坏将造成现在和将来生活在长江流域的所有人的受害,从生态系统的角度考虑,长江生态系统的崩溃还可能带来整个中华民族的灾难,这涉及不特定多数人、现代人和后代人的多种利益,无法归于民法意义上的"侵权",需要通过创新将侵犯环境公共利益的行为纳入侵权救济的范畴。于是,出现了环境法对环境公共利益的专门保护规范,环境公益诉讼、生态修复等制度得以发展。由于很多环境侵权行为都是对生态环境的污染或破坏行为,所以,构建全新的、以保障环境公益为目的、以环境侵权救济的社会性为指向的环境侵权救济机制尤为重要。

## 第二节　环境法的演进

### 一、环境法产生的原因

现代意义上的环境法,最早出现于20世纪五六十年代的美国。环境法的产生是由现实环境问题催生的结果,带有浓厚的问题指向特性,同时,也有法律体系自身的原因。

#### (一)环境法产生的现实背景

人类社会经过几次工业革命,科技迅猛发展,生产力水平迅速提升,在经济社会发展水平和规模大幅度提升的同时,对自然环境开发利用的需求也与日俱增。第二次世界大战后,人类进入了和平时期,美国、日本和西欧取得了令世人瞩目的经济成就,且经济全球化趋势明显。这个阶段,现代工业取得迅猛发展，城市化进程加快，人口急剧膨胀，向环境中排放的污染物大大超过了自然界的纳污能力和自净能力，也极度消耗着各种自然资源。环境问题严重威胁人类的生存与发展，逐渐成为20世纪下半叶开始最为严峻的社会问题，迫使人类开始重视经济发展的负面效果和社会发展中的伴生问题，反思经济增长方式，制定专门法律规制经济社会发展中的环境问题。

（二）环境法产生的法律原因

环境法的产生，首先是规制严峻的环境问题的需要，但环境问题本身并不足以构成环境法产生的充要条件。当环境问题出现并日趋严重时，法律所具有的稳定性和可预期性等内生属性，决定了其滞后于社会的需求。因为传统法律制度体系在解决环境问题时存在诸多缺陷，才需要进行专门的环境立法。

1. 传统民法无法有效解决环境问题

民法是市场经济条件下调节经济社会关系的基本法，但在解决环境问题时存在诸多内生困境，表现为：(1)民法中的一些原则不能适用于环境问题解决。比如，民法秉持私法自治，确认民事主体基于其自由意志进行民事活动，作为核心的合同自由原则，精髓在于确认并保障法律主体的自由。私法自治显然不能适用于环境保护和解决环境问题，如果实行完全的意思自治，污染和破坏环境的行为将无法得到制止。(2)民法中的一些基本制度不能适用于环境问题解决。比如，所有权理论是民法的基石，在绝对所有权原则下，主体享有独占、排他的对世权，可以排斥一切干预；但是，即便是完全属于私人所有的自然环境，也承载着生态服务的公共功能，如果所有权人排斥一切干预而任意处分权利客体，必然带来对环境的破坏而不会得到法律制裁的情形，其结果是鼓励人们去破坏环境。

2. 传统行政法无法有效解决环境问题

传统行政法有管理管理者之法之称，是以规制行政行为为核心的控权法。传统行政法在应对环境问题时也存在很多困境：(1)传统行政法重在调整行政权力的取得、行使及对其监督过程中发生的各类社会关系，对行政机关的权力行使进行严格的限制与控制。但环境问题层出不穷、复杂多样，环境保护是公共利益，既需要政府承担提供公共服务的职能，也需要政府能够比较灵活地针对具体环境问题行使行政权力，传统行政法在此时显得束权有余、赋权不足。(2)传统行政法的重要功能是基于行政管制目的设定行政权力，单方面干预行政相对人的权利义务,对相对人形成拘束力。这种以管制为目的的权力设定与行使方式难以有效解决环境问题。因为人类活动造成的环境影响并不是传统法律视野中的违法行为,而是经济社会发展过程的伴生物或者副产品。因此,环境保护要求的是“治理”而非“管制”,在“治理”中,需要更多主体的积极主动参与,需要非权力手段的适用,需要注重发挥市场机制的作用。

3. 传统刑法无法有效解决环境问题

刑法作为规定犯罪与刑罚的法律规范体系,被认为是法律权威性的典型体现,也是其他法律规范的后盾。运用刑事手段规制导致重大环境问题的行为,实现环境保护非常重要。但是传统的刑法规范在解决环境问题时也存在不少问题,其表现为:(1)传统刑法的立法指导思想或宗旨是保障与救济人身权或财产权,且这种保护立足于经济性判断。但自然环境对于人类的价值不仅是经济上的,更重要的是生态价值,环境违法行为对自然环境的生态价值侵害没有充分有效地表达在刑法规范中。(2)传统刑法所规定的犯罪行为多为故意对人身或财产的直接侵害,但环境污染或破坏行为具有先作用于环境,然后通过环境的迁移转化间接致害于其他主体权益的机理,使得传统犯罪的构成要件难以完全在环境犯罪中套用。(3)传统刑罚多为人身刑,以此兼顾惩处犯罪行为与救济受害主体权益的价值,但这种纯粹事后评价的刑罚手段,不但本身难以契合环境保护的事前防范与过程控制的需求,而且刑事责任的追究也没有指向环境的治理与修复。

## 二、世界各国环境法的历史演进

环境法并非凭空出现,它是伴随着环境问题的日渐加剧导致的规则需求从量变到质变的最终结果。环境法作为法律家族中的新成员,本身也处在不断发展完善过程中。

### (一)零星环境保护规范时期

第一次工业革命之前,在世界各国的法律中,也有一些客观上可以带来保护环境效果的法律规范,这些法律具有几个明显的特征:(1)在目的上,这些法律的目的不是应对“环境问题”和保护环境,只是在客观上起到了环境保护的作用;(2)在体系上,并没有专门的应对环境问题的法律规范,一些有关规范散见于各种立法中,零星出现。

这一时期，社会经济发展以农牧业为主，工业和其他产业不够发达，人类生产生活活动对环境的影响力度较弱，对环境的开发利用规模与幅度较小，涉及的区域与范围不大。因此，没有产生现代意义上的“环境问题”，也不可能出现我们今天所指称的环境法。但是在一些法律中，可以看到一些零星散布的与环境有关法律规范，表明早期的法律也注意到了人与自然关系问题。比如，公元前两千多年的《乌尔纳姆法典》中有关土地使用的规定；公元前18世纪的《汉谟拉比法典》中有关土地、森林、牧场的耕种、垦荒和保护的规定，以及防止污染水源和空气的某些规定；公元前3世纪古印度的《摩奴法典》关于荒地、矿山和湖泊、山川的规定；公元1306年英国国会关于禁止伦敦工匠和制造商在国会开会期间用煤，以防止煤烟污染的文告；德国1448年的《森林条例》；法国在1669年路易十世曾颁布过森林和水方面的法令；古希腊的一些城市颁布过不许在夜间喧闹的禁令；俄国彼得大帝曾规定严厉的保护森林措施，1719年曾对污染、堵塞涅瓦河和其他河流规定严厉的处罚措施，等等。[25]

（二）城市环境卫生保护立法阶段

第一次工业革命之后至20世纪五六十年代，世界上一些国家颁布了以保护城市发展为主要目的的法律，其中涉及城市的环境卫生问题。这一阶段的有关法律规范有以下特点：（1）没有出现直接针对整体意义上的“环境问题”、以环境保护为立法目标的法律；（2）为应对城市化进程加快和人口密集带来的城市问题，出现了以保护城市环境卫生为目的、客观上能够规制局部环境污染和区域性环境污染的法律规范；（3）开始出现单行法。

人类经历了三次工业革命，大机器工业生产出现，城市化进程加快，主要资本主义国家逐次进入都市化和工业化社会，废水、废气、噪声和垃圾等问题日益严重，城市环境卫生状况恶化。为应对这些问题，一些国家开始了专门立法。英国国会于1863年颁布《制碱业管理法》，1857年颁布《防烟法》，1860年颁布《公共改良法》，1876年颁布《河流污染防治法》，1934年颁布《特别地区（开发和改良）法》。美国从1785年开始制定关于土地勘测和开发的法律，准许开发西部土地并可以出卖；19世纪初期和中期，美国宪法确立联邦资源

---

〔25〕 具体列举参见蔡守秋主编：《环境资源法学》，人民法院出版社2003年版，第47页；颜运秋主编：《环境资源法学》，中南大学出版社2009年版，第17页。

管理制度和卫生安全保护措施的制度框架,为快速处理土地纠纷,还制定了有关矿业、木材、沙漠土地等系列法律:1864 年制定《煤烟法》,1866 年制定《矿业法》,1870 年制定《木材种植法》、《木材和石头法》,1872 年制定《沙漠土地法》,等等。日本则出现了地方性的规则,1888 年,大阪市因纺织厂煤烟污染发生市民防止煤烟运动,因此大阪府制定了《煤烟管理令》。1912 年日本制定《工场法》对煤烟的排放进行规制。

这一时期,也有国家开始制定保护自然资源的法律,如法国、奥地利、比利时、俄国等国在 19 世纪先后制定保护森林的法律。19 世纪末 20 世纪初,一些国家颁布法律建立国家公园和国家自然保护区。日本在 1874 年建立自然公园制度,1898 年制定《森林法》,1919 年制定《狩猎法》,1920 年在《都市计划法》中规定“风致地区保全制度”,1932 年制定《国立公园法》。

(三)现代环境立法时期

20 世纪五六十年代至今,世界范围内环境问题爆发,环境立法进入蓬勃发展的时期。这一阶段的环境立法主要具有的特点有:(1)环境问题在世界上普遍发生,各国开始重视环境立法,立法目的、立法价值和立法规律等方面呈现共性,一国的环境法制度很快得到多国借鉴;(2)环境立法直接应对“环境问题”,以环境保护为目的和价值标准;(3)出现环境保护领域的基础法和综合性立法,标志着环境法的独立;(4)环境法律体系的构成与内涵尚在不断发展变化之中。

1. 美国

现代意义上的环境立法从美国开始,环境法律体系逐步构建。为应对迅猛发展的环境问题,为鼓励各州采取环境保护措施,美国联邦政府发挥了积极作用。在以判例法为主的美国,环境法却有着完整的成文法体系,这一方面表明了美国为应对环境问题所做出的积极努力,另一方面也说明了环境立法的特殊性。

美国《1948 年联邦水污染控制法》,也被称为美国《清洁水法》,向州提供联邦资金发展污染控制计划。到 20 世纪 60 年代,国会通过《1963 年清洁空气法》,敦促州采用空气污染控制措施。1965 年通过《固体废物处置法》,要求制订应对废物处置问题的计划。这些法律建立了环境保护的联邦监管架构并沿用至今。美国 1969 年颁布《国家环境政策法》,首次指令所有的联邦机关,让环境保护成为他们使命的一部分。1972年,制定了《联邦水污染控制法》和《海洋保护、研究与保护区法》(又称《海洋倾倒法》),1976年,通过了《资源保护和恢复法》,这些构成了美国的环境保护法律体系。

20世纪80年代后,美国的环境法立法有了新发展。1984年通过《1984年危险和固体废物修正案》,1986年颁布的美国《综合环境法响应、补偿和责任法》,又称《超级基金法》,针对弥补整治修复化学品泄漏的土地进行立法,该法不仅建立了土地修复基金(即俗称的"超级基金")以弥补污染土地修复成本,而且建立了严格的连带责任制度。为回应化学品泄漏造成数人死亡的印度博帕尔事件,1986年通过《应急预安和社区知情权法》,建立了企业信息公开和环境与健康风险沟通制度。为应对石油泄漏事故,1990年颁布《石油污染法》。1990年,《1970年清洁空气法修正案》,将温室气体作为空气污染物纳入法律监管。1996年修订了《安全饮用水法》。

2. 日本

日本在第二次世界大战后致力于追求社会重建和经济增长,在此过程中给环境带来了严重的影响与破坏。进入20世纪50年代以后,发生了痛痛病、水俣病、哮喘等健康受害事件。同时,自然环境遭到破坏,也对动植物生育繁殖产生了诸多障碍。公害事件使人们开始关心环境问题,有关环境问题的法律应对,以公害对策的形式展开。为此,日本从20世纪50年代开始,密集出台公害立法,如1959年《水质综合保护法》和《工场排水法》,1962年《煤烟控制法》,尤其是系列严重公害事件促成的1967年《公害对策基本法》,日本开始走上综合性的有计划防治公害的道路。

在日本,最为突出的是在1970年年底的第64届国会上,一次通过了制定和修改的14部环境法律,内容涉及公害基本对策、费用负担、海洋污染、水质污染、大气污染、农地污染、噪声控制、废物处理、公害犯罪、下水道、农药、自然公园、毒品及剧毒物品、道路交通灯方面,因此有"公害国会"之称。之后,日本相继制定《环境厅设置法》、《公害等调整委员会设置法》、《关于特定工场整备防止公害组织的法律》、《自然环境保全法》、《公害健康损害补偿法》、《恶臭防止法》等环境法律,[26]形成了以公害防治为鲜明特色的环境立法体系,也形

---

〔26〕 汪劲:《环境法学》(第三版),北京大学出版社2014年版,第42页。

成了公害法这一新的法律领域。[27]

进入20世纪70年代后,由于依然沿用"产业优先"的环境立法指导思想,在经济发展停滞的压力下,日本的公害防治法律制度与政策出现反复,陷入停顿甚至是后退时期,在立法和司法上放宽了对污染者的限制。20世纪90年代,日本环境法制走出停滞、倒退时期,进入完善期。[28] 其标志是1993年制定《环境基本法》,使环境法制在通往"可持续发展"理念的途中迈出了重要的一步,形成了以可持续发展为指导的环境法体系。

3. 欧盟

1993年11月1日,欧洲联盟(欧盟)正式成立,追求建立统一的欧洲环境法,成为环境法领域最富创造性的奋斗目标。欧盟成员国、欧盟机构和欧盟公民所适用的环境法有三种类型:一是成员国国内环境法;二是欧盟环境法;三是国际环境法。我们主要介绍欧盟成员国国内环境法和欧盟环境法。

欧盟成员国中,德国环境法发展较为迅速和具有代表性。第二次世界大战后,德国只有少量的环境法律,如1957年《水资源法》和1959年《核能法》。到20世纪60年代,环境法的概念正式出现。德国的环境立法大致分为两个阶段:第一阶段是20世纪70到80年代,环境法在20世纪70年代成为独立的法律领域,是德国环境立法的转折点。在1970年之前,德国环境保护法律任由各州自行规定,此后德国开始行使联邦的立法权,制定了《联邦污染防治法》、《联邦自然保育法》、《废弃物清理法》(后于1994年修订为《循环经济与废弃物法》)、《联邦森林法》等多部法律,这些立法主要针对防范污染所产生的危害以及预防措施。顺应国际环境保护理念变化,德国从20世纪80年代开始进入环境立法新阶段,环境立法更多关注环境保护的综合性,对环境保护中共同适用的部分进行立法,如1990年制定《环境影响评价法》,1990年颁布《环境责任法》和1994年《环境信息法》等。[29]

从20世纪60年代到90年代,欧洲各国除了制定作为环境基本法的《环境保护法》或《联邦污染控制法》之外,在污染防治与生态保护方面也制定了

---

〔27〕[日]原田尚彦:《环境法》,于敏译,马骧聪审校,法律出版社1999年版,第18页。

〔28〕罗丽:"从日本环境法理念的转变看中国第二代环境法的发展",载《中国地质大学学报(社会科学版)》2008年第3期。

〔29〕夏凌:"德国环境法的法典化项目及其新发展",载《甘肃政法学院学报》2010年第2期。

更为细致的法律规范。

欧盟环境法体系包括欧盟基础条约、欧盟签署或参加的国际环境条约、欧盟机构制定的欧盟法规(包括条例、指令和决定)、其他具有法律规范性的文件、其他相关法律渊源等。欧盟环境法的体系包括成文法和判例法,但以成文法为主。成文法有宪法性规范、条例、指令、决定、决议、标准等形式,包括国家级环境法、欧盟级环境法和国际级环境法,但以欧盟级环境法最具有特色。[30]

(1)基础条约。在欧盟环境法体系中,宪法性规范即建立欧洲共同体或欧盟的基础条约,起着根本性、指导性的作用。例如,《单一欧洲法》和《欧洲联盟条约》中专门有"环境条款"即第130R条,明确了环境保护的定位。

(2)条例、指令、决定等。欧盟签署的国际条约(欧盟与第三国和其他国际组织缔结的国际协定)以及欧盟机构制定的条例、指令、决定等形式构成了一个相当完善的有机体系。其中,条例具有普遍而直接的适用性、具有全面的约束力,一经颁布即在成员国内发生完全的效力,成员国不得采取任何国内立法或行政措施变更条例的内容或变通实施。比如,近年来,欧盟在化学品管理方面颁行了系列条例。指令对每个成员国有法律约束力,但是留给成员国的国家当局以形式和方法的选择权。比如,欧盟在噪声污染和土壤污染控制、水体保护及海洋环境保护等方面都颁布有指令。决定的各个组成部分对它所指向的对象都具有约束力,可以对成员国发布,也可以自然人和法人为其对象,是一种对特定个人有效的、对接受者具有直接法律影响的规则和条件。比如,欧盟在环境信息公开方面,发布了1994年《有关公众获取委员会文件的94/90决定》、1997年《有关公众获取理事会文件的97/731决定》等。

(3)环境标准。环境标准是欧盟环境法的重要组成部分。这些环境标准不仅具有环境法规一样的效力,而且也遵循同样的立法程序。根据《建立欧洲原子能共同体条约》第30条的规定,共同体制定的有关防治放射性污染的

[30] 对欧盟环境法的立法特点、形式与历程的梳理与介绍参见蔡守秋:"欧盟环境法的特点及启示",载《福建政法管理干部学院学报》2001年第3期;蔡守秋、王欢欢:"欧盟环境法的发展历程与趋势",载《福州大学学报(哲学社会科学版)》2009年第4期;王欢欢:"欧盟环境法的新近发展与不足及其对中国的启示",载《中国地质大学学报(社会科学版)》2010年第2期。

基本标准具有很高的法律地位。这与大多数国家的国内环境标准有重大区别。

(4)行动计划。环境行动总体规划具有重要的法律地位。根据《欧洲联盟条约》第130S(3)条的规定,理事会应根据第189B条提及的程序和经征询经社委员会的意见,通过总体行动规划,提出应予实现的优先目标。总体行动计划制定后,即要求根据环境总体行动规划进一步制定实施总体规划所需要的措施(包括条例、指令和决定),因此,它是一种层次较高的法律文件,它具有特别的法律地位和立法指引功能。自1973年欧共体时代至今,欧盟已颁行了六个行动计划,这些计划为欧盟环境法的发展起了基础性的指导作用。

4. 现代环境立法规律

(1)20世纪五六十年代开始至80年代之前,现代环境立法在主要发达资本主义国家几乎同步产生,这一阶段的环境立法开始直接以环境问题为规制对象,应对密集发生的各种类型的环境问题,带有鲜明的问题应对色彩,以被动应对环境要素的污染为立法依据,典型如这一阶段美国的《清洁水法》、《清洁空气法》和日本的《水质综合保护法》等。

(2)20世纪80年代,环境立法迎来全新阶段,有了质的飞跃,除了在形式上表现为立法数量的增加和体系渐趋完善之外,显著体现为立法理念的进步和层次的提升,立法转为兼顾重视整体环境保护。比如,美国在20世纪80年代重新审视并再授权第一代联邦环境法律时,扩展和改进了策略,反思与弥补环境法基础框架中的漏洞,[31]制定并颁布《超级基金法》,并修订《清洁水法》、《清洁空气法》等。日本则颁布了《环境基本法》;德国颁布了《环境责任法》、《环境信息法》等。

(3)立法受到时代背景和社会发展指导思想的制约。20世纪五六十年代,战后重建和经济发展是共同世界主题,但严峻的环境问题催生了现代环境法,以应对工业化生产中的环境要素污染。这一阶段,虽然有专门环境立法,但依然以经济发展为主题,一旦环境问题有所缓解,环境立法则陷入低潮甚至

〔31〕 [美]罗伯特·V.帕西瓦尔:《美国环境法——联邦最高法院法官教程》,赵绘宇译,法律出版社2014年版,第15页。

停滞,日本体现得非常明显。随着全球性环境问题更大范围地出现和环境正义运动的兴起,可持续发展观的提出与传播,现代环境法迎来了新的发展阶段,环境法成为独立法律领域,环境法的立法目的、价值目的和制度规范,也从末端控制发展为全过程管理以及生态环境保护。

## 三、我国环境法的历史演进

### (一)中华人民共和国成立之前的环境保护规范

#### 1. 古代法律制度与政策措施

我国古代并没有现代意义上的环境保护规范,但因为我国传统文化和朴素的哲学思想中具有一些生态智慧。同时,在以农业生产为主的经济模式下,基于维护秩序与特权的需要,也必须对影响农业发展和人民生活的一些行为进行规制。

《逸周书·大聚解》记载:"禹之禁,春三月,山林不登斧,以成草木之长;夏三月,川泽不入网罟,以成鱼鳖之长。"《韩非子·内储说上》记载:"殷之法,刑弃灰于街者。"公元前11世纪,西周颁布《伐崇令》规定:"毋坏屋,毋填井,毋伐树木,毋动六畜,有不如令者,死无赦。"《周礼·地官》记载西周时期已经有蓄水、排水等农田灌溉设施以及关于矿冶方面的禁令,并设有专门官吏执掌其事。秦律中有不少关于农田水利、作物管理、水旱灾害、病虫草害、山林保护等具体规定,在《田律》、《厩苑律》、《仓律》、《工律》、《金布律》中有一系列关于按照季节合理开发、利用和保护森林、土地、水流和野生动物等的规定。秦始皇统一中国后,重视加强对自然资源的管理,在全国范围内以统一的法令规定土地私有制,实行盐铁专营,并对掌握采矿事务的官吏规定了考核及严格的处罚办法。《唐律》、《宋律》、《元律》、《明律》、《清律》大多追随《秦律》,主要也是关于保护森林、鸟兽、土地等自然资源的规定。

#### 2. 中华民国时期的自然资源管理法律规范

中华民国时期(1912~1949年),社会动荡阶段,生产力水平落后,农业经济占主导地位。这一阶段,国民党政府与公众不可能也没有必要重视环境保护。这一阶段主要是自然资源管理方面的立法,如《渔业法》(1929年)、《土地法》(1930年)、《森林法》(1932年)、《狩猎法》(1931年)和《水利法》(1942年)。

同时,在中国共产党领导的革命根据地,也颁布过一些自然保护方面的法令,如《闽西苏区山法令》(1930 年)、《晋察冀边区禁山办法》(1939 年)、《晋察冀边区垦荒单行条例》(1939 年)、《陕甘宁边区森林保护条例》(1941 年)、《晋察冀兴修农田水利条例》(1943 年)和《东北解放区森林保护暂行条例》(1949 年)等。

### (二)中华人民共和国环境法的发展与演进

#### 1. 环境立法的兴起

自 1949 年新中国成立到 1979 年,是我国现代意义上的环境法逐渐兴起的时期。从总体上看,这一阶段我国并不重视环境问题,但受到世界范围内环境保护浪潮的波及和“环境问题”的出现,开始了环境立法的进程。

新中国成立之初,百废待兴。我国从重视作为农业命脉的自然环境角度,作出了一些有利于保护环境的规定;从建立公有制的角度,确立了自然资源的全民所有和集体所有。1954 年《宪法》规定:“矿藏、水流,由法律规定为国有的森林、荒地和其他资源,都属于全民所有。”其他比较有代表性的法律法规规章,在自然资源保护方面,颁布了 1950 年《矿业暂行条例》,1953 年《国家建设征用土地办法》,1957 年《水土保持暂行刚要》,1963 年《森林保护条例》,1964 年《水产资源繁殖保护条例》,1965 年《矿产资源保护试行条例》等。在环境卫生方面,颁布了 1956 年《工厂安全卫生规程》,1957 年《关于注意处理工矿企业派出有毒废水、废气问题的通知》。

1972 年,我国派出政府代表团参加了联合国人类环境会议。受该会议的影响,1973 年 8 月召开了第一次全国环境保护工作会议,制定《关于保护和改善环境的若干规定》,这是我国第一个真正应对环境问题、保护环境的综合性文件。该《规定》确立了“全面规划、合理布局、综合利用、化害为利、依靠群众、大家动手、保护环境、造福人民”的环境保护工作方针,规定了“统筹兼顾、全面安排”的原则,以及“三同时”制度和奖励综合利用的政策。这个规定也成为我国 1979 年《环境保护法(试行)》的雏形。针对当时已经出现的北京官厅水库污染、[32]湖北葛店化工区鸭儿湖污染、[33]大连湾赤潮等环境污染事件，[34]还制定和颁布了《工业“三废”排放试行标准》(1973 年)、《防治沿海水域污染暂行规定》(1974 年)和《生活饮用水卫生标准》(1976 年)，开始了直接针对环境污染问题的立法探索。

1978 年《宪法》第 11 条第 3 款明确宣示“国家保护环境和自然资源，防治污染和其他公害”。1979 年 9 月，第五届全国人大第十一次会议原则通过了《环境保护法(试行)》，向全国人大提交的立法说明表明：这是中国未来的环境保护基本法。《环境保护法(试行)》规定了环境保护的对象、任务、方针、政策，建立了“谁污染，谁治理”等基本原则和环境影响评价、排污收费、限期治

---

[32] 官厅水库是北京市主要供水水源地之一，上游由山西雁北地区的桑干河、河北张家口地区怀来的洋河和北京延庆的妫水河组成。1971 年冬末，官厅水库开始发现漂有大量泡沫，水色浑黄有异味。1972 年 3 月，北京市场出售的在官厅水库打捞的鲜鱼有异味，食用之后人出现头痛、恶心、呕吐等中毒症状。洋河河源的良田屯社员反映，两年间患病者增多，普遍出现中毒症状，良田屯小学 426 名学生近一年来因病缺席率达 50%，上课时打盹的半数以上，记忆力也都有不同程度的减退。妫水河边的社员也反映，库水有药味，食用后除有相似中毒症状外，由于饮水含氟高，导致患关节炎、掉牙的多。卫生部门就此问题向国务院作了专项报告，由曲格平将报告上呈国务院总理周恩来。周恩来对此非常重视，要求立即查清事件原因。很快，国家计委和建委组成调查组，并于 4 月开始调查。关于官厅水库污染事件的回顾与分析参见段蕾：“新中国环保事业的起步：20 世纪 70 年代初官厅水库污染治理的历史考察”，载《河北学刊》2015 年第 5 期。

[33] 鸭儿湖属于长江中下游的一个浅水湖泊，是湖北省主要渔业产地之一，由严家湖、曹湾湖、断望湖、杨庄湖、盘湖等十个子湖组成，年产鲜鱼 100 多万斤。自武汉市葛店化工厂于 1961 年逐步建成投产以来，大量化工、农药废水沿明沟排入鸭儿湖。随着生产的发展，含毒废水量亦不断增加，每日达 6 万多吨。后来武汉市建汉化工厂、武汉化工二厂相继建成投产，大量含脂肪酸、油脂废水又排入湖内，使日排废水量增至 8 万多吨，鸭儿湖的污染也就越来越严重。鸭儿湖污染导致的危害是多方面的：第一，污染后鱼产量大幅度下降，而且鱼的种类大大减少，鱼体骨骼形态发生变化，普遍脊柱发生扭曲，外部形态也有相应变化，并且带有很重的农药味，群众称为“药水鱼”；第二，湖水污染对水生生物有较大影响，例如，原在湖中生长茂盛的水生高等植物、苦草和轮叶里藻等，除仅在车渡湖港汊内还存在外，其他地方几乎绝迹；第三，鸭儿湖周围九社二场 30 多万人民饮用水和 40 多万亩农田灌溉水，都受到严重影响，秧苗发黄根部发黑，导致大片死苗或减产，受废水淹没或灌溉的稻田，土质变坏，影响农业生产；第四，曾引起耕牛中毒 345 头，死亡 126，生猪中毒 396 头，死亡 125 头。1962 年至 1975 年，鸭儿湖周围社队农民中毒事故达 1634 人次，重症中毒 114 人次。具体资料统计参见翁文琛：“鸭儿湖治理工程的初步总结”，载《环境科学与技术》1984 年第 7 期。

[34] 赤潮是由于海域环境条件的改变，促使某些单细胞浮游生物的过盛增殖，引起海水变色，危及鱼虾贝的一种现象。1978 年 10 月在大连港到和尚岛以西，在较大范围里海水呈现为红色，经调查证明是由于海水中含有大量的中缢虫所引起的。具体资料参见许澄源：“大连湾赤潮生物的调查研究”，载《水产学报》1982 年第 2 期。

理、环境标准、环境监测、“三同时”等环境保护的基本制度,规定了环境保护的机构和职责。该法开启了我国现代意义上的环境立法进程。

2. 环境法体系形成

改革开放后,我国的环境立法走上正轨,进入了环境法制建设的持续高速发展时期,我国的现代环境法制体系日渐形成并不断完善。这一时期可以进一步划分为三个阶段。

(1)1992 年之前

改革开放以后,环境保护在国家经济社会生活中的重要性被提到一个新的高度。1983 年年末,第二次全国环境保护会议召开,首次提出保护环境是一项基本国策。1984 年国务院发布《关于环境保护工作的决定》将会议精神加以政策化,确定了环境保护的基本国策定位。1985 年,召开第一次全国城市环境保护工作会议,确立了环境保护以城市为主的路径,1988 年,发布《关于城市环境综合整治定量考核的决定》及《全国城市环境综合整治定量考核实施办法(试行)》。1989 年召开第三次全国环境保护会议,确立了环境保护目标责任制、城市环境综合整治定量考核制、排放污染物许可证制、污染集中控制、限期治理制度、环境影响评价制度、“三同时”制度、排污收费制度八项环境管理制度,这些制度在 1989 年《环境保护法中》以法律形式得到确立。基本形成了环境保护工作以城市为主、以污染控制为主的格局。

这一时期,环境立法也进入了“快车道”:先后颁布了《海洋环境保护法》、《水污染防治法》、《森林法》、《草原法》、《矿产资源法》、《土地管理法》、《渔业法》、《大气污染防治法》、《水法》等多部法律。1989 年 12 月,第七届全国人大常委会第十一次会议通过《环境保护法》,标志着我国环境立法进入全新阶段。

这一阶段环境法制建设的特点是:第一,全面展开环境保护单行法制定工作,重要的环境要素的污染防治与生态保护的法律、行政法规和规章在这一阶段制定实施,我国环境保护专门立法体系初步形成。第二,环境保护行政法规或部门规章大量出现,各地开始了环境保护的地方立法,环境标准体系基本建成。第三,在以经济建设为中心指导思想下,环境立法理念还是发展优先,使得环境法的功能和作用发挥受到一定限制。

(2)可持续发展理念下的环境法制体系完善阶段

自 20 世纪 90 年代以来,可持续发展在中国得到了广泛的认同,中国提出了科学发展观,为环境立法提供了全新指导思想。1993 年 3 月全国人大成立环境与资源保护委员会,1994 年,国务院发布《21 世纪议程——中国 21 世纪人口、环境与发展白皮书》。先后制定了《固体废弃物污染环境防治法》、《煤炭法》、《环境噪声污染防治法》、《矿产资源法》、《城市规划法》、《节约能源法》、《防沙治沙法》、《清洁生产促进法》、《环境影响评价法》、《循环经济促进法》。也对《大气污染防治法》、《水污染防治法》、《森林法》、《海洋环境保护法》、《水法》、《固体废物污染环境防治法》等法律进行了修订甚至再修订。与此同时,一些重要法律在制定或修订过程中,也对环境问题进行了回应,如《物权法》、《侵权责任法》、《刑法修正案》(六)(七)(八)、《民事诉讼法》、《修正诉讼法》、《刑事诉讼法》等,都在不同程度上规定了与环境保护有关的内容。

这一阶段为我国环境法制的调整时期,主要特点是:第一,用科学发展观适度矫正"经济发展优先"的思路,在可持续发展理念的影响与指导下,开始环境保护法律的修改以及新法制定,这也是中国作为世界大国参与国际环境保护事务并承担国际责任的需要。第二,环境问题成为多个法律领域所共同关注的问题,不同学科的学者从不同角度开始研究环境法,这些研究成果也体现在立法中。第三,《环境保护法》是否应该修订甚至是否应该存在,在立法部门和学者中引发巨大争议,尤其是在多部环境保护单行法修改的前提下,是否需要环境保护法,观点分歧巨大。[35]

(3)环境法制建设新阶段

2014 年 4 月 24 日,第十二届全国人民代表大会常务委员会第八次会议审议通过《环境保护法(修订案)》,该法于 2015 年 1 月 1 日正式开始施行。这部被誉为"史上最严"的法律,开启了我国环境法制发展的新阶段。在全国明确提出加强生态文明建设的战略目标下,生态文明体制改革正在全面推进,环境立法进入了一个全新的历史时期,这一过程正在展开中。

这一阶段,环境法制建设呈现出一下明显的新特点:第一,《环境保护法》历时 25 年,修订终告完成,其在立法目的、价值理念、指导思想和制度体系等方面进行全面修改,体现了生态文明建设的法治需求。第二,以可持续发展观重新评估和反思我国的环境立法,启动新一轮的环境法制定和修订,根据十二

---

〔35〕 吕忠梅:"中国需要环境保护基本法",载《法商研究》2004 年第 6 期。

届全国人大常委会立法规划,列入本届人大常委会制定或修订计划的环境保护方面的法律有11部,2015年,已经颁布了新修订的《大气污染防治法》,目前,已启动修订或制定的有《野生动物保护法》、《水污染防治法》、《土壤污染防治法》、《环境保护税法》等。第三,为了配合《环境保护法》的实施,加大执法力度,国务院及其相关职能部门密集发布行政法规和规章,按照环保部的计划,将为《环境保护法》实施,出台50多部配套规章。第四,为配合《环境保护法》实施,充分发挥司法在环境保护方面的功能,最高人民法院成立了环境资源审判庭,全国人大授权最高人民检察院进行提起公益诉讼试点,最高人民法院、最高人民检察院通过发布司法解释方式,解决法律适用中的具体问题。

## 第三节　环境法的体系

环境法的体系是指环境法的内部层次和结构,是由有关保护和改善环境、防治污染和其他公害的各种规范性文件组成的法律系统。这些规范性文件既相互联系、相辅相成、协调统一,共同服务于保护和改善环境的基本目标,又在具体目的和规范内容上各具特色、分工明确。从立法规律上,完整的立法体系,是一国环境法制是否完备的重要标志;从理论上看,环境法律体系是否完善,直接决定环境法学科在一国法学研究中的地位和发展。

环境法律体系是一个学理概念,因此它不是形式意义上的专门环境立法的简单组合,而是对符合现代环境立法特点的各类环境法律规范的归纳和综合。经过三十多年的努力,我国已经形成了以宪法为依据、以环境保护基本法为基础、以各环境单行法为主体、以相关部门法为补充的环境法律体系,主要由以下几个部分构成。

### 一、宪法中的环境保护规定

在我国社会主义法律体系中,宪法是根本大法,是国家活动的总章程,规定了我国的社会制度、国家制度、公民基本权利义务以及国家机关的组织与活动原则等方面的法律规范,也是各个领域法律制定的依据,环境法的制定也不能例外。《宪法》关于环境保护的相关规定是环境法律体系展开的基础，也是各种形式的环境法律、法规和规章的立法依据。我国现行《宪法》中有关环境保护的规定主要有：

1. 国家的环境保护职责。《宪法》第26条规定："国家保护和改善生活环境和生态环境，防治污染和其他公害。"这一规定以宪法形式确认了环境保护的国策地位，同时也明确了国家的环境保护职责。

2. 公民的权利义务规定。《宪法》第51条规定："中华人民共和国公民在行使自由和权利的时候，不得损害国家的、社会的、集体的利益和其他公民的合法的自由和权利。"这一规定为从学理解释上主张公民环境权提供了基础，也可以把公民不得滥用权利、造成环境污染和生态破坏的义务纳入"不得损害国家的、社会的、集体的利益和其他公民的合法的自由和权利"的范畴。

3. 保护自然资源和环境要素的规定。《宪法》第9条规定："矿藏、水流、森林、山岭、草原、荒地、滩涂等自然资源，都属于国家所有，即全民所有；由法律规定属于集体所有的森林和山岭、草原、荒地、滩涂除外。国家保障自然资源的合理利用，保护珍贵的动物和植物。禁止任何组织或者个人用任何手段侵占或者破坏自然资源。"《宪法》第10条第1款规定："城市的土地属于国家所有。"第2款规定："农村和城市郊区的土地，除由法律规定属于国家所有的以外，属于集体所有；宅基地和自留地、自留山，也属于集体所有。"《宪法》第22条第2款规定："国家保护名胜古迹、珍贵文物和其他重要历史文化遗产。"这些规定，为制定相关法律提供了直接依据。

## 二、环境保护基本法

环境保护基本法是在环境法发展到一定阶段出现的，对环境保护的重大问题进行全面、系统调整的实体立法。

### （一）环境保护基本法的类型

环境保护基本法的制定是环境立法进入先进国家行列的重要象征，标志着一个国家对环境问题认识的逐渐深入和法律制度构建的日渐完善。当前，不同国家的环境基本法有不同的名称和不同的具体内容，但都遵循着相同的立法宗旨和环境保护的客观规律，有相同的立法基础，针对共同的环境问题；因此，环境保护基本法在各国有着大致相同的内容。从立法实践看，各主要国家的环境保护基本法在也有着符合本国国情和立法传统的不同体例，依据其立法重心和在一国法律体系中的不同定位，可以将各国的环境保护基本法分为两种类型。

1. 政策宣示型

这类环境保护基本法的立法重点是对国家基本环境政策、原则和基本措施的宣示和确定，不对环境保护具体制度加以详细规定，内容也较为宏观和简约。

最为典型是美国的《国家环境政策法》，其主要内容就是宣告国家环境政策、环境目标，设立国家环境质量委员会，规定环境影响评价制度，非常简单而明确。但这些政策、目标和制度却对美国的各项环境立法和执法活动起着统领作用。具体而言，美国的《国家环境政策法》规定的主要内容包括四个方面：

(1)宣布国家环境政策和国家环境保护目标。美国《国家环境政策法》宣布了一项新的国家政策，称为"国家环境政策"。其法律表述是："联邦政府与各州、地方政府以及有关的公共和私人团体合作，采取包括财政和技术援助在内的一切切实可行的手段和措施，以旨在发展和增进普遍福利的方式，创造和保持人类与自然得以在建设性的和谐中生存的各种条件，满足当代美国人及其子孙后代对于社会、经济和其他方面的要求。"为此，美国《国家环境政策法》宣布了六个方面的国家环境目标，即国家作为子孙后代的环境托管人责任；为全体国民创造安全、健康、多产的并富于美学和文化价值的优美环境；最大限度地合理利用环境；保护国家历史、文化和自然遗产；促进人口与资源的利用达到平衡；提高可再生资源的质量并实现资源再循环。

(2)明确国家环境政策的法律地位。第一，国家的其他政策、法律和法律解释及其执行都应同它保持一致；第二，采取措施保证联邦行政机关现行职权的行使必须同本法相一致；第三，国家环境政策和国家环境保护目标是对行政机关现行职权的补充。

(3)规定环境影响评价制度。《国家环境政策法》首次规定环境影响评价制度，后为世界各国环境立法广泛借鉴。该法规定，联邦政府的所有部门对人类环境质量具有重大影响的各项提案或法律草案、建议报告以及其他重大联邦行为,均应进行环境影响评价。[36]

(4)设立国家环境委员会。美国《国家环境政策法》宣布在总统办公厅下设立一个国家环境质量委员会,主要职能是为总统提供环境方面咨询意见和协调行政机关的有关环境影响评价的活动。

美国《国家环境政策法》被认为是"保护环境的国家基本章程",使环境保护成为联邦政府的新增职能并将之法律化。同时,《国家环境政策法》还是一部监督和制约行政决策的法律,对所有联邦行政机关补充了保护环境的法律义务和责任。[37]

2. 全面调整型

这类环境保护基本法不仅宣示了国家的环境基本政策和目标,也在内容上较为全面地规定了环境保护基本原则、基本制度和措施,典型如日本于1993年制定的《环境基本法》,它确立了对整体环境进行一体保护的法律框架,成为一个完全融合的、综合性的环境基本法。《环境基本法》共三章,46条,其主要内容包括:(1)总则部分确立环境保护的基本理念与立法目标,分别在第3、4、5条规定了"保障环境资源的享受与继承、构筑可持续发展社会以及积极推进地球环境保全"的三大目标。(2)第二章关于环境保全的基本对策,具体构建了环境保全的基本制度,包括环境基本规划、环境标准、在特定地域防止公害、关于地球环境保全等的国际协作、地方公共团体、费用负担以及财政措施等。(3)确立环境管理和纠纷解决机制,包括环境审议会和公害对策会议等。

(二)我国的环境保护基本法

从我国的立法层次上讲,现行的《环境保护法》并不具备基本法的效力。我们只是在学理上,将《环境保护法》定位为环境保护基本法。从类型上讲,我国《环境保护法》属于全面调整型立法。2014年4月24日,第十二届全国

---

〔36〕《国家环境政策法》规定的环境影响评价内容为:(1)拟议行为对环境的影响;(2)该行为付诸实施对环境所产生的不可避免的不良影响;(3)各种替代方案;(4)对人类环境的区域性短期使用与维持和加强长期生命力之间的关系;(5)可能产生的无法恢复和无法补救的资源耗损。

〔37〕王曦:"论美国《国家环境政策法》对完善我国环境法制的启示",载《现代法学》2009年第4期。

人民代表大会常务委员会第八次会议修订通过《环境保护法(修订案)》,于2015年1月1日起施行。这部法律被赋予了“环境保护领域的基础性法律”的身份,[38]从立法效力层面获得了略高于普通法律的地位,也从一个侧面体现了其基本法的属性。《环境保护法》立足于解决环境保护的理念、原则、基本制度和共性问题,针对中国目前严重的生态环境问题,在总结国内实践经验、吸纳国际新经验的基础上,对我国的环境保护体制、治理模式、基本制度、法律后果等重大问题作出规定,为相关单行立法提供了法律依据。

现行《环境保护法》共七章,70条,分别为“总则”、“监督管理”、“保护和改善环境”、“防治污染和其他公害”、“信息公开和公众参与”、“法律责任”、“附则”,其主要内容为:

第一章“总则”。主要规定了立法目的、环境保护的国策地位、环境保护的基本原则以及国家环境管理体制等。值得注意的是,在第1条立法目中,明确了“保障公众健康,推进生态文明建设,促进经济社会可持续发展”的宗旨。在第4条明确了“经济社会发展与环境保护相协调”的保护优先理念。在第5条明确了“环境保护坚持保护优先、预防为主、综合治理、公众参与、损害担责的原则。”第10条规定了我国的环境管理体制。

第二章“监督管理”,共15条。系统规定了环境监督管理制度体系,包括:环境规划制度、政策环境影响评价制度、环境质量标准制度、污染物排放标准制度、环境监测制度、环境资源承载能力监测预警制度、环境影响评价制度、环境污染和生态破坏联合防治协调机制、环境保护产业鼓励与支持制度、环境保护激励制度、查封扣押制度、环境保护目标责任制和考核评价制度和环境保护人大监督等制度。

第三章“保护和改善环境”,共12条。规定了限期达标制度、农业环境保护制度、海洋环境保护制度、城乡建设环境保护制度、生态保护红线制度、生态保护补偿制度、生态安全保障和生物多样性保护制度,环境要素调查监测评估和修复制度、循环经济制度和环境保护政府示范制度、生活废弃物分类处置回收利用制度、环境与健康保护制度。

---

[38] 张鸣起:“全国人民代表大会法律委员会关于《中华人民共和国环境保护法(修订草案)》审议结果的报告”,载中国人大网,www. npc. gov. cn。

第四章“防治污染和其他公害”，共13条。规定了清洁生产和资源循环利用促进制度、“三同时”制度、重点污染物排放总量控制、排污费制度、环境税制度、排污许可证制度、防止污染转嫁制度、突发环境事件应急制度、农村面源污染治理制度，农村环境保护资金投入、环境保护公共设施建设制度以及鼓励投保环境污染责任保险等。

第五章“信息公开和公众参与”，共6条。规定了公众环境保护程序性权利及政府保障义务制度、政府环境信息公开制度、重点排污企业环境信息公开制度、公众参与和信息制度、环境举报制度和公益诉讼制度。

第六章“法律责任”，共11条。系统规定了环境法律责任制度体系，具体规定了违反环境保护的行政责任，并对民事责任和刑事责任作出了系统规定；明确了管理者责任、企业和生产经营者的责任。[39]

## 三、环境保护单行法

环境保护单行法律法规，是指以宪法和环境保护法为依据，针对特定要素的保护与污染防治进行的专门立法。环境保护法单行法律法规是对宪法和环境保护法规定的基本原则的具体落实以及基本制度在环境要素保护与污染防治领域的具体体现。在我国，环境保护单行法律法规包括三个方面的内容。

### （一）污染防治法

1. 污染防治法的概念与特征

污染防治法是以防治环境要素污染为立法对象的一类法律法规，主要是针对具体环境要素的污染行为进行的法律规制。污染防治法在形式上表现为环境保护基本法统领下的单行法及其配套法规，具有如下主要特征：

（1）从规范依据来看，污染防治法其本身固然是行为控制规范，但规范本身却必须以环境要素的自然属性、生态学规律等作为制定的科学依据。因此，环境质量标准、污染物排放标准是污染防治法的重要构成部分。

（2）从规范属性来看，污染防治法是针对某一环境要素的污染防治或者针对某类污染控制所进行的综合性立法。前者如《水污染防治法》是以水环境要素作为立法对象的法律，其内容涉及水体保护的各个环节和方面；后者如

〔39〕 吕忠梅：“论生态文明建设的综合决策法律机制”，载《中国法学》2014年第3期。

《环境噪声污染防治法》就是以控制噪声污染为立法对象的法律,其内容涉及环境噪声可能影响的生产、生活活动以及对建筑物、构筑物和其他生物生存等多个方面。

(3)从规范系统来看,污染防治法既是整个环境法律体系中的子系统,同时也是由某一环境要素保护的专门单行法及其相关法规构成的系统性规范,并非仅指某一具体的形式意义上的单行法。比如,水污染防治法律规范不但包括《水污染防治法》,还包括《水污染防治法实施细则》、《地表水环境质量标准》、《污水综合排放标准》等。

2. 我国主要的污染防治法律

在我国主要已经制定的环境污染防治法律有《大气污染防治法》、《水污染防治法》、《海洋环境保护法》、《环境噪声污染防治法》和《固体废弃物污染防治法》等,正在制定《土壤污染防治法》。已经制定的环境污染防治方面的行政法规主要有:《水污染防治法实施细则》、《危险废物经营许可证管理办法》、《海洋倾废管理条例》、《防止海洋工程建设项目污染损害海洋环境管理条例》、《医疗废物管理条例》、《危险化学品安全管理条例》、《防治陆源污染物损害海洋管理条例》,等等。

(二)生态保护法

1. 生态保护法的概念与特征

生态保护法,是指为了规范人们开发利用自然资源的行为,保证对自然资源的适度开发,平衡对自然资源的社会需求与自然供给之间的关系,促进人类社会与自然的和谐,实现可持续发展而进行的立法。现实中,生态保护法是以某一环境要素为立法对象,生态保护法律体系也主要以环境要素为依据,形式上表现为保护某一环境要素的单行法。

(1)生态保护法以生态规律为基本依据。生态保护法主要针对开发、利用、管理和养护自然环境行为,尊重并遵循生态规律是人的行为底线。因此,不同自然环境要素在生态系统中的功能与作用以及相互关系,对于制定和实施生态保护法至关重要,特别是生态系统所具有的整体性、系统性、协调性所需要的整体主义思想,是生态保护法的观念基础。

(2)生态保护法必须充分重视与体现可持续发展理念。自然环境对于人类同时产生经济价值与生态价值,既是人类生存必不可少的环境条件,又为人类的生产提供基本的物质资料。自然环境对于人类的环境功能与经济功能同等重要,生态保护法必须统筹环境要素的多重价值与功能。既要规制开发利用行为以实现对环境要素的保护,同时,又不完全拒绝开发利用活动;既满足人们的环境资源利用权,又不对自然环境的生态系统功能造成损害,使之能为人类永续利用,实现经济、社会、资源的可持续发展。

(3)生态保护法与污染防治法是相互协调、互相配合,协同实现对环境保护目标。两类法律规范具有共同的立法目标,但立法重点、规范性质和制度路径存在差异。但在人类活动中,污染行为与开发利用行为作用的对象都是自然环境,甚至有可能是同一环境要素;从环境科学规律上看,环境污染的后果可能造成生态破坏,而环境开发利用行为降低了生态环境的自我修复能力也可能加剧环境污染。因此,对于这两类行为的法律控制不仅在目标上是一致的,在制度上也应相互衔接与协调配合,表现在具体立法中会出现一定程度的交叉、重合。比如,《水法》与《水污染防治法》在水资源保护和水污染防治方面,都规定了水体规划制度、许可制度、水环境监测制度等。

2. 我国主要的生态保护法律

在我国,主要的生态保护法律有《水法》、《土地管理法》、《森林法》、《草原法》、《渔业法》、《野生动物保护法》、《水土保持法》、《矿产资源法》等。这些生态保护领域的单行法律构成了我国生态保护领域的主要法律体系,并由之进一步展开了系统的生态保护法律规范体系。当前,我国已经制定的生态保护方面的行政法规主要有:《取水许可和水资源费征收管理条例》、《退耕还林条例》、《森林法实施条例》、《土地管理法实施条例》、《水土保持法实施条例》、《濒危野生动植物进出口条例条例》,等等。

(三)单一环境保护事项法

单一环境保护事项法是从实现可持续发展目的出发,对事关经济社会发展的某一方面环境保护问题所进行的立法。这些立法以解决某一全局性问题为目标,以环境保护的重要措施、重大战略举措为对象,以措施、战略的实施为内容,是对单一环境保护事项所作的全面规定。主要有《环境影响评价法》、《清洁生产促进法》、《循环经济促进法》等。目前,正在制定中的《环境保护税法》也属此类法律。其特点主要为:

1. 对象为某一单一环境保护事项。确定单一环境保护事项的标准是事关经济社会发展与环境保护的全局,涉及国家重大发展模式转换或者政策调整,如《清洁生产促进法》和《循环经济促进法》是对我国现行生产方式的重大改革,事关整个经济发展模式转换;再如《环境影响评价法》涉及将环境保护纳入经济建设和社会建设的全过程,是决策理念与决策方式的重大转换。

2. 目的是保障与促进可持续发展。这些立法的共同目标是通过环境与发展综合决策机制促进可持续发展。这类法律均是在承认、尊重与保障工业生产、经济建设和社会发展的前提下,通过调整、鼓励、倡导与激励,在经济社会发展过程中实现环境与发展的综合决策。如《清洁生产促进法》是将清洁生产纳入生产全程,而《循环经济法促进法》则是要实现经济过程与自然环境过程的循环,这些都必须通过环境与发展综合决策才能实现。

3. 比较明显的体现政策法律化过程。这些分类具有明显的政策立法的特性,均为将国家宏观的经济社会发展政策转化为具体的环境法律制度。其立法内容直接来源于清洁生产促进政策与循环经济促进政策。这些法律的表现形式也主要是"促进",可能不具备法律规范的完整要素,没有法律责任条款。比如,《清洁生产促进法》直接以法律形式规定了经济政策、社会政策、技术政策等,是政策的法律表现形式。[40]

## 四、相关法律中有关环境保护的法律规范

由于环境问题的广泛性和复杂性以及环境保护的公共利益属性,使得环境法涉及社会关系的各个领域,因而环境法调整的"人—环境—人"关系的基本内容最终需要以各种制度形式表现出来。基本方式是环境法理念与原则向相关法律渗透,并与其制度融合。因此,环境法不仅存在于专门的环境保护立法中,也存在于许多相关法律中。

### (一)民法中的相关制度

环境要素也是自然资源,这使得环境法客体与民法客体有同一指向。虽然民法上的"物"与环境法上的"环境资源"在不同的法律领域承载着完全不同的功能,但对于人的活动而言,是其行为的同一对象。因此,在民法调整

---

〔40〕 刘超:"环境法律与环境政策的抵牾与交融——以环境侵权救济为视角",载《现代法学》2009年第1期。

“物”的归属与利用时，也必须考虑其“环境资源”的属性，将环境保护的义务纳入民法之中。民法中的环境法律规范主要有：

1. 民法总则中的环境保护相关规定。(1)在民法典总则中规定环境保护义务；典型如《越南民法典》规定：“民事行为必须符合环境保护规定。”[41] 这一原则明确了所有民事行为的环境保护义务。(2)对民事法律关系中增加环境保护的考虑，如奥地利、德国、法国、俄罗斯、瑞士民法典都对动物作了不同于一般法律关系客体的规定，要求对动物加以特别保护。典型如德国，1990年8月，德国议会通过《关于在民事法律中改善动物的法律地位的法律修正案》，该修正案决定在民法典中增加三个条文：一是新增第90a条“动物”规定：“动物不是物。它们由特别法加以保护。除另有其他规定外，对动物准用有关物的规定。”二是在第251条“不规定期限以金钱损害赔偿”第2款新增后段：“因救治动物而产生的费用，并不因其大大超过动物本身的价值视为是不相当的。”三是在第903条“所有权人的权限”新增后段：“动物的所有权人在行使其权利时，应注意有关保护动物的特别规定。”

2. 物权法中的环境保护相关规定。物权法因涉及“物”的所有权以及利用问题，与环境保护关系密切，因此，许多国家在物权立法中，都规定了环境保护相关制度。(1)确立范围与原则，如我国《物权法》确立了“以利用为中心”的原则，并扩大了“物”的范围，将“空间利用权”纳入物权法调整，增加环境保护的考虑。(2)确定各类物权的环境保护要求，如我国《物权法》对自然资源所有权、准物权和用益物权的相关规定。《物权法》第89条规定：“建造建筑物，不得违反国家有关工程建设标准，妨碍相邻建筑物的通风、采光和日照。”第90条规定：“不动产权利人不得违反国家规定弃置固体废物，排放大气污染物、水污染物、噪声、光、电磁波辐射等有害物质。”

3. 人格权法中的环境保护相关规定。自然环境作为人的生存之必须，关涉人的尊严生活与生命健康，应该成为人格权法的保护对象。[42] 在有的国家，在民法典中明确规定了环境人格权。如1996年乌克兰民法典第二编为

---

[41] 吕忠梅：“如何‘绿化’民法典”，载《法学》2003年第9期。

[42] 吕忠梅：《沟通与协调之途：论公民环境权的民法保护》，中国人民大学出版社2006年版，第267页。

“自然人的非财产性权利”,[43] 第 293 条为“环境安全权”,其规定为“自然人有权享有安全的环境,有权获取其环境状况、食品质量状况、日用品质量状况的可靠信息,并有权收集和传播这些信息”。“自然人或法人导致环境破坏、环境恶化和环境污染的活动,是非法的。任何人都有权要求其停止这些活动。法院可以裁决,要求自然人和法人停止其危害环境的活动。”[44]

4. 侵权法中的环境保护相关规定。侵权法是早期解决环境问题的主要手段,也是最早体现环境保护要求的法律制度。比如,我国《侵权责任法》第八章为“环境污染责任”,第 65 ~68 条对环境污染侵权责任作了较为明确的规定。

(二)刑法中的环境保护相关法律规范

在世界范围内,运用刑法手段保护环境是一种共识。但从立法上看,有两种立法模式。

1. 制定专门的环境保护刑法。典型的如日本,为充分运用刑事法律手段,1970 年制定了《关于危害人体健康公害犯罪处罚法》,在该法中规定了因果关系推定原则。

2. 在刑法中增加有关环境犯罪的内容。我国采取了这种立法模式,由《刑法》对环境资源犯罪进行规定,如《刑法》第 338 条规定:“违反国家规定,排放、倾倒或者处置有放射性的废物、含传染病病原体的废物、有毒物质或者其他有害物质,严重污染环境的,处三年以下有期徒刑或者拘役,并处或者单处罚金;后果特别严重的,处三年以上七年以下有期徒刑,并处罚金。”

(三)行政法中有关环境保护的法律规范

虽然从世界范围内的环境立法来看,行政机制都是环境保护的主要内容,在一些国家,环境保护法也被归入行政法的范围。[45] 但是,由于行政法范围广泛,涉及的公共管理事务众多,因此,环境保护的法律规范也存在于各种行政法之中。

---

〔43〕 关于乌克兰民法典第二编是否为“人格权编”存在不同看法。参见梁慧星:“中国民法典编纂中的最大争论和我的态度”,载新浪网,http://blog. sina. com. cn/s/blog_a20de76f0102vzjq. html。

〔44〕 周友军:“《乌克兰民法典》第二编‘自然人的人身非财产权’”,载中国民商法律网。

〔45〕 在我国的立法体系中,环境保护法律根据内容的不同,分别被归入行政法和经济法两个子系统。

1. 行政行为法中的环境保护规定。行政行为的性质多样,涉及的法律也很多,其中有一些法律制度与环境保护有关。主要包括两个方面的内容:(1)环境保护行政行为应该遵守的相关规定,如我国《行政许可法》的规定,当然适用于环境行政许可。(2)直接规定环境保护的相关内容,如我国《治安管理处罚法》中规定了对与环境有关的违法行为的处罚,该法第58条规定:"违反关于社会生活噪声污染防治的法律规定,制造噪声干扰他人正常生活的,处警告;警告后不改正的,处200元以上500元以下罚款。"

2. 行政程序法中的环境保护规定。依法行政也是环境保护管理机关必须遵循的基本原则,因此,行政法中的相关程序规定也是环境保护法的组成部分。比如,《行政复议法》有关行政复议程序的规定,环境行政复议必须遵守;行政诉讼法关于行政诉讼的程序法规定,也是环境行政诉讼的遵循。

### (四)其他法律中有关环境保护的法律规范

因为环境问题是一个综合性的社会问题,需要多个法律部门综合发挥治理作用。除了上述三个主要法律部门中有系统的有关环境保护法律规范的规定之外,其他法律中也有不少规定涉及环境保护制度,如劳动法、企业法、农业法、交通运输法、涉外经济法等的相关规定。另外,诉讼法中也有环境纠纷解决的程序性规范,比如,我国《民事诉讼法》第55条规定:"对污染环境、侵害众多消费者合法权益等损害社会公共利益的行为,法律规定的机关和有关组织可以向人民法院提起诉讼。"就是提起环境公益诉讼的程序法依据。

**延伸阅读**〔46〕

2014年4月24日,十二届人大常委会八次会议通过了《中华人民共和国环境保护法修订案》,于2015年1月1日起施行。《环境保护法(修订案)》的通过和实施,是我国三十多年来的环境立法和环境法治的重大节点事件,标志着我国环境法制建设达到了一个新的历史高度。这部法律的前身是1979年《环境保护法(试行)》,基础是1989年颁行的《环境保护法》。1979年《环境

〔46〕 吕忠梅:"论生态文明建设的综合决策法律机制",载《中国法学》2014年第3期;吕忠梅:"《环境保护法》的前世今生",载《政法论丛》2014年第5期。

保护法(试行)》虽然不是此次修法的直接文本,但其作为中国第一部环境保护领域的综合性法律,在奠定中国环境保护法律制度体系基础的同时,也为后来留下了一些隐患,成为此次修法争论的起因。1989年的《环境保护法》是此次修改的直接文本,这部法律的存废之争一直持续了二十多年;在2011年年初人大常委会正式启动修法程序后,经历全国人大常委会四次审议、修改草案两次面向社会公开征求意见、从"修正案"到"修订案",创造了中国立法史上几个"第一"。最终通过的《环境保护法(修订案)》体现了十八届三中全会提出的建设生态文明,建立最严格制度的要求,确立了其在环境保护领域的基础性、综合性法律的地位,在建立生态环境保护法律机制方面实现了重大突破,在回应生态文明建设新需求方面做出了积极努力。环境法研习者应当重视被定为我国环境保护领域基础法的《环境保护法(修订案)》的立法理念、基本原则、制度体系、演进历史和现实意义,这两篇论文条理清晰地为读者作出了高屋建瓴的梳理与剖析。

## 思考题

1. 如何理解环境法的概念?与传统法律比较,环境法有哪些特征?
2. 环境法为什么产生?环境法在发展过程中呈现出了怎样的规律?
3. 我国的环境法律体系由哪些法律构成?在这个法律体系中,环境法与相关法律是什么关系?

# 第二章 环境法基本原则

**本章导读**

环境法基本原则，是指由环境法所确认并体现，贯穿于整个环境法体系，反映环境法的目的价值、基本特征及性质，对贯彻和实施环境法具有普遍指导作用的基本准则。它是环境法基本精神的集中体现，对环境立法和执法具有指导意义。从环境法的本质出发，可将环境法基本原则凝练、抽象为：保护优先原则、预防为主原则、综合治理原则、公众参与原则、损害担责原则。

## 第一节 环境法基本原则概述

环境问题已经成为中国社会近年来社会最关注的重点和热点，也是引发社会矛盾和冲突焦点之一。面对纷繁的环境现象与事件，面对历历在目的环境污染与生态破坏后果，法律应以怎样的视角、从怎样的逻辑起点来观察、分析并解决这些问题？毫无疑问，欲将人们的行为纳入环境法的调整范围，建立正当的环境法律秩序，必须首先确立一些基本的判断标准，这种基本标准就是我们通常所说的环境法基本原则——凝练环境法的基本精神、阐明环境法治的基本理念。

法的基本原则是一个学理概念，基本含义为法律精神的积聚、法律问题处理的准绳。概言之，“原则表达了详细的法律规则和具体的法律制度的基本目的，因为，人们把原则看作这些基本目的始终如一、紧密一致、深入人心、从而使其完全理性化的东西。因此,法律原则正是规则和价值的交汇点”。[1]每一类法律在自己的发展与演进中,都会遵循法律发展的一般规律,形成自身特质与基本精神,学者们将这些特质与精神加以理论抽象,概括成为法的基本原则。环境法的基本原则,是指由环境法所确认并体现,贯穿于整个环境法体系,反映环境法的目的价值、基本特征及性质,对贯彻和实施环境法具有普遍指导作用的基本准则。作为判断人们环境活动的基本准则,环境法的基本原则应当以保护环境、实现可持续发展为目标,以环境保护和法的基本理念为基础,以现代科学技术和知识为背景,体现出环境法的本质、根本精神以及国家环境保护的基本政策。例如,环境本身具有污染和破坏容易、治理与恢复困难的特点,且人类自身的发展不可避免地受到科学技术条件和认识水平与能力的限制。因此,人类对于自己开发利用环境的行为必须持高度谨慎的态度,不能放任行为的后果,应当在事前采取多种措施加以积极预防。这种基本的理念与精神反映在环境法上,就是预防为主原则的确立与实现。

在实践层面上,环境法基本原则同样具有不可或缺的重要作用。考察中国环境立法,绝大多数环境法律法规都具体设置了执法主体,或者说法律明确了由哪个行政部门来执行某部法律。但执法者拥有的执法权并意味着可以随心所欲,其执法行为必须符合立法目的与精神。环境法基本原则概括了立法者对环境法制度的基本态度与价值观念,是立法目的与精神的直接体现。虽然从制度设计的角度看,不同的制度所体现的重点会有所不同,但任何制度都不能也不该背离环境法的基本原则。因此,执法者只有依循基本原则实施具体执法行为,才能实现环境法的目的,体现环境法的精神。否则,执法行为就可能出现偏差,执法结果可能与立法精神南辕北辙。

另外,当社会生活中出现既定的环境法律规范与变化的社会现象的矛盾时,环境法基本原则可以为司法者提供法律解释的基本线索和根本指引,弥补成文法滞后于社会发展变化的不足,既为解决个案纠纷提供可能,也为法律的修订奠定基础。任何制定法都不可能穷尽社会生活中人们行为的全部,加之环境法较之于传统法律更加广泛而复杂,环境法律规范更不可能涵盖全部环

---

[1] [美]贝勒斯:《法律的原则——一个规范的分析》,张文显译,中国大百科全书出版社1996年版,第315页。

境社会关系，法律适用空白与不足的情形必然会出现。一旦出现这种情形，基本原则可以成为司法者在个案裁判中直接援引的一般条款，通过法官的法律解释进行法律漏洞补充和利益衡量。在这个意义上，环境法的基本原则与民法上的“诚实信用”、“公序良俗”等基本原则一样，是对法官的一种授权，是司法用来处理成文法与社会发展的不一致，综合考量法律、当事人利益、社会秩序维护三者关系，公正合理地处理环境纠纷的重要依据。

环境法的基本原则是人类在一定时期，根据环境问题以及对环境问题及其解决方法的认识基础上形成的，它们是生态规律、人类环境观、环境经济原理的基本要求等支撑环境法的知识背景与知识内核在环境立法上的反映，是正确认识环境法的性质的关键所在，也是准确理解、执行、适用环境法律规范的“钥匙”。但在具体的立法实践中，由于各国具体国情、法律结构、经济发展水平的不同，对基本原则会有所取舍或侧重。从环境法独有的特征与品性出发，以现行立法为参考，我们将贯穿于整个环境法的理念与制度，最能反映出环境法自身特质的基本原则概括为：保护优先原则、预防为主原则、综合治理原则、公众参与原则、损害担责原则。

## 第二节　保护优先原则

### 一、保护优先原则的含义

保护优先原则，是指在对待经济社会发展和环境保护之间的关系上，应当坚持环境保护的优先性，即在经济社会发展过程中，当环境保护与经济社会发展出现冲突时，应将环境保护目标作为优先选择。党的十八大提出，推进生态文明建设，要坚持节约优先、保护优先、自然恢复为主的方针。〔2〕保护优先不仅仅是生态文明建设的基本方针，更是环境法的基本原则和根本宗旨。

保护优先，就是要不断加大环境保护力度，转变发展理念，正确处理发展

---

〔2〕胡锦涛：“坚定不移沿着中国特色社会主义道路前进　为全面建成小康社会而奋斗——在中国共产党第十八次全国代表大会上的报告”，2012 年 11 月 8 日。

与保护的关系，把环保放在更加突出的位置。不仅要末端治理，还要源头控制；不仅要偿还旧账，还要不欠新账。以解决损害群众健康突出环境问题为重点，强化水、大气、土壤等污染防治，减少污染物排放，防范环境风险，明显改善环境质量。目前我国环境污染问题突出，环境状况总体恶化趋势尚未得到根本扭转，环境资源对经济发展和民生改善的制约作用强化。因此，必须牢固树立保护环境的观念，切实把保护放在优先位置，增强全社会环境保护意识，彻底改变以牺牲环境、破坏资源为代价的粗放型增长模式，不以牺牲环境为代价去换取一时的经济增长，不跌入"先污染后治理"的陷阱，着力加强环境监管，健全生态环境保护责任追究制度和环境损害赔偿制度，严格实施主要污染物排放总量控制，强化污染物治理，全面推行清洁生产，推动环境质量不断改善。

## 二、保护优先原则的立法考量与地位

1989年《环境保护法》规定："国家采取有利于环境保护的经济、技术政策和措施，使环境保护工作同经济建设和社会发展相协调。"[3]在原有教科书中被总结为协调发展原则，[4]即使环境保护与经济社会发展相协调。应该说，"环境保护与经济社会发展相协调"的思路本质上并无问题，只是其指向和标准都极其含糊，导致实践中被随意解释，甚至成为了在为发展经济而牺牲环境保护的理由或借口，这是导致我国环境质量与环境问题日益突出的一个重要原因。

基于此，2014年修订的《环境保护法》明确提出了"保护优先"的原则，是对原先协调发展思路的调整和修正。"保护优先"原则明确了指向和标准，意味着在环境保护与经济社会发展出现冲突时优先考虑环境目标，要求"经济建设与环境保护相协调"，而不是"环境保护与经济建设相协调"，重点和顺序已经发生变化。强调环境保护优先基于对环境保护重要性的认识，更是对可持续发展观的实践。

保护优先原则与环境法立法目的具有逻辑一致性，旨在提升环境保护在

〔3〕 参见1989年《环境保护法》第4条。

〔4〕 汪劲：《中国环境法原理》，北京大学出版社2000年版，第81页；金瑞林主编：《环境与资源保护法学》，北京大学出版社1999年版，第96页。

社会生活、经济活动与政府管理中的地位,优先保障环境保护目标的实现。特别是在全社会的环境保护意识尚未形成,经济发展压倒环境保护还是许多政府和企业的基本认知和追求的社会背景下,强调保护优先尤为必要。《环境保护法》对立法目的进行了宣示,具体包括"保护和改善环境,防治污染和其他公害,保障公众健康,推进生态文明建设,促进经济社会可持续发展",〔5〕保护优先原则与其相互呼应,具有明显的进步意义。但也必须看到,"保护优先"仍存在歧义,存在解释为"保护"与"治理"等概念并列、只是环境保护内部的问题的可能,即所谓"保护"优先只是相对于环境"治理"的优先,而不是相对于开发利用自然资源、发展经济的优先。〔6〕笔者认为,综合《环境保护法》关于立法目的、基本国策的规定,保护优先的正确含义是环境保护相对于经济社会发展的优先,等同于环境保护优先或者环境优先。这也意味着,坚持保护优先,并不是不要经济发展,而是为了"高质量"的发展,为了切实实现经济社会的可持续发展。真正贯彻落实好保护优先,才能真正加快发展方式转变。同时,谁先贯彻落实好保护优先,谁就能占据新一轮发展的制高点。

因此,就法律地位而言,保护优先原则在连接《环境保护法》立法目的与制度设计中起核心作用,是预防为主、综合治理、公众参与和损害担责原则的上位原则,这些原则关系到保护优先原则的实现方式、途径以及最终可能的实现程度。可以说,保护优先原则是环境法基本原则中最为基础性的准则。

## 三、保护优先原则的实现

实现"保护优先"原则,关键在于正确认识环境保护与经济发展的关系,实现环境与发展的综合决策。将环境与发展对立起来或将它们看作两个相互独立的问题,并不能真正地解决已经出现的严重的环境问题,为保护环境而限制发展或者为发展而牺牲环境都可能引发更多更大的环境问题,也与现代环境保护的精神背道而驰。因此,只有在可持续发展观指导下,将环境与发展综合起来进行考量,才是贯彻实施保护优先原则唯一正确的选择。

所谓环境与发展综合决策,是指在决策过程中对环境、经济和社会发展进

〔5〕　参见2014年《环境保护法》第1条。

〔6〕　吕忠梅主编:《环境保护法释义》,中国计划出版社2014年版,第30页。

行统筹兼顾,综合平衡,科学抉择。也就是说,从决策开始就要在环境、经济、社会之间寻找最佳结合点,使三者尽可能协调、协同,实现经济发展、社会进步和环境改善。从法律的角度来看,环境与发展综合决策的含义包括以下方面:[7]

1. 综合决策的功能在于协调利益、平衡关系。对于人类而言,保护环境是一种利益,发展经济也是一种利益,社会进步更是一种利益。任何一方面利益的增进都会对利益总和有所影响,有时会增加总体利益,有时却不一定。当某一方面利益得到增进而其他方面不受损害的时候,总体利益得到增长。当某一方面利益的增进引起了其他方面利益损失的时候,人类总体利益却不一定增加,甚至有可能减少,这个时候,这种利益的增进是否应该发生,就要考虑受损的那部分利益能否从另外新增的那部分利益中得到补偿。因此,对于各种利益的综合平衡与协调也就成为了必要。

2. 综合决策的需求来自于利益主体的多元化。从综合决策的判断标准来看,现实生活中的各种利益是由不同的人群所享有或者所代表的,不同的利益有着不同的主体。在此意义上,利益的主体结构直接决定了综合决策的需求。在现实社会中,环境与发展不仅存在冲突,而且冲突大多发生在不同的主体之间。由于主体的行为动机不同,利益需求当然也不可能相同。发展经济优先还是保护环境优先、社会发展优先还是经济增长优先?对于不同的主体而言选择肯定会不一样,不同主体所要表达的利益诉求也不同。因为主体的多元化带来了综合决策的必要——将各种不同主体的利益需求综合平衡、统筹协调,并将其纳入秩序的轨道,不至于因剧烈的利益冲突而导致社会的混乱,甚至动荡。

3. 综合决策是一种以和谐的方式缓解或消除冲突的方法。环境与发展综合决策首先属于公共决策——政府或其他权力机关运用公共权力所进行的选择,同时也是综合决策——综合考虑了经济、环境、社会三个子系统的多规模和多目标的选择。在综合决策中,经济、环境、社会三个子系统既有和谐的一面,又有冲突的一面。其中经济子系统对环境和社会发展具有巨大甚至决定性的作用,冲突也主要来自于人类经济活动对环境和社会的不良影响。如果

---

〔7〕 吕忠梅:“环境与发展综合决策的法律思考”,载《甘肃社会科学》2006年第6期。

和谐大于冲突，则社会处于良性的运行状态；如果冲突大于和谐，或者说冲突不能得到及时的消除或缓解，则社会不能稳定地运行和前进（虽然短时期内不一定爆发大的动荡）。因此，环境与发展综合决策是缓解这种冲突的一种途径，是一条和平和代价较小的捷径。

4. 综合决策是一个双向互动的过程。环境与发展综合决策在本质上是双向的和客观的。它不仅要求把对环境的考虑纳入经济和社会发展决策之中，同时也要求在环境保护决策中充分考虑经济和社会发展的现实需要和客观条件。因此，对环境与发展综合决策应给予全面的理解。在这个意义上，单纯强调经济发展而牺牲环境，或者只强调环境保护而停止发展，都不能真正体现环境与发展综合决策的要求，也不可能实现可持续发展。

## 第三节　预防为主原则

预防为主原则，是指采取应当各种预防措施，防止在开发和建设活动中产生环境污染和破坏。其基本要求是积极预防环境污染和破坏，即运用已有的知识和经验，对开发和利用环境行为带来的可能的环境危害事前采取措施以避免危害的产生。同时，在科学不确定的条件下，应当谨慎采取行动以避免环境风险。

我国环境法学界一直都将“预防为主、防治结合”作为环境法的基本原则之一。[8] 预防为主意味着“将环境保护的重点放在事前防止环境污染和自然破坏上，同时也要积极治理和恢复现有的环境污染和自然破坏，以保护生态系统的安全和人类的健康及其财产。”[9] 在某种意义上说，“预防”是环境法律及其制度所具有的最大特点所在。对该原则的理解，应从以下三个方面展开。

### 一、预防为主原则的合理性

预防为主之所以成为环境法的原则，是人类同环境污染和生态破坏作斗

---

〔8〕 陈泉生：“论环境法的基本原则”，载《中国法学》1998 年第 4 期。

〔9〕 汪劲：《中国环境法原理》，北京大学出版社 2000 年版，第 86 页。

争的经验总结。西方国家在经济社会发展过程中,大都走过一条“先污染,后治理”的道路,结果是为治理环境问题付出了巨大的代价。正是在这个过程中,人们逐渐认识到在处理环境问题采取预防措施的重要性。这是由环境问题的特征所决定的:一方面,环境问题具有“污染容易治理难、破坏容易恢复难”的特点。在环境污染和破坏发生后再进行治理,往往要耗费巨额资金。例如,英国为了治理泰晤士河的污染,花了40年的时间,投入了300亿英镑,才将原来臭名昭著的泰晤士河变清。[10] 另一方面,环境问题通常具有不可逆性,污染和破坏一旦发生,往往很难治理,甚至无法消除和恢复。例如,水土流失、土壤沙化、物种灭绝等环境问题一旦产生,基本上无法恢复。因此,必须在源头采取预防措施,使环境问题少产生或不发生。再者,环境问题在时间和空间上的可变性很大,环境问题的产生和发展具有缓发性和潜在性,再加上科学技术的局限,人类对损害环境的活动造成的长远影响和最终后果,往往难以及时发现和认识,可能后果出现之日,就是生态系统崩溃之时,为时已晚,无法救治。这也要求我们审慎地注意人类活动对环境长远的、全局的影响,防患于未然。

1980年联合国环境规划署等起草的《世界自然资源保护大纲》在环境与资源保护方面,首先提出了“预期环境政策”。[11] 这一政策要求,任何可能影响环境的重大决定,都能在其最早阶段充分考虑到资源保护及其他环境要求。20世纪80年代后,各国在环境政策的调整和转变过程中,预防原则越来越受到重视,并成为各国环境管理和立法中的重要指导原则。中国在20世纪70年代环境保护工作起步之初,就将“预防为主,防治结合”作为防治污染的基本方针。[12] 1978年首次将“防治污染和其他公害”纳入《宪法》(第11条)。1979年制定的《环境保护法(试行)》将防治污染和其他公害作为立法指导思想之一,并且为之规定了“环境影响评价”制度和“三同时”制度以及防止自然资源破坏的其他措施。此后中国制定和修订的许多环境保护法律都将预防原则作为立法的指导思想之一。

---

〔10〕 李宏图:“英国工业革命时期的环境污染和治理”,载《探索与争鸣》2009年第2期。

〔11〕 金瑞林主编:《环境与资源保护法学》,北京大学出版社1999年版,第90页。

〔12〕 汪劲:《中国环境法原理》,北京大学出版社2000年版,第86页。

## 二、预防为主原则的内涵

所谓预防，是指在预测人为活动可能对环境产生或增加不良影响的前提下，事先采取防范措施，防止环境问题的产生或扩大，或把不可能避免的环境污染或环境破坏控制在许可的限度之内。[13] 具体分析采取防范措施的理由，或者说适用预防为主原则的情形，主要包括两种：(1)对环境风险的防止，即当科学知识对某一环境问题已经有了充分的了解时，必须采取事先的预防行为，以防止环境危害的产生，即所谓"损害预防原则"(Preventive principle)。[14] (2)对环境风险的防范，即当科学知识对某一环境问题的认识未达成一致意见或存在冲突时，如果存在可能对环境造成严重或不可逆转损害的威胁，科学上的不确定性不能成为延迟或拒绝采取预防措施的理由，从而降低环境风险发生的可能性及风险损害程度，即所谓"风险预防原则"(Precautionary principle)。[15]

有必要指出的是，"损害预防原则"和"风险预防原则"主旨都在于通过事先采取防范措施有效地预防环境危害，但两者有着本质的不同：首先，风险预防原则强调在无法确定某一事件能否导致环境损害的情况下，仍有采取行动预防损害发生的义务，而损害预防原则所强调的预防措施，针对的只是科学已有确定性认识的那部分环境损害，并不包括存在科学不确定性的环境损害；其次，风险预防原则重在采取预防措施以减少、降低环境损害的可能性，而预防为主原则重在采取措施以制止环境损害的实际发生及其危害。

之所以要区分"损害预防原则"和"风险预防原则"，是因为预防为主原则在传统上仅仅强调损害预防，[16] 在科学不确定性面前持的是观望和等待的态度，折射出的环境保护理念是：在科学未能证明是"环境有害的"之前就假定是"环境安全的"。这样，科学不确定性就成为了潜在的污染者、管制机关不采取事前行动的一个理由或者说"权利来源"：当有关环境问题的危害存在科学不确定性时，潜在的污染者可以科学没有证实为由拒绝采取措施加以预防，如美国至今仍然以矿物燃料燃烧不会引起温室效应为由，从而拒绝批准《京

---

〔13〕 蔡守秋：《环境资源法学教程》，武汉大学出版社2000年版，第404~405页。
〔14〕 唐双娥：《环境法风险防范原则研究》，高等教育出版社2004年版，第135页。
〔15〕 唐双娥：《环境法风险防范原则研究》，高等教育出版社2004年版，第135页。
〔16〕 唐双娥：《环境法风险防范原则研究》，高等教育出版社2004年版，第137页。

都议定书》。[17] 实际上，臭氧层破坏、全球变暖、生物多样性减少等现代环境问题不同于传统环境问题的一个重要特征，就是存在太多科学上不能确定的因素，这是人类科学认识的局限。在这种情况下，如果仍然持观望和等待的态度，直到科学能确切地证明环境危害的因果关系后才采取措施，恐怕已是于事无补了。在这里，最为关键的其实不是采取预防措施的必要性，而是采取预防措施的时间。因此，即使没有充分的科学证据，只要有造成严重或不可逆转环境损害的威胁存在，也必须采取防范措施。毕竟，在面对环境问题和环境危险时，安全比后悔要好。因此，有必要将预防为主原则的内涵加以拓展，在预防现实、确定的环境风险的同时，更注重对未来可能的环境风险的防范。

2014 年修订的《环境保护法》已经在一定程度上体现了风险预防的理念，值得充分关注。《环境保护法》第 39 条规定："国家建立、健全环境与健康监测、调查和风险评估制度；鼓励和组织开展环境质量对公众健康影响的研究，采取措施预防和控制与环境污染有关的疾病。"该法中首次出现了"风险"概念，确立了国家针对环境与健康问题的风险预防义务，是我国环境立法的一大进步。第 39 条的加入，是环境法学者持续关注环境与健康问题并不断呼吁立法的结果，[18] 表明风险预防原则的理念已经逐渐得到立法者的认可，是我国环境法确立风险预防原则的良好开端。

### 三、预防为主原则的实现

#### （一）全面规划和合理布局

规划是有效实现预防的根本和前提。全面规划就是对工业和农业、城市和乡村、生产和生活、经济发展和环境保护等各方面的关系通盘考虑，根据一定生态空间的自然资源承载能力确定发展规模和速度，进而制定国土利用规划、区域规划、城市规划与环境规划，使得各项事业得以协调发展并不破坏生态平衡。合理的工业布局应注意：（1）适当利用自然环境的自净能力；（2）加

---

〔17〕 唐双娥：《环境法风险防范原则研究》，高等教育出版社 2004 年版，第 2 页。

〔18〕 该条的立法历程和具体含义，参见吕忠梅："《环境保护法》的前世今生"，载《政法论丛》2014 年第 5 期。

强资源和能源的综合利用;(3)大型项目的分布与选址,尽可能减少对周围环境的不良影响;(4)严禁污染型工业建在居民稠密区、城市上风向、水源保护区、名胜古迹和风景游览区、自然保护区。

2014年《环境保护法》对此进行了专门规定。根据第13条的规定,县级以上人民政府应当将环境保护工作纳入国民经济和社会发展规划。国务院环境保护主管部门会同有关部门,根据国民经济和社会发展规划编制国家环境保护规划,报国务院批准并公布实施。县级以上地方人民政府环境保护主管部门会同有关部门,根据国家环境保护规划的要求,编制本行政区域的环境保护规划,报同级人民政府批准并公布实施。环境保护规划的内容应当包括生态保护和污染防治的目标、任务、保障措施等,并与主体功能区规划、土地利用总体规划和城乡规划等相衔接。这为预防为主原则的实现提供了基础性保障。

(二)建立健全预防性的环境法律制度

制定和实施具有预防性的环境资源管理制度和法律制度,强化环境资源的监督管理,加强环境监测,严格控制新的环境资源污染和破坏的出现,对已经造成的环境资源的污染和破坏要积极进行治理。有害物质的排放,必须遵守国家和地方规定的标准,严禁超标排放。进一步加强城市和农村的环境综合整治。进一步健全和改进环境影响评价制度、排污申报登记制度、排污许可证制度、现场检查制度、限期治理制度、建设项目环境管理制度、污染物总量控制制度、污染集中治理制度、综合利用制度等各种防治环境污染和环境破坏的法律法规和管理制度。

(三)加强环境科学技术研究,提高环境科学技术水平

现代环境问题的解决,特别是环境污染的预防与治理,在根本上取决于环境科学技术水平。我国目前的环境污染和环境破坏比较严重。但由于各种原因,特别是环境科学技术水平的限制,所采取的预防和治理措施并没有取得预想的效果。因此,为了达到预防和治理环境污染与保护环境和资源的目的,必须大力加强环境科学技术的研究,提高我国的环境科学技术水平。同时,要密切关注国际上有关的先进技术信息和经验,及时、积极地给予采纳。

# 第四节　综合治理原则

## 一、综合治理原则的含义

综合治理原则，是指针对已经造成的环境污染和破坏，综合采取多种措施防止损失的扩大，同时运用技术手段治理污染、恢复生态，将对环境的影响降到最低限度。综合治理原则主要通过环境治理制度实现，即对于已有的环境污染和破坏要予以积极治理，并注意运用各种手段进行综合整治，针对区域性环境污染和破坏采取重新规划、限制排污、清除污染、恢复生态等各种措施以改善环境质量。

应注意的是，有观点认为，新《环境保护法》第5条所规定的“预防为主、综合治理”是一项统一的环境法基本原则，其在学理上的表述就是预防原则。[19] 但笔者认为：“预防为主”和“综合治理”两者尽管具有内在联系，但还是应当做一定的区分，不宜混为一谈。如前所述，预防为主、采取事先防范措施固然是应对环境污染和破坏的理想方式，但从中国目前的环境问题现状来看，仅有预防远远不够，还必须在治理上下工夫：一方面，目前环境污染和破坏已经十分严重而且在局部地区、有些环境要素方面还有继续发展的趋势，即便现在采取治理措施，也可能还会为高污染区域持续相当长时期；另一方面，预防措施毕竟是对未来的预测，由于人类理性的有限性和科学技术的局限性，总有失效的可能，对于预防措施的失败，也必须及时采取治理措施加以补救。因此，不能忽视环境治理。在预防新的环境污染和破坏的同时，根据既成环境污染和破坏的具体情况和自然规律，改变单纯治理的思路采取综合整治措施，从预防和治理两个方面解决环境问题，才能更好地解决环境问题，实现环境公共利益。

---

〔19〕 竺效：“论中国环境法基本原则的立法发展与再发展”，载《华东政法大学学报》2014年第3期。

## 二、综合治理原则的实现

### (一)建立严格的环境保护责任制度

这是贯彻综合治理的基础和前提。环境保护责任制度以环境法律规定为依据,把环境保护工作纳入计划,以责任制为核心,以签订合同的形式,规定企业在环境保护方面的具体权利和义务的法律责任。这一制度包括排污者的环境污染防范义务、排污单位负责人的责任、重点排污单位的环境污染监测义务、严禁逃避监管的行为、缴纳排污费五个方面的内容。其具体包括:(1)向环境中排放污染物的企业、事业单位,以及个体工商户等其他生产经营者,应当提前或者及时采取有效的措施,防治生产建设或者其他活动中产生的废气、废水、废渣、医疗废物、粉尘、恶臭气体、光辐射、放射性物质以及噪声、震动、电磁辐射造成环境污染。(2)向环境中排放污染物的企业、事业单位,要将环境保护纳入单位发展计划,制定明确的环境保护任务和指标,明确单位环境保护负责人和相关人员,明确排污单位的权利和义务、负责人的权利和义务,落实到生产管理、技术管理等各个方面和环节,并建立考核和奖惩制度。(3)列入重点排污名录的单位向环境中排放污染物,必须安装符合规定和监测规范的监测设备,并应该确保监测设备能够正常工作,监测所获得的原始监测数据要妥善保存以备查。(4)禁止通过私铺暗管、私打渗井、私挖渗坑、偷偷灌注,私自篡改或伪造数据,以及不正常运行防治污染设施等逃避监管的方式,并禁止排污单位通过上述行为将排放的污染物排放到地下水体、地表水体,或者将污染物掩埋、深埋到地下,或者篡改、伪造排污数据等以逃避排污责任。(5)排放污染物的企业事业单位和其他生产经营者,应当按照国家有关规定缴纳排污费。征收的超标准排污费必须用于污染的防治,不得挪作他用。

### (二)保障、促进科学技术的研究、开发与应用

这是贯彻综合治理的技术基础。科学技术是解决环境问题的关键因素,发展环境保护科学技术是保护环境必须依赖的途径。科学技术的发展要依靠社会的力量,科学的制度设计可以推进科技发展和进步,目前的专利等法律制度即发挥这方面的作用。由于环境保护目标的公共性,在环境保护科学技术领域仅依靠一般的科技法律制度不足以达到提高环境保护科学技术水平的目标,需要国家的特别政策支持,这也是多数国家支持环境保护工作的通行做法。因此,《环境保护法》第7条专门规定,国家支持环境保护科学技术研究、

开发和应用,鼓励环境保护产业发展,促进环境保护信息化建设,提高环境保护科学技术水平。本条规定了环境保护科技发展的国家支持制度,明确了提高环境保护科学技术水平的总目标,以及实现这一目标的途径和措施,为深入贯彻实施综合治理原则提供了科技支撑。

(三)政府财政支持制度

这是贯彻综合治理的保障。环境保护作为一项公共事业,除了通过追究开发者、污染者责任、要求消费者承担环境保护义务来推进之外,仍需要政府做大量工作,依法完善环境保护制度规范、出台和实施环境保护政策措施都是政府应当履行的职责。投入财政资金、推进环境保护工作是政府履行环境保护职责的直接途径,法定的环境整治义务、环境质量改善义务以及建立和管理自然保护区、管理和养护特殊生态区域等都是政府履行环境保护职责的具体方式,也都需要财政资金的投入。财政支持制度具体分为两个层次:

首先是在法律明确各级人民政府加大环境保护财政投入的义务,投入的范围包括各类污染治理工程和计划、重点区域的环境整治、特定区域的生态恢复、环境保护补贴经费等。其次是政府要对财政资金的使用效益负责,要采取各种措施保证财政投入的环境治理效果、获取最大的环境收益,避免低效投资和浪费,效益主要体现为环境整治效果、环境质量改善、生态环境恢复、减少的环境损害等方面。

(四)经济激励制度

这是贯彻实施综合治理原则的重要保障。经济刺激是利用市场机制、激发环境保护主体内在动力的方法,尽管其中政府的调控和干预色彩依然很重,但已不再仰仗直接的命令和控制模式,转而采用间接的刺激和诱导,可以在一定程度上改变"企业污染—政府买单"的被动局面,发挥企业、社会参与环境保护的积极性、主动性。当前,在很多国家,特别是在发展中国家,命令控制型环境政策仍然是环境管理的主要手段,但是命令控制型政策需要庞大的执行队伍和高额的执行成本。为降低环境政策的执行成本,同时获得理想的环境效果,许多国家在环境管理实践中,更加注重运用以市场为基础的经济手段,形成了一系列有利于环境保护的经济政策和手段,也取得了良好效果。因此,《环境保护法》第22条专门规定,各级人民政府应当广泛采取财政、税收、价格、政府采购等多种举措,对于那些不仅仅满足达标排放,并且更加严于律己的企事业单位和其他经营者，进行基于市场手段的经济刺激。

## 第五节 公众参与原则

公众参与原则，也称为“环境民主”原则，是指在环境保护领域，公众有权通过一定程序或者途径参与一切与环境利益有关的决策活动，使得该项决策符合广大公众的切身利益。把握公共参与原则，可以从如下三个方面展开。

### 一、公众参与原则的产生及其理论渊源

20 世纪 60 年代末，西方国家爆发了以环境保护为中心的生态运动。作为一场影响范围大、持续时间长的社会运动，它不仅对西方国家乃至世界范围内环境保护事业的发展产生了重大而深远的影响，也直接催生了当代环境法。公众参与也是在生态运动的背景下被确立为环境法的一项基本原则。如美国 1969 年颁布的《国家环境政策法》确认了公众参与原则，并通过环境影响评价制度予以落实；在 20 世纪 70 年代制定的《清洁水法》、《清洁空气法》等重要环境立法中，也规定了体现公众参与原则的公民诉讼制度。[20] 在国际环境保护实践中，公众参与原则也得到了普遍的承认，1972 年的《人类环境宣言》及其后的许多国际环境法文件都强调了公众参与在生态保护中的重要作用。1992 年联合国环境与发展会议通过的《里约环境与发展宣言》进一步强调了公众参与的重要性。其明确提出：“环境问题最好是在全体有关市民的参与下，在有关级别上加以处理。”[21]

1998 年 6 月 25 日联合国为欧洲制定的《在环境问题上获得信息、公众参与决策和诉诸法律的公约》（以下简称《奥胡斯公约》）是国际上首个专门规定公众的知情权、参与权和诉诸司法权的公约，是目前环境保护领域公众参与具有指导意义的权威问题，其主要内容包括：（1）从公众的环境知情权的内容，

---

〔20〕 王曦：《美国环境法概论》，武汉大学出版社 1992 年版，第 189 页。

〔21〕 《里约环境与发展宣言》原则 10（1992 年 6 月）。

以及政府保证公众环境知情权实现的义务两个方面明确了公众的知情权。(2)从公众对具体环境活动决策的参与,公众对与环境有关的计划和政策决策的参与,环境行政法规和法律决策及执行过程中的公众参与三个方面明确了公众的决策参与权。(3)明确了公众知情权和决策参与权受到侵害的司法救济请求权。概言之,《奥胡斯公约》化繁为简,将环境民主的内容高度凝练为获得信息、公众参与以及司法救济三项。其中,获得信息为前提条件;公众参与为主要手段;而司法救济则是有力保障。

由于环境问题的复杂性,任何对环境产生影响的活动都可能具有"牵一发而动全身"的效果,只有生活在那个环境中的人知道他们最想要什么,因此,应该听取他们的意见。[22] 同时,由于获取环境信息的成本高昂,政府管理人员很难了解所有的相关信息,仅仅依靠政府的力量也难以完成环境保护的艰巨任务。所谓"兼听则明,偏听则暗",实行公众参与,可以广泛吸纳公众的意见,尽可能收集相关信息,有利于动员全社会的力量,充分发挥公众的积极性、主动性和创造性参与环境资源保护工作,并且将环境保护置于公众监督之下,以取得较好的效果。

公众参与原则之所以在环境法中得到普遍的承认,有其深厚的思想和理论渊源。其思想之源主要是环境权理论[23]和现代民主理论。[24]

根据环境权理论,每一个公民都有在良好环境下生活的权利,而环境质量的好坏会影响到所有人的生活和健康,对于任何污染环境、破坏环境资源的行为,公众也就有权依法进行监督和干预;另一方面,依据环境权理论,环境资源乃是公众共同拥有的"公共财产",不能被任何人任意占有、支配和损害,公众对环境资源的管理和使用也就具有了发言权。

公众参与原则同时也是现代民主思想在环境保护领域的体现。民主一般被理解为是多数人的统治,但在如何实现"多数人统治"的问题上,有直接民主和间接民主之分。近代资产阶级革命以来,间接的代议制民主一直是各国民主的基本形式或主要形式。这种由选举产生的代表参与政治事务的民主模

---

〔22〕 李艳芳:《公众参与环境影响评价制度研究》,中国人民大学出版社 2005 年版,第 31 页。

〔23〕 吕忠梅:"论公民环境权",载《法学研究》1995 年第 6 期;吕忠梅:"再论公民环境权",载《法学研究》2000 年第 6 期。

〔24〕 [英]戴维·赫尔德:《民主的模式》,燕继荣等译,中央编译出版社 1998 年版,第 398 页。

式，在国家行政权力不断扩张和利益日趋多元的现代社会中，极易造成人民与政府之间的不信任，越来越表现出局限性。因此，产生了现代民主理论。这种理论认为，应扩大人民对政治的直接参与，“参与型民主”是现代民主政治的真谛。“如果公民有作为公民而积极行动的实际权利，也就是说，当公民享有一系列允许他们要求民主参与并把民主参与视为一种权利的时候，民主才是名副其实的民主。”[25]现代民主理论注重以“参与型民主”来协调多元主体的利益冲突，这正是公众参与原则最重要的理论渊源。

## 二、公众参与原则的体现

在我国，公众参与机制引入于20世纪90年代。1993年，国家计委、国家环保局、财政部、中国人民银行联合发布了《关于加强国际金融组织贷款建设项目环境影响评价管理工作的通知》，该通知明确指出：“公众参与是环境影响评价的重要组成部分。”《环境影响评价法》首次在环境立法中规定了公众参与条款，标志着公众参与得到立法的认可。2006年2月，原国家环境保护总局颁布《环境影响评价公众参与暂行办法》，对公众参与环评的原则、范围、形式作了明确规定。2007年4月，原国家环境保护总局颁布《环境信息公开办法（试行）》。这是我国第一部有关信息公开的规范性文件。在环境保护实践中，公众参与也得到了迅速的发展，在修建青岛音乐广场、制止水洗孔庙、泰山建索道、张家界建观光电梯、怒江和都江堰修建大坝等重大事件中都可以看到公众参与的影响和作用。[26]

公众参与原则的形成是我国环境立法不断重视和体现的结果。2014年修订的《环境保护法》专设第五章“信息公开与公众参与”，将原先分散在相关法律法规中的环境信息公开和公众参与规定予以集中，建立了相对完整的公众参与制度：明确宣示公民的环境知情权（第53条第1款）；政府环境信息公开范围的具体化（第54条第1、2款），建立环境违法企业的“黑名单”并予以公开（第54条第3款）；企业环境信息公开的法定义务（第55条）；建设项目的环境影响评价报告书全文公开，并对其公众参与情况进行监督检查（第56

---

〔25〕 ［英］戴维·赫尔德：《民主的模式》，燕继荣等译，中央编译出版社1998年版，第398页。

〔26〕 李艳芳：“公众参与环境保护的法律制度建设”，载《浙江社会科学》2004年第2期。

条第2款)。[27] 为进一步贯彻实施信息公开与公众参与的规定,2014年12月,环保部发布了《企业事业单位信息公开办法》,为维护公民、法人和其他组织依法享有获取环境信息的权利,促进企业事业单位如实向社会公开环境信息、推动公众参与和监督环境保护进行了具体规定;2015年7月,环保部发布了《环境保护公众参与办法》,为保障公民、法人和其他组织获取环境信息、参与和监督环境保护的权利,畅通参与渠道,促进环境保护公众参与依法有序发展提供了更为详细的法律依据。2015年8月,新修订的《大气污染防治法》也增加了公众参与的内容。

尽管取得了较大进步,尤其是《企业事业单位信息公开办法》和《环境保护公众参与办法》的规定已经较为全面和具体,但法律效力上毕竟属于部门规章,我国有关公众参与的立法仍有待完善。从总体上看,公众参与仍然落后于发达国家,各单项环境立法中对公众参与原则的贯彻有待提高。例如,现行的《环境影响评价法》尽管对公众参与环境影响评价予以了明确,但更多表达的是鼓励公众以适当方式参与环境影响评价的良好意愿,法律规定较为粗疏,缺乏可操作性,公众参与的渠道也不够畅通、公众意见的法律效力尚不明确。这些问题致使我国环境影响评价过程中的公众参与缺乏充分的制度保障,需要进一步加强。

### 三、公众参与原则的法律适用

公众参与原则的有效适用,需要从建立完善的保障公众参与的制度入手。现实生活中,公众参与有两种形式:制度内的参与和制度外的参与。前者指陈情、请愿、听证、提供意见等;后者指静坐、抗议、堵厂及各种暴力行为等。[28] 从根本上说,需要将公民制度外参与引导至制度内参与,对公众的行为进行因势利导,赋予公众参与政府环境决策的权利。广泛而有效的公众参与是推动环境保护与可持续发展的根本力量与核心着力点,其不仅可以构成对环境违法以及环境执法中"权力寻租"的遏制性力量,也是促进环境决策合理化、科学化的建设性力量。具体而言,要在实践中贯彻、落实公众参与,以下方面不

---

〔27〕 陈海嵩:"国家环境保护义务的溯源与展开",载《法学研究》2014年第3期。

〔28〕 吕忠梅:《环境法导论》,北京大学出版社2008年版,第61页。

可或缺。

### (一)确立公众参与的权利基础

通过宪法和环境保护基本法确立公民环境权,是实现民主和公众参与的最具有决定性的因素。从宪法基本国策及相关条款出发,可以推导出我国公民所享有的程序性环境权,[29]包括公民在有关环境事务方面的知情权(了解、获取环境信息的权利)以及参与环境事务的讨论权、建议权等具体权利。《环境保护法》第53条规定,公民、法人和其他组织依法享有获取环境信息、参与和监督环境保护的权利。这为公众参与原则在法律实践中得以落实提供了理论基础,但还需要更为深入和广泛的实践加以支撑。

### (二)制定公众参与的专门法律

在宪法和环境基本法确立公民环境权的基础上,还应该有专门的法律或法规规定公众参与,以使公众参与原则具体化。专门立法至少应做到:(1)充分保障公民知情权。依据《环境保护法》的规定,各级政府和相关企业应当定期向公众发布环境信息,保证公众环境知情权的实现。(2)建立公众参与决策制度。政府对某一环境资源问题或事务在作出决定或制定法律法规前,应主动向公众征求意见,听取公众的反映作为决策的参考,或政府鼓励和保障公众对环境资源问题或事务自由发表意见。(3)推动、完善公众参与环境影响评价等环境管理活动。公众参与已成为环境影响评价制度的一个重要环节和特点。各国在这方面都有许多成功经验,我国应充分借鉴。

### (三)扩大和保障环境诉讼机制

环境诉讼是公众参与环境管理的重要方式,特别是当政府机关不履行环境立法规定的职责或从事违法行政行为时,提起诉讼往往比批评、建议、申诉、抗议等更为有力。实践表明,政府环境管理部门及其工作人员可能由于屈从于某种压力、诱惑、私利或偏见而实施不当、违法的行为,这时如果没有公众以第三者的名义加以抵制,违法行为难以制止。同时,2014年《环境保护法》所确立的环境公益诉讼制度应得到进一步加强,这不仅是对环境公益的维护,更是公众参与原则在司法领域的体现,从司法的角度保证公众参与原则的贯彻与实施。

---

〔29〕 陈海嵩:"论程序性环境权",载《华东政法大学学报》2015年第1期。

（四）促进、发展民间环境保护社会团体

把公众组织起来，成立民间环境保护团体，开展环境保护宣传、学术交流、环境保护科技成果推广等活动，将有效地提高全民族的环境意识，并为政府在决策方面提供参考意见。目前，许多国家的法律都规定公民有权依法成立旨在保护环境的社会团体，其实践已经证明，民间环境保护团体可以在保护环境资源、促使环境问题的解决、监督政府依法行政等方面发挥不可替代的积极作用。因此，推动、发展民间环境保护社会团体，是实现公众参与原则的组织保证和社会基础。[30]

（五）完善程序保障机制

公众参与的真正目的是建立一种程序性机制，以确保国家的环境政策、环境目标与公众参与结合起来，共同注入政府所采取的行动中去。只有在公平、合理的法律程序中，那些利益受到程序结果直接影响的人才能得到基本的公正对待。将法律程序本身的正当性、合理性视为具有与实体结果的公正性具有同等重要意义的价值，才能在法律实施过程中符合正义的基本诉求。在一定意义上，程序的平等性就是参与的平等性。程序只是为了参与者可预知及理性而设立，而可预知及理性显然有助于保护当事人的自尊心。[31] 因此，只有让公众充分参与到政府决策程序，才能真正实现公众参与；也只有让公众享有充分的决策权，才能增加公众对于政府决策的认知和接受，使政府的权威得到加强。

参照《奥胡斯公约》的规定，一个较为理想的公众参与程序，大致需要包括以下环节：公众参与的程序范围、公众介入的时间、公众参与的具体方式、公众参与的效力以及保障公众参与的辅助性措施（包括信息披露制度和公众参与的司法救济）等。因此，在具体操作上，应当建立广泛有效的公众参与机制并明确具体的程序，围绕环境信息的公开与获知、公众意见的征求与表达、公众监督与补救和法律责任加以规定和运用，真正推动与完善公众参与制度。

---

〔30〕 吕忠梅、高利红、余耀军：《环境资源法学》，中国法制出版社 2001 年版，第 102 页。

〔31〕 应松年：《比较行政程序法》，中国法制出版社 1999 年版，第 192 页。

# 第六节　损害担责原则

## 一、损害担责原则的含义

损害担责原则,是指在生产和其他活动中造成环境污染和破坏、损害他人权益或者公共利益的主体,应承担赔偿损害、治理污染、恢复生态的责任。概言之,由于环境污染和生态破坏而产生的法律责任,应在国家、企业和个人之间进行公平的分配。

在环境责任的承担上,有一个历史的发展过程。工业革命以来很长时期,造成环境污染的企业和个人只要没有对具体的人身健康或财产造成直接损害就不承担任何责任,由国家使用公共资金用于污染控制与治理。[32] 随着环境问题的范围和深度不断加大,国家不得不一直加大财政投入用于环境污染的控制和治理。这种做法一方面给国家财政造成了沉重的负担,同时也使全体纳税人承担了由个别污染者所造成的环境责任,实际上把污染者的治理责任转移给了全体纳税人。因此,1972 年,经济合作与发展组织(OECD)理事会首先提出了"污染者负担原则"(Polluters Pay Principle),明确了环境责任应该由污染者承担。[33] 由于"污染者负担"体现了社会公平,也有利于环境保护资金的筹集,因此很快为国际社会广泛接受,并在法律文件上得以体现。1992年《里约环境与发展宣言》要求"各国应制定关于污染和其他环境损害的责任和赔偿受害者的国家法律",提出:"考虑到污染者原则上应承担污染费用的观点,国家当局应该努力促使内部负担环境费用,并且适当地照顾到公众利益,而不歪曲国际贸易和投资。"[34]

## 二、损害担责原则的内容

尽管"污染者负担原则"明确了环境污染者所承担的环境责任,但其未将

---

〔32〕 柯坚:"污染者负担原则的嬗变",载《法学评论》2010 年第 6 期。

〔33〕 柯坚:"污染者负担原则的嬗变",载《法学评论》2010 年第 6 期。

〔34〕 《里约环境与发展宣言》原则 16(1992 年 6 月)。

生态破坏者的责任承担问题纳入,因而不够全面。[35] 同时,“污染者负担原则”也无法解决污染者无法确定时的治理费用承担问题。因此,根据可持续发展的要求,应在“污染者负担原则”的基础上,进一步实现环境责任的公平承担。《环境保护法》确立了损害担责原则,具体包括如下内容。

（一）污染者负担

污染者负担是指对环境造成污染的单位或个人必须按照法律的规定,采取有效措施对污染源和被污染的环境进行治理,并赔偿或补偿因此而造成的损失。“污染者负担”与民法中“欠债还钱”、刑法中“杀人偿命”等朴素的法律观念一样,主要追究肇事者的责任,即谁污染了环境谁就应当承担赔偿责任。空气、河流、海洋和土地等环境要素并非属于某些私人或组织的财产,而是关系到全体社会成员福利的公共财产,这些公共财富被少数人的生产行为所侵害,使得环境污染和破坏日益严重。从经济学的角度来看,生产经营活动所造成的污染属于经营成本,倘若经营者不承担这种成本而由国家和社会用全体纳税人缴纳的税款来负担,那么受害的全体社会成员承担了少数企业对环境的损害后果,无疑是损公肥私,严重违背了法的公平精神。[36] 污染者负担主要对已经发生的污染起作用,属于事后消极补偿。

另外,在造成污染的多种因素中,可能出现每个单一的排污行为在我国现阶段大多合法,很难确定到底谁是污染者的情形。为此,对于那些对某一污染负有共同危险责任的行为人,不论其主观上是否有过错,也不论各行为人之间有无意思联络,只要与侵害的发生有直接和间接的因果关系,各行为人就应当共同承担赔偿责任或合理负担治理费用。

同时,污染者负担作为国家保护环境的一种手段,还通过征收排污费或环境保护税等形式,促使行为人减少环境污染。

（二）开发者养护

开发者养护,是指开发利用环境资源者,不仅有依法开发自然资源的权利,同时还负有保护环境资源的义务。这一原则体现了“开发利用与保护增殖并重”的方针:对于可更新资源,应当在不断增殖其再生能力的前提下持续

---

〔35〕 陈泉生:《环境法原理》,法律出版社1997年版,第77页。

〔36〕 汪劲:《中国环境法原理》,北京大学出版社2000年版,第92页。

使用;对于不可更新资源,应当节约利用、综合利用。[37] 开发利用环境资源的单位和个人,不仅有开发利用的权利,还负有养护的义务。我国目前的环境现状下,人均资源占有量很低,而且自然环境的破坏十分严重,在法律上明确科学开发利用自然资源、抑制生态破坏具有重要意义,同时还可以促进自然资源的节约使用和合理利用,提高经济效益和环境效益。在开发利用自然资源时,应采取积极措施,养护、更新、增殖、节约和综合利用自然资源;在具有代表性的各种类型的自然生态系统区域内建立自然保护区,保护区内不得建设污染和破坏环境的设施,不得贬损整体环境在精神上的美观舒适愉悦度;对已经受到污染和破坏的环境进行恢复和整治。例如:《渔业法》针对渔业资源的增殖和保护作出了专门规定;[38]《森林法》第35条规定,“采伐林木的单位或者个人,必须按照采伐许可证规定的面积、株数、树种、期限完成更新造林任务,更新造林的面积和株数不得少于采伐的面积和株数”。

(三)受益者补偿

受益者补偿,主要包含两个方面的内容:(1)针对以环境资源的利用而营利的单位或个人,即利用环境资源的单位或个人必须承担经济补偿责任。(2)针对使用消耗自然资源或对环境有污染作用的产品的消费者,他们的消费活动如果消耗自然资源或对环境有污染作用,也必须承担经济补偿责任。[39] 例如,为了削减以氟利昂为制冷剂的空调使用,美国于1990年就对使用臭氧层损耗物质开征税收,效果明显。

须注意的是,随着环境保护的概念从污染防治扩大到自然保护和物质消费领域,利用、消耗环境资源的主体范围不断拓展,环节也不断增加。从实际支付费用的主体来看,从原材料的加工、生产到流通、消费、废弃以及再生等各个环节都存在分担费用的现象。因此,只要是从环境或资源的开发、利用过程中获得实际利益者,都应当就环境和自然资源价值的减少付出应有的补偿费用。

环境保护中的利用与补偿虽是一种财产关系,但不能等同于普通的民事

---

〔37〕 汪劲:《中国环境法原理》,北京大学出版社2000年版,第93页。

〔38〕 《渔业法》第四章专门规定“渔业资源的增值与保护”,共计10条,对各种保护渔业资源的措施进行了明确规定,并要求如果对渔业资源产生严重影响,建设单位应当建造采取补救措施。

〔39〕 张梓太主编:《环境与资源法学》,科学出版社2007年版,第70页。

买卖关系。[40] 补偿不仅是对已利用的资源要有金钱上的对价，而且更重要的是利用者应对其已利用的环境资源可再生或开发替代所应付出的劳动予以补偿，对所耗用的自然资源、占用的环境容量和恢复生态平衡予以补偿，建立并完善有偿使用自然资源和恢复生态环境的经济补偿机制。

（四）破坏者恢复

破坏者恢复，亦称“谁破坏，谁恢复”，指造成生态环境和资源破坏的单位和个人必须承担将受到破坏的环境资源予以恢复和整治的法律责任。造成环境污染或破坏的人即使付费，也不能免除其生态恢复和环境整治的责任。《环境保护法》第64条规定，因污染环境和破坏生态造成损害的，应当依照《侵权责任法》的有关规定承担侵权责任。在环境保护单行法中，这一原则也有充分的体现。例如，1982年《水土保持法》第27条明确规定：“企业事业单位在建设和生产过程中必须采取水土保持措施，对造成的水土流失负责治理。本单位无力治理的，由水行政主管部门治理，治理费用由造成水土流失的企业事业单位负担。”《矿产资源法》第32条明文规定，“耕地、草原、林地因采矿受到破坏的，矿山企业应当因地制宜地采取复垦利用、植树种草或者其他利用措施”。《海岛保护法》第25条第2款规定，“进行工程建设造成生态破坏的，应当负责修复；无力修复的，由县级以上人民政府责令停止建设，并可以指定有关部门组织修复，修复费用由造成生态破坏的单位、个人承担”。《草原法》（2002年）等法律法规中有关破坏者恢复的规定都是这项原则的具体表现。

值得注意的是，2015年12月，中共中央办公厅、国务院办公厅印发《生态环境损害赔偿制度改革试点方案》，要求各地通过试点逐步明确生态环境损害赔偿范围、责任主体、索赔主体和损害赔偿解决途径等，形成相应的鉴定评估管理与技术体系、资金保障及运行机制，探索建立生态环境损害的修复和赔偿制度，加快推进生态文明建设。这为损害担责原则的具体落实与发展提供了新的机遇。

---

〔40〕 陈泉生、周辉：“论环境责任原则”，载《中国发展》2004年第4期。

## 延伸阅读 怒江水电开发之争

### 怒江开发:两库十三级电站

1999年,国家发改委"根据我国的能源现状,根据有关人大代表的呼吁,决定用合乎程序的办法对怒江进行开发"。于是拨出资金,由水利水电规划总院牵头,用招标的方式确定了两家设计单位——北京勘测设计研究院、华东勘测设计研究院,对怒江中下游云南境内的水电开发进行规划。经过三年多的努力,2003年8月14日,国家发改委主持评审了水电勘测设计单位完成的《怒江中下游流域水电规划报告》。规划以松塔和马吉为龙头水库,丙中洛、鹿马登、福贡、碧江、亚碧罗、泸水、六库、石头寨、赛格、岩桑树和光坡等组成两库十三级开发方案,全梯级总装机容量达2132万千瓦,年发电量1029.6亿千瓦时,装机容量为我国目前水电总装机容量的20%左右,为我国又一个西电东送重要基地。审查会召开的第二天,云南省大部分媒体都用显著版面报道了《怒江中下游流域水电规划报告》审查通过的消息。规划中的电站大部分位于怒江傈僳族自治州,对于贫困程度深、贫困面大的怒江来说,电站开发无疑是全州经济社会发展的一次巨大机遇。电站全部建成后,每年可创造产值300余亿元,创造税收80余亿元,按每度电创造国民生产总值5元计算,可增创国民生产总值5000余亿元。审查会召开之前,电站的各项前期工作已经紧锣密鼓地推开。2003年3月14日,华电集团与云南省政府签署了《关于促进云南电力发展的合作意向书》,云南省政府表态支持华电集团开发云南电力资源,支持怒江开发;2003年6月14日,云南华电怒江水电开发有限公司组建;2003年7月18日,云南华电怒江六库电站正式挂牌成立。按照规划,2003年将开工建设六库电站,同时启动马吉、碧江、亚碧罗、泸水、赛格和岩桑树电站的设计工作。此时,已经准备摩拳擦掌掀起怒江水电开发高潮的建设者在兴奋地等待着国家发改委批复的规划报告,但大家都忽视了这样的声音:在审查会上,国家环保部门提出,下个月,即自9月1日开始,《环境影响评价法》就要正式实施,要求大型电站规划必须专门做环境影响评价报告,鉴于怒江水电开发的规模和与《环境影响评价法》实施日期的临近,要求专题审查"环境影响评价报告"。时至今日,怒江水电开发的控股方中国华电集团公司总经理郭世明仍感到不公平:"明明审查会举行时还不到9月1日,就不应该按9

月1日后的要求。这个新要求使我们的批复不得不延后。”

**保卫怒江:反对派慷慨陈词**

2003年9月3日“打响”了反对在怒江建设电站的所谓“保卫怒江第一枪”。当天,国家环保总局召开“怒江流域水电开发活动环境保护问题”专家座谈会,包括5名院士在内的27位专家指出,怒江是我国目前仅存的两条未被规模开发的大河之一(另一条为雅鲁藏布江),为我国乃至世界上不可多得的物种基因库和世界自然遗产地,其潜在的生态价值、科学价值和经济价值不可估量。为使怒江流域真正实现可持续发展,给子孙后代留下一条原始生态环境相对完整的生态河流,不宜在此开发水电。由此,反对和支持怒江水电开发的争论全面展开。继2003年9月3日之后,云南省环保局、国家环保局又相继于9月29日,10月10日、20日、21日在北京和昆明多次举行怒江水电开发问题的专家座谈会。据多次参加专家座谈会的云南大学动物和植物研究所所长党承森描述:会议上大家争得“面红耳赤”,“倒是在学术讨论上很少见到的情景”。一些专家成为反对派。归结起来,反对派主要有两个核心观点:一是开发水电会破坏生态环境;二是开发水电不是怒江州脱贫的唯一选择,可以考虑保留好生态环境,开发旅游产业。

**针锋相对:水电开发是最佳选择**

面对环保人士的指责,另一些专家则成为了支持派。针锋相对,支持派也是两个基本观点:怒江已不是什么原生态河流,保存价值并不大,开发水电影响生态环境较少,一些方面还能促进生态保护;对怒江来说,解决几十万人脱贫问题,水电开发是最佳选择。

**各持已见:工程在争论中推延**

自去年9月以来,两种观点各执已见,针锋相对。在报纸、电视、网络等媒体上,在几次专家座谈会上,两派专家都坚持自己的观点,批驳对方的荒谬。反对者经常会这样说:“天天说人与自然和谐发展,把河流的生态都破坏了,还谈什么和谐”,“算算账,老百姓到底有什么收益”。坚持者也免不了冷嘲热讽:“说怒江还是生态江,请问你去过怒江吗?”“说怒江就应该保持现在的状况,适合旅游,但让你常住那样的地方行吗?"一些学术理论上的观点和国家宏观政策也经常被用来作为争论的依据。反对派提及的是,水坝建设会影响生态,反对建设水坝是一种潮流。支持派经常会谈到,实现国家的能源安全,必须开发西部的水能资源,现在我国的4亿千瓦装机容量中,水电仅达到1亿千瓦,按电力发展规划,到2020年水电装机要达到2.6亿千瓦,还差1.6亿千瓦。

一些民间环保组织在反对怒江水电开发中成为一支重要力量。"绿家园"、"云南大众流域"等非政府组织在闻悉水电开发规划后,采取寻求签名、组织研讨的方式反对水电开发。"云南大众流域"为了让怒江的群众对水电开发有更多的认识,干脆租了一个客车运送怒江一些村民到因修建电站而使生活贫困的群众中去访问。由于非政府组织的影响,云南省民盟一位负责人在今年2月的云南省政协九届二次会议上发言质询怒江工程,成为"针对怒江工程云南省地方政府内部第一次出现的不同声音"。

国家发展与改革委员会上报关于怒江十三级水电开发规划时,温家宝总理专门批示:对这类引起社会高度关注且有环保方面不同意见的大型水电工程,应慎重研究,科学决策。为此,怒江水电开发工程被搁置延后。时任云南省省长的徐荣凯表示:有争论不是坏事,有人质疑也可能是好事,我们就要实地来看一看,到底是该保护,还是该开发,还是需要在保护中进行开发,这都需要统筹。2008年国家公务员《申论》考试中,专门针对"怒江水电资源开发的争议"出考题,要求考生针对经济发展与环境保护的相互关系进行论述。

**最新进展:怒江水电开发"复活"?**

值得注意的是,怒江水电开发问题在"沉寂"了几年时间后,最近又成为社会各界关注的焦点。据媒体披露,[41]尽管当年的怒江水电规划被搁置,但怒江水电站开发的前期准备工作一直在低调进行。比如,华电怒江先后成立六库、赛格、亚碧罗等水电站筹建处,也成立了六丙公路建设公司4个下属单位;此间,开展了六库、赛格、亚碧罗、马吉4个电站的前期工作。尚在开展的怒江水电的前期工程还有,投资150亿元的南坝怒江大桥,2013年贯通的怒

---

〔41〕 杨仕省:"怒江水电项目10年后复活",载《华夏时报》2016年第5月7日。

江大峡谷隧道等。

2012年出台的《国家能源局关于澜沧江等流域水电开发有关事项的通知》(国能新能〔2012〕257号)显示,华电怒江公司全面负责怒江中下游河段(云南境内)梯级电站开发。这似乎表明,争论10年的怒江水电开发,从争议层面进入实操阶段。随后国家发改委出台的《可再生能源中长期发展规划》,明确将怒江列入2020年重点建设的水电基地之一,而同一时期的《水电发展"十二五"规划》、《可再生能源"十二五"规划》均将怒江流域内的马吉、亚碧罗、六库、赛格等项目列为重点开工项目。国家能源局在2016年初起草的《水电发展十三五规划(征求意见稿)》显示,怒江水电再次入围重点水电发展之列。根据该规划,"十三五"期间各大流域的重点工程,怒江包括马吉、亚碧罗、六库、赛格4个项目,可积极有序推进大型水电基地建设。这表明,围绕怒江水电开发的各方博弈远未停止,值得人们加以持续关注和深入思考。

## 思考题

1. 怒江水电开发的整个争议过程中,涉及哪些环境法的基本原则?
2. 如何理解保护优先原则?它与原有的协调发展原则有何不同?
3. 如何完善我国环境法的公众参与原则及其制度?

# 第三章　环境法律关系

**本章导读**

环境法律关系是环境法学中的基本范畴。环境法律关系是以环境法律规范为基础形成的社会关系，是环境法律主体之间形成的以环境为媒介、以环境权利和义务为内容的社会关系，具有广泛性和复杂性。环境法律关系可以根据不同的标准进行分类。环境法律关系的主体可以划分为管理主体与受控主体，分别对应具体的环境权利与环境义务。环境法律关系的客体包括环境资源与环境行为。环境法律关系处于不断产生、变更与消灭的过程中，作为其抽象条件的前提是存在环境法律规范，但作为其具体条件的依据则是环境法律事实，包括环境事件与环境行为。

## 第一节　环境法律关系概述

"法律关系"一词是法学家的一个伟大创造。作为法学的基本范畴，法律关系是法律规范在指引人们的社会行为、调整社会关系过程中所形成的人们之间的权利义务关系，是法律规范审视社会现实并对之予以格式化的结果，是将社会现实纳入法律规范体系予以调整的关键环节。环境法律规范解决社会现实中的环境问题、实现环境保护的关键在于将现实社会中的各种环境纠纷纳入环境法律关系中，适用环境法律规范体系。因此，了解环境法律关系的内涵与特征，对于掌握与适用环境法律非常必要。

## 一、环境法律关系的概念和特征

法律关系是法学的基本概念,是通过法律途径调整社会关系的重要工具。某种意义上,所有法律规范均是为了处理某种法律关系,创设具体法律规范的重要目的在于为法律关系的存在创造形式条件。同时,法律关系也是理解法律、形成法律知识的重要工具。没有法律关系的运行就不可能对法律问题作技术性分析;没有法律事实与法律关系的相互作用,不可能科学地理解法律决定;法律人若不能将纷繁复杂的社会关系纳入法律关系中予以格式化审视,也不可能精准地找到赖以适用的法律规范。在分析社会冲突和解决社会主体的矛盾时,法律人必须分析相互冲突的主体之间是否存在法律关系、存在何种法律关系,才能将冲突纳入法律框架内适用法律制度予以解决。法律关系本质上是以法律规范为基础形成的、以法律权利义务为内容的社会关系。法律关系的不同意味着人与人之间产生的纠纷性质不同,决定着适用的法律制度与法律程序的差异。比如,环境行政机关因环境行政许可与企业发生争议,形成环境行政法律关系,需要适用环境保护法、行政许可法、行政复议法、行政诉讼法等法律加以解决。而企业因排污与居民发生争议,形成环境民事法律关系,需要适用环境保护法、侵权责任法、民事诉讼法等法律加以解决。

### (一)环境法律关系的定义

我们将环境法律关系定义为:环境法律关系是指环境法主体,根据环境法的规定,在参加与环境有关的社会活动中所形成的环境权利义务关系。法律关系只是对一部分现实生活的撷取,它在一个连续统一的生活关系中提取出一部分,进行法律观察。[1] 环境法律关系是经环境法调整后的环境社会关系。社会关系是人们在共同的物质和精神活动过程中所结成的相互关系,这是对人与人之间的一切关系的总称。环境社会关系只是人类社会关系中的一个组成部分,其共性特征是人与人在与环境有关的社会活动中所形成的相互之间的关系。人们在社会活动中从事的只要与环境有关的活动均属于环境社会关系,但并不是所有的环境社会关系均需要也可以纳入环境法的调整范围,成为环境法律关系。只有那些频繁出现、比较重要、可能影响社会主体环境权益进而影响到生态环境的环境社会关系,才需要纳入环境法调整视野,成为环

---

〔1〕［德］迪特尔·梅迪库斯:《德国民法总论》,邵建东译,法律出版社2001年版,第51页。

境法律关系。

准确理解环境法律关系对环境法律实施具有重要意义,环境法律关系是适用环境法律规范的重要指引。社会关系的多样性决定了调整社会关系规范的多元性,某种类型的社会关系经过特定法律的调整就形成了某种具体类型的法律关系。比如,具有行政隶属关系的社会关系经过行政法调整后,形成了行政法律关系;具有平等性质的社会关系经过民法调整后,形成了民事法律关系;以劳动者权利保护为目的的社会关系经过劳动法调整后,形成了劳动法律关系;等等。可见,任何法律关系都是由某个特定法律对特定类型的社会关系予以调整后形成的不同法律关系类型。反之,不同法律关系的具体类型,也决定了调整这种类型的社会关系需要适用的特定法律与法律规范体系。因此,环境法律关系与环境法律规范实际上是一体两面,体现了法律规范体系运用于调整社会关系的类型化思路。环境法律关系的界定可以指引我们正确适用环境法律规范:从外部层面,通过清晰合理地界定现实社会中发生的纠纷的环境法律关系属性,决定着必须适用环境法律规范而非其他类型的法律规范;从内部层面,环境法律关系的具体类型进一步决定着在环境法律体系内必须适用的具体环境法律规范。比如,企业因向大气排放污染物导致他人人身、财产损害,我们将其确定为环境法律关系后,必须适用环境法而不是其他法来加以处理;同时,因大气污染造成的损害,在环境法体系内,必须适用大气污染防治法的相关规范,而不能适用水污染防治法或者固体废物污染环境防治法来处理。

### (二)环境法律关系的特征

环境法律关系作为法律关系的一种,具有一般法律关系的基本要素和性质。但是,较之于其他类型的法律关系,环境法律关系有其明显特征。

1. 环境法律关系是以环境法律规范为基础形成的社会关系

环境法律规范的存在是环境法律关系形成的前提,如果不存在环境法律规范,就不存在环境法律关系。由于环境法律关系以环境法律规范为基础,环境法律规范的内容直接决定了环境法律关系的存在状态、种类及其内容。如果环境法律规范存在内容设计不合理、不具有可行性等缺陷,环境法律规范就不能有效地调整社会关系,也不可能形成事实上的法律关系。如果环境法律规范的内容周延、合理、可行、清晰,则人们在现实生活中因开发利用环境活动所形成的社会关系,就能够完整全面地反映在环境法律规范涉及的关系类型之中,才能够纳入环境法律规范予以调整。

需要强调的是,由于环境法调整范围的特殊性,环境社会关系的形成具有“人—环境—人”的间接性,所以,依据环境法律规范建立起来的环境法律关系可能不会直观地表现为环境法律规范调整或保护的社会关系本身。在一般环境社会关系中存在的部分内容可能不存在于环境法律关系中,而环境法律关系中所包含的环境权利义务关系也可能是一般环境社会关系中所不具有的,尤其是在保护野生动植物方面的法律关系中,这种不一致表现得十分明显。比如,大熊猫作为国家特别保护的濒危珍稀动物,受到法律的严格保护,依据相关的法律,人猎杀大熊猫,必须承担法律责任甚至是刑事责任,这种环境法律关系就没有表现为我们通常所能见到的环境社会关系。

2. 环境法律关系是法律主体之间的社会关系

法律关系并非一般意义上的人与人之间的关系。现实生活中人与人之间的关系种类与性质多样化,根据社会关系建立的基础可以划分为血缘关系、地缘关系和业缘关系,根据社会关系的领域可以划分为经济关系、政治关系、法律关系等。因此,法律关系仅为社会关系中的一种,它是法律意义上的主体之间形成的社会关系。也即社会主体首先要成为法律主体,对于环境法律关系而言,要具备环境法上所认可的主体资格,相互之间才可能形成环境法律关系。这也说明了为什么我们要在环境法律领域,探讨环境法律主体资格问题。因为某一或某类主体能否成为环境法律主体,决定了其能否参与某种环境法律关系,与其他主体之间的社会纠纷能否适用环境法律制度予以调整。比如,环境保护组织是否能够获得环境法律关系的主体资格,直接关系着其是否能够代表环境公共利益提起公益诉讼。在美国,环境公民诉讼的司法审查第一个环节就是原告的身份(standing),即主体资格。[2]

3. 环境法律关系是以环境作为媒介的社会关系

相对于传统法律调整主体之间的直接法律关系,环境法律关系最鲜明的特色在于其具有间接性——主体间因为有环境作为媒介才能形成法律关系。这是环境法律关系区别于其他类型的法律关系的不同之处,也是掌握与分析

〔2〕 吕忠梅、[美]王立德主编:《环境公益诉讼:中美之比较》,法律出版社2009年版,第186页。

环境法律关系时最为复杂的地方。传统法律关系基本上是人与人之间的直接法律关系,比如,甲与乙之间签订合同,甲打伤了乙,甲行政机关对乙公民进行行政处罚,等等,法律关系的双方要么有直接的意思表示,要么有直接的行为互动,如果发生纠纷,原被告是谁,因何而起争议,相对清楚。但环境法律关系则不然,因为环境法主体间的社会关系以环境作为媒介形成,某一主体的行为先作用于环境,经过环境的迁移转化后再对利用环境的其他主体产生作用,进而形成两个主体间以环境为媒介的社会关系。以这种间接社会关系为特征而形成的环境法律关系必然也会遵循"人—环境—人"的间接关系模式。比如,在大气污染损害法律关系中,排污者向空气中排放污染物,其行为并不直接针对任何人,但是生活在一定范围内的人因为呼吸了被污染的空气,导致了身体健康损害。另外,在很多情况下,一定范围内呼吸被污染的空气的人也不是立即就发生健康损害,而是较长时间甚至是多年后才发病。在有些情况下,是原来身体健康状况就不好的人,在呼吸了被污染的空气后病情加重,甚至加速死亡。这些都是因为环境法律关系以环境为媒介而形成的法律关系。环境法律关系中普遍存在的"人—环境—人"的间接关系特性,也使得我们在认识环境法律关系时没有那么一目了然,并增加了在因果关系、致害机理和受损程度等方面判断的复杂性。不少人会将以环境作为媒介呈现出来的环境法律关系,误认为是人与自然之间的关系。

4. 环境法律关系是承认自然环境具有一定价值的社会关系

环境法律关系是在对自然环境的价值、功能及其与人的关系重新认识与界定的基础上形成的新型社会关系。环境法律关系中的客体——自然环境——并非传统意义上的法律关系的客体,该客体对于主体的生存与发展具有一定价值,即作为环境法律关系中的自然环境具有一定的主体性。传统意义上法律关系的客体最低限度的特征:它必须是对主体的"有用之物"、"为我之物"、"自在之物"。[3] 即必须同时具备独立于主体、对主体有用和能被主体控制的特征。这种认识正是环境问题产生的重要原因。

环境法是在重新认识人与自然关系、界定人类的环境社会关系的基础上产生的新型法律,其所建立的法律关系也必然有着不同于传统法律关系的新

[3] 张文显:《法哲学范畴研究》(修订版),中国政法大学出版社2001年版,第106~107页。

内涵。反思传统法律关系理论秉持的绝对的主客二分模式，反思人与自然对立根源于人的主体性过分张扬，[4]将对自然的充分尊重纳入环境法律关系的建构，就是这种新内涵的重要体现。在这个意义上，环境法律关系应当秉持主客体尺度的辩证统一，在坚持人类主体地位的同时，最大限度地保障自然环境按照其自身的性质和规律运行。

环境法律关系中特殊的主客体关系、一定程度上承认自然环境的主体性，体现在环境法律规范的各个方面：(1)立法价值观上，秉持可持续发展理念，在法律规范中尊重自然规律和生态承载能力，将自然的可持续性作为人类权益实现与保障的必要限度。(2)法律原则上，在重视确立人类环境社会关系的基本理念的同时，也重视人类相互之间的关系的发生、变更与消灭受到自然环境的约束，确立保护优先、预防为主、综合治理等法律原则。这些原则虽然本质上是环境社会关系的基本规则，但与自然环境有涉、以自然环境自身的属性规律作为前提。(3)法律责任上，既包括一方主体对另一方主体权益损害承担的责任，也包括对自然环境承担的责任。

5. 环境法律关系是广泛性和复杂性兼具的社会关系

任何类型的法律关系都是由特定的法律部门对某种类型的社会关系进行调整的结果，因此，社会关系类型的属性与特征也决定了法律关系的属性与特征。在某种意义上，环境社会关系是在既有的社会关系的基础上派生出的一种新型社会关系，加之现代社会法律分工日趋精细、新的法律领域不断产生，不同的法律对同一社会关系进行调整的现象十分普遍。[5]环境社会关系是一种典型的由多个法律部门从不同角度进行调整的一种综合性的社会关系，这也使得由环境法律规范调整环境社会关系所形成的环境法律关系，与其他法律规范调整的法律关系紧密联系。环境法律关系具有广泛性和复杂性的特征，主要表现为以下方面：

(1)环境法律所需要调整的环境社会关系可能与既有的社会关系联系在一起，是在既有的社会关系类型下延伸出来的新的社会关系，呈现出与既有社会关系的复杂联系。比如，一棵树，在民事法律关系中，是所有权人的财产，如

[4] 高连福："关于主客二分模式的思考"，载《哲学研究》2011年第5期。

[5] 吕忠梅：《环境法学》(第二版)，法律出版社2008年版，第52～53页。

果有人未经所有权人同意砍掉这棵树，就造成了对所有权人财产权的侵犯，由此形成了民事法律关系。但是，若引入环境法律规范，同是这棵树，可以为生活在周边的人提供生活所需的新鲜空气、挡住风沙并涵养水源，因而是我们共同的生活环境，如果有人砍掉这棵树，哪怕是所有权人自己砍树，都会影响大家的环境，由此，就形成了环境法律关系。在这里，民事法律关系与环境法律关系指向相同的客体，主体间的关系也相互交织，对同一客体的侵犯，可能导致两种不同法律后果，形成责任的聚合。

（2）环境法所需要调整的环境社会关系广泛地存在于既有社会关系之中，呈现出与既有社会关系的广泛联系。人们的经济、社会、文化活动都可能产生对环境的影响，这些活动形成性质各不相同的社会关系，环境法律关系作为一种新型社会关系，与既有社会关系形成广泛的联系。依然以一棵树为例，在环境法规范中，一个人砍树，如果是所有权人自己砍，必须取得行政许可，由此，形成了行政法律关系；如果是他人未经所有权人同意砍树，则既形成了与所有权人的民事法律关系，又形成了与行政许可机关的环境行政法律关系。在这里，民事法律关系、行政法律关系、环境法律关系相互联系，对同一客体的侵犯，可能导致不同甚至冲突的法律后果，形成责任的竞合。

从总体上看，环境法律关系的种类与性质比传统法律关系更为复杂。因为环境法是综合运用各种法律手段对社会关系进行调整的法律部门，其所涉及的社会关系复杂而广泛，这导致了环境法律规范的复合性。在环境法律规范中，有为环境资源行政管理而规定的行政法规范，有为保护公民、法人的民事权利而规定的民法规范，还有为惩治环境资源犯罪而规定的刑事规范。根据不同性质的法律规范而确立的环境法律关系也不尽相同，既有当事人地位平等的环境民事法律关系，也有当事人地位不平等的环境行政法律关系、环境刑事法律关系。〔6〕

## 二、环境法律关系的类型

环境法律关系是环境社会关系的法律体现，环境社会关系的丰富多样，决定了环境法律关系具有不同的表现形式和丰富内容。根据不同的分类标准和

---

〔6〕 张梓太主编：《环境与资源保护法学》，北京大学出版社2007年版，第20页。

认识视角,可以对环境法律关系进行不同的分类。

### (一)污染防治法律关系和生态保护法律关系

这是按照形成环境法律关系的环境法律规范的不同所作出的进一步划分。环境法按照其法律规范目的可以分为污染防治法与生态保护法两大类型。污染防治法主要是对环境污染的法律控制,是控制人类生产生活活动所形成的废水、废气、废渣等废弃物的产生和排放对环境的影响。这类环境法律规范在我国主要有《水污染防治法》、《大气污染防治法》、《固体废弃物污染环境防治法》、《环境噪声污染防治法》、《海洋环境保护法》等。生态保护法的主要目的是针对生态环境的法律保护,主要是为了规范人们开发、利用环境要素的行为,保证对环境开发利用不至于产生破坏生态平衡的后果。这类法律规范在我国主要有《水法》、《土地管理法》、《渔业法》、《矿产资源法》、《森林法》、《草原法》、《野生动物保护法》、《水土保持法》、《防沙治沙法》等。

划分污染防治法律关系与生态保护法律关系,可以提示人们在分析和处理具体环境问题时,必须首先明确有关环境法律关系主体之间的法律关系的种类与性质,并确定其具体内容,这有助于我们更为便捷地选择应对环境纠纷、解决环境问题的环境法律规范,并迅速便利地找到从环境法律上解决现实环境问题的法律依据、方式和途径。

### (二)平权型环境法律关系和隶属性环境法律关系

这是按照环境法律主体在环境法律关系中的地位与相互关系所作出的环境法律关系种类的划分。[7] 平权型环境法律关系又可称之为横向环境法律关系,是指存在于环境法律关系规范中法律地位平等的社会主体之间的法律关系,其特点可以概括为:(1)主体之间处于平等地位;(2)主体之间的环境权利义务的内容具有一定的任意性。比如,平等主体在使用环境资源过程中产生的环境民事法律关系,环境民事诉讼中原告与被告的关系。

隶属性环境法律关系又可称为纵向环境法律关系,是指在不平等的环境法律主体之间所建立的权力服从关系,其特点可以概括为:(1)主体之间处于法律上的不平等地位,双方之间存在管理与被管理、命令与服从的法律关系;(2)主体之间的权利义务具有强制性,既不能随意转让,也不能任意放弃;

---

〔7〕 宋方青主编:《法理学》,厦门大学出版社2007年版,第99~100页。

(3)主体之间的权利义务关系主要是由法律规定的。这种关系典型如环境行政法律关系。

划分平权型环境法律关系和隶属性环境法律关系,可以提示人们在分析和处理具体环境问题时,必须明确环境法律关系与传统民事法律关系、行政法律关系的联系与区别,正确地确定环境法律关系及相关法律关系所依托的法律规范规定的不同法律后果,厘清各种责任的聚合、竞合关系,依法保障环境权益。

(三)绝对环境法律关系和相对环境法律关系

这是按照构成环境法律关系的主体是否具体化和特定化进行的划分。

绝对环境法律关系是指存在特定的环境权利主体而没有特定的环境义务主体的环境法律关系,其特点是:(1)只有环境权利主体是特定的、具体的,环境义务主体则是不特定的、不具体的,是除了权利主体之外所有不特定的多数人;(2)在这种环境法律关系中,权利实现的重心在于权利主体自己的积极行为,义务主体一般只是负有消极的不作为义务,即不妨碍权利主体行使权利。绝对法律关系最为典型为物权关系。

相对环境法律关系是指存在特定的环境权利主体与环境义务主体的环境法律关系,其特点是:(1)权利主体与义务主体都是具体的特定的;(2)环境权利主体的权利实现要依赖于义务主体的积极行为;(3)环境权利主体的权利与环境义务主体的义务之间具有对应性。相对法律关系典型的为合同关系。

需要指出的是,划分绝对法律关系和相对法律关系的前提是形成了完整、细致的权利体系。而环境法作为新兴法律领域,权利体系尚未完全成熟,加之其与传统法律广泛而复杂的关系,导致进行这种分类相对复杂。但我们可以根据分类标准作一些大致的分类:

1. 日照权、眺望权、嫌烟权等与人们的生活密切相关、私权性质较强环境法律关系主要为绝对环境法律关系;污染治理合同、污染防治协议、环境行政合同等由双方当事人合意而形成的法律关系,属于相对环境法律关系;而清洁水权、清洁空气权等“公共性”、“公益性”较高,支配“公共的空间意识”,公权性质较强的环境法律关系,权利主体与义务主体均不特定,难以归入这种分类,需要进行深入研究。

2. 绝对环境法律关系还是相对环境法律关系更多取决于法律规定。比如,在环境信息公开中,各级环境主管部门和相关管理部门按照《环境保护法》第53、54条的规定公开环境信息,重点排污单位按照《环境保护法》第55条的规定向社会公开环境信息,属于绝对环境法律关系。若这些主体依公众申请公开环境信息,则属于相关环境法律关系。

划分绝对环境法律关系和相对环境法律关系,可以提示人们在分析和处理具体环境问题时,必须明确环境法律关系主体各方的权利(权力)义务(职责),正确地把握环境法律关系中不同主体的责任,依法追究环境违法者的责任。

### (四)抽象环境法律关系和具体环境法律关系

按照法律关系存在的形态可以将其划分为抽象法律关系和具体法律关系。抽象法律关系是以法律设定、宣告的模式形态存在的法律关系,其中的主体是法律角色("公民"、"法人"、"国家机关"等),权利义务也没有人格化,即没有具体的享有者和承担者。具体法律关系是法的实践主体根据法定的法律关系模式而建立起来的,以具体的及可感受的、可认知的、人格化的权利和义务联系为内容的法律关系。[8] 按照环境法律关系的形态和具体化程度也可以进一步将环境法律关系划分为抽象环境法律关系和具体环境法律关系。抽象环境法律关系是指根据环境法律的相关规定而形成的社会主体之间普遍存在的环境关系。比如,《环境保护法》第6条规定:"一切单位和个人都有保护环境的义务。地方各级人民政府应当对本行政区域的环境质量负责。企业事业单位和其他生产经营者应当防止、减少环境污染和生态破坏,对所造成的损害依法承担责任。公民应当增强环境保护意识,采取低碳、节俭的生活方式,自觉履行环境保护义务。"《水污染防治法》第10条规定:"任何单位和个人都有义务保护水环境,并有权对污染损害水环境的行为进行检举。县级以上人民政府及其有关主管部门对在水污染防治工作中做出显著成绩的单位和个人给予表彰和奖励"等。这些环境法律规范所确立的社会主体形成的普遍的环境关系,都属于抽象环境法律关系,并不针对具体的社会主体,只有当社会主体按照条文指引实施具体行为时或社会主体行为符合该条文规范时,抽象的环境法律关系才会转化为具体的环境法律关系。

---

〔8〕 张文显:《法哲学范畴研究》(修订版),中国政法大学出版社2001年版,第110页。

具体环境法律关系是指在具体发生的环境法律事实中产生的环境法律关系。具体环境法律关系具有的特点有:(1)该法律关系的主体是具体的(或者一方是具体的,或者双方均为具体的);(2)要有具体的环境法律事实的发生。环境法律本身所规定的抽象的权利义务关系仅为一种关系范畴或关系模式,只有当这种关系模式在现实生活中转化为具体的权利义务关系时,才是真实的、实际发生的环境法律关系。

抽象的环境法律关系和具体的环境法律关系体现的意志存在差别。抽象环境法律关系体现的是国家的意志,具体而言,体现了国家在环境问题治理与环境保护方面的意志;具体的环境法律关系不但体现了国家的意志,也体现了具体的环境当事人的意志。

划分绝对环境法律关系和相对环境法律关系,可以提示人们在分析和处理具体环境问题时,必须明确抽象环境法律关系和具体环境法律关系的不同意志特征,准确界定主体间关系的性质、责任认定,妥善解决环境问题。

## 第二节　环境法律关系的构成

按照法理学说,法律关系的构成要素包括主体、客体和内容三个要素。这是法律思维的基本分析框架,我们也可以依此逻辑对环境法律关系的构成予以分析,并通过与传统法律关系的对比发现环境法律关系的一些特殊性。

### 一、环境法律关系的主体

法律关系的主体,可简称为法律主体,是指在法律关系中享有权利和履行义务的社会主体。环境法律关系的主体,就是在环境法律关系中享有环境权利承担环境义务的主体。由于专门环境立法是以国家环境管理为主要内容、以行政机制为主要制度基础的法律体系,具有很强的管理法特性,环境法律关系主要体现为环境行政法律关系或隶属性法律关系,因此,我们主要分析这类法律关系的主体。

### (一)环境法律关系主体的分类

在我国环境法理论中,一般都将环境法律关系主体分为国家机关、社会组织和公民个人等。[9] 这种分类方法遵循一般的主体分类方法,并无错误,但很难清晰揭示环境法律关系中主体的特殊性,难以与其他类型的法律关系主体相区分,不能很好体现环境法律关系的特征。因此,有必要在这一分类的基础上,依循环境法的规范特征对环境法律关系作更细致的分类。

根据法学原理,法律的调整对象是一定范围内的确定的社会关系,能够限定参加该一定社会关系的主体的范围。因此,调整对象与主体密切联系。环境法的主体范围由环境法的调整对象决定。环境法律关系的主体是为环境法所调整的国家对环境活动进行监督管理过程中所发生的社会关系的参加者。由于环境监督管理的目的不同而形成不同的法律规范,可分为生态环境保护法律关系和污染防治法律关系两大类。因此,环境法的主体首先可以分为生态环境保护法主体与污染防治法主体。

生态环境保护法的主体包括两类,即代表国家对自然环境开发、利用生态环境行为进行监督管理的主体和在经济社会活动中接受国家环境监督管理的主体。前者可简称为监管主体,后者可简称为保护主体。监管主体依环境法对自然环境的开发和利用活动进行管理和监督,行使执法权,是主动者;而保护主体在接受国家监督管理方面,则处于被动的地位。但是,保护者在法律规定的范围内,享有法律规定的自主决定权。

污染防治法的主体也分为两类,即代表国家对污染环境的行为进行监督管理的主体和在防治环境污染和其他公害方面接受国家监督管理的主体。前者可简称为监管主体,后者可简称为防治主体。监管主体依法对污染和破坏环境的行为进行监督管理,行使执法权,是主动者;污染防治主体接受国家的环境监督管理,处于被动地位。监管主体所进行的监督管理,无论是禁止、限制,还是激励、促进,都直接对污染防治主体发生效力,而不取决于后者的意思和决策。但是,污染防治主体在法定范围内,对于污染防治措施享有自

---

[9] 不同教材表述虽稍有差异,但基本上是借鉴民法等传统法律部门对法律关系主体的划分标准与方式进行的主体类型划分。参见蔡守秋主编:《环境资源法教程》,高等教育出版社2004年版,第83页;周珂主编:《环境与资源法学》,法律出版社2009年版,第29页;张梓太主编:《环境与资源保护法学》,北京大学出版社2007年版,第20~21页。

主权。

对上述两种类型主体进行总结，环境法主体主要包括生态环境保护法中的监管主体和保护主体，以及污染防治法中的监管主体和防治主体。在这四种主体中，由于生态环境保护法的监管主体与污染防治法的监管主体都是依法代表国家对环境活动进行法律调整，因而可以合称为监管主体；而无论是保护主体还是防治主体都要受到国家控制和管理的制约，因而可以称为受制主体。

综上，环境法的主体可分为两类：监管主体与受制主体。一般而言，监管主体是能够代表国家行使环境保护监督管理职能的国家机关；受制主体则是在经济社会活动中接受国家环境管理部门监督管理的主体，包括自然人、企业和社会组织。

（二）环境法律关系主体的具体展开

将环境法主体划分为监管主体和受制主体，是根据环境法的管理法属性所作的大致分类。而无论是监管主体还是受制主体，在具体的法律关系中，都有着不同形式。同时，我们知道，环境法并非只是专门环境法律规范，还包括了一些相关法律中的有关规范。尤其是在生态文明建设过程中，建立多元共治的环境治理体系既是《环境保护法》的规定，也是环境保护的客观要求。因此，对于环境法律关系主体的进一步分析，既要考虑专门环境法律规范的管理法属性，也要综合考虑与环境治理体系有关的各种法律规范。在此意义上，环境法律关系主体可从以下具体展开。

1. 国家

国家作为环境法律关系的主体，主要体现为两个方面：(1)根据国家主权理论，国家作为主体参与国际环境法律关系，缔结国际条约或公约，享有国际环境保护方面的权利，承担国际环境法律义务与责任，并参与国际环境纠纷的解决。(2)国家作为一国最高主权者，享有环境监督管理权力，履行相应的环境保护职责。如《宪法》第26条、第9条、第10条第1款的相关规定。[10]

2. 国家行政机关

国家行政机关作为监管主体参与到环境管理法律关系中，执行环境保护

---

〔10〕 张璐主编：《环境与资源保护法学》，北京大学出版社2010年版，第26页。

法律法规,履行法律赋予的环境保护职责,同时,接受权力机关、管理相对人、社会公众的监督。

(1)各级人民政府。各级人民政府都有改善环境质量的责任。《环境保护法》系统规定了各级人民政府的环境监督管理的职权职责。比如,《环境保护法》第6条第2款规定:"地方各级人民政府应当对本行政区域的环境质量负责。"第8条规定:"各级人民政府应当加大保护和改善环境、防治污染和其他公害的财政投入,提高财政资金的使用效益。"第27条规定:"县级以上人民政府应当每年向本级人民代表大会或者人民代表大会常务委员会报告环境状况和环境保护目标完成情况,对发生的重大环境事件应当及时向本级人民代表大会常务委员会报告,依法接受监督。"

(2)环境保护主管部门。《环境保护法》第10条规定:"国务院环境保护主管部门,对全国环境保护工作实施统一监督管理;县级以上地方人民政府环境保护主管部门,对本行政区域环境保护工作实施统一监督管理。县级以上人民政府有关部门和军队环境保护部门,依照有关法律的规定对资源保护和污染防治等环境保护工作实施监督管理。"

(3)环境保护相关监督管理部门。根据我国的环境法律体系和环境行政管理体制,与环境保护有关的行政机关也依法在职权范围内享有一定的环境监督管理权。比如,《环境保护法》第10条第2款规定:"县级以上人民政府有关部门和军队环境保护部门,依照有关法律的规定对资源保护和污染防治等环境保护工作实施监督管理。"《水污染防治法》第8条规定:"县级以上人民政府环境保护主管部门对水污染防治实施统一监督管理。交通主管部门的海事管理机构对船舶污染水域的防治实施监督管理。县级以上人民政府水行政、国土资源、卫生、建设、农业、渔业等部门以及重要江河、湖泊的流域水资源保护机构,在各自的职责范围内,对有关水污染防治实施监督管理。"

3. 自然人

自然人是环境法律关系中最为广泛也是最为主要的主体类型。在隶属性法律关系中,自然人是受制主体;在平权型法律关系中,自然人是平等主体。环境为自然人提供了基本的生存环境、生产生活资料和劳动对象,与自然人的生存生活息息相关,是自然人享有其他权益的源泉和前提,因此,自然人应当享有广泛的环境权利、承担广泛的环境义务。《环境保护法》第6条第1款规定:“一切单位和个人都有保护环境的义务。”第6条第4款规定:“公民应当增强环境保护意识,采取低碳、节俭的生活方式,自觉履行环境保护义务。”《环境保护法》第53条第1款规定:“公民、法人和其他组织依法享有获取环境信息、参与和监督环境保护的权利。”

4. 法人和其他组织

法人和其他组织也是环境法律关系中的广泛主体。在隶属性法律关系中,法人和其他组织是受制主体;在平权型法律关系中,法人和其他组织是平等主体,既享有开发利用环境的法定权利,同时也承担遵守环境法律法规、服从国家环境管理机关监督管理的义务。比如,《环境保护法》第6条第3款规定:“企业事业单位和其他生产经营者应当防止、减少环境污染和生态破坏,对所造成的损害依法承担责任。”

需要指出的是,“法人”和“其他组织”是一种理论上的概括,在具体的环境法律规范中,这种类型的环境法律关系主体有多种表述方式,并未统一。比如,《环境保护法》第6条第1款规定:“一切单位和个人都有保护环境的义务”,第6条第3款规定:“企业事业单位和其他生产经营者应当防止、减少环境污染和生态破坏,对所造成的损害依法承担责任”,第40条第3款规定:“企业应当优先使用清洁能源,采用资源利用率高、污染物排放量少的工艺、设备以及废弃物综合利用技术和污染物无害化处理技术,减少污染物的产生。”第42条第3款规定:“重点排污单位应当按照国家有关规定和监测规范安装使用监测设备,保证监测设备正常运行,保存原始监测记录。”这里就使用了“单位”、“企业事业单位”、“企业”、“重点排污单位”等不同的表达。而《水污染防治法》则有关于“任何单位”的规定。[11] 这是由于我国在体制改革时期,各种经济社会组织的性质还处在不断变化之中,法律上并未给予明确定性造成的。比如,在我国的法人制度中,除了有企业法人外,还有其他类型的法人。但事业单位却是一个十分宽泛而混乱的概念,无法从法律上将现有的五花八

〔11〕《水污染防治法》第10条规定:“任何单位和个人都有义务保护水环境,并有权对污染损害水环境的行为进行检举。县级以上人民政府及其有关主管部门对在水污染防治工作中做出显著成绩的单位和个人给予表彰和奖励。”

门的事业单位明确地归入哪种法人类型，因而在立法上出现了相对宽泛的表达。但在理论上，还是应该按照主体的法律属性加以抽象，因此，我们使用了“法人”和“其他组织”，以求明确环境法主体的法律地位。

过去，社会组织在环境法上的主体地位问题，在理论上存在分歧，在立法上未予明确，致使社会上成立的一些环境保护团体长期处于“身份不明”状态：有的不得不按照国家工商管理规定，按照公司登记方式注册登记；有的希望按照民间社团方式进行登记，却因没有“上级主管部门”而无法获得“准生证”；有的根本就没有进行登记，长期处于“草根”状态。近年来，随着全面深化改革的推进，社会组织在参与社会治理中的作用得到了前所未有的重视，国家也出台了鼓励民间组织发展的相关政策，〔12〕环境保护社会组织的发展有了很好的社会条件。2012 年修订的《民事诉讼法》第 55 条规定：“对污染环境、侵害众多消费者合法权益等损害社会公共利益的行为，法律规定的机关和有关组织可以向人民法院提起诉讼。”首次赋予了“有关组织”诉讼主体资格。2015 年 1 月 1 日开始实施的《环境保护法》第 58 条规定：“对污染环境、破坏生态，损害社会公共利益的行为，符合下列条件的社会组织可以向人民法院提起诉讼：（一）依法在设区的市级以上人民政府民政部门登记；（二）专门从事环境保护公益活动连续五年以上且无违法记录。符合前款规定的社会组织向人民法院提起诉讼，人民法院应当依法受理。提起诉讼的社会组织不得通过诉讼牟取经济利益。”进一步明确了社会组织的诉讼主体资格。为配合《环境保护法》的实施，最高人民法院颁布了《关于审理环境民事公益诉讼案件适用法律若干问题的解释》，并与民政部、环保部共同发布了《关于贯彻实施环境民事公益诉讼制度的通知》，〔13〕对社会组织的诉讼主体范围、认定程序等作了

---

〔12〕 十八届三中全会通过的《中共中央关于全面深化改革若干重大问题的决定》，专门对“创新社会治理体制”作出了要求。第十二届全国人民代表大会第一次会议《关于国务院机构改革和职能转变方案的决定》（2013 年 3 月 14 日批准通过）对“改革社会组织管理制度”作出规定，取消了社会组织登记需要上级主管单位审查同意的规定，2016 年 2 月修订的《社会团体登记管理条例》进一步鼓励社会组织的健康迅速发展。

〔13〕 最高人民法院关于审理环境民事公益诉讼案件适用法律若干问题的解释（2014 年 12 月 8 日最高人民法院审判委员会第 1631 次会议通过 自 2015 年 1 月 7 日起施行）；最高人民法院、民政部与环境保护部于 2014 年 12 月 26 日联合发布的《最高人民法院、民政部、环境保护部关于贯彻实施环境民事公益诉讼制度的通知》（法〔2014〕352 号），载最高人民法院网站，http://www.court.gov.cn/。

更为具体明确的规定，使社会组织成为了非常重要的环境法律关系主体。

## 二、环境法律关系的内容

环境法律关系的内容是指环境法律关系主体所享有的权利和承担的义务。权利和义务是法学的一对核心范畴，也是法律思维的基本逻辑。每项法律关系必须以主体之间形成权利义务关系为前提，权利与义务构成了法律关系调整的内容，是法律规范调整社会关系的核心。

环境法权利是指法律赋予的，环境法律关系主体主张与实现某种利益的可能性。环境法律权利的规定为环境法律关系中主体满足自己需求、实现自己利益提供了行为界限。就主体的行为方面而言，其主张自己权利的力量来源于法律，其实现自己利益的行为又必须遵守法律划定的范围。尤其是环境法律关系主体中的管理主体，其环境法权利来源于法律规定与授权，在行使法定权力、履行职责时，必须严格遵守法定界限、维护环境公共利益。环境法义务，是环境法律规范对环境法律关系主体做出一定行为和不得做出一定行为的拘束力。环境法义务是国家强制人们实施适应或满足环境权利的行为的合法手段，是实现环境权利、取得相应利益的前提和保障。〔14〕

环境法律权利和环境法律义务作为环境法的基本范畴，是建立环境法知识体系和理解环境法实践的关键。环境法律关系的内容在本质上符合法理学的规律，与所有类型的法律关系的内容具有同源性。但由于环境法律关系的特殊性，尤其是专门环境立法以管理法为主，环境社会关系的“人—环境—人”的间接性特征，使得环境法律关系的内容也具有鲜明的特性。因此，我们从隶属性环境法律关系的角度，对环境法律关系的内容进行展开，并对自然环境在环境法律关系中的特殊客体地位进行说明。

### （一）环境监管主体的权利与义务

环境管理主体的权利义务，表现为国家及其承担环境监督管理职能部门的权力和责任。环境保护涉及的部门众多，领域广泛，《环境保护法》建立了

---

〔14〕　吕忠梅主编：《环境法原理》，复旦大学出版社2007年版，第41页。

环境行政部门统一监督管理和其他相关部门分工负责的体制,[15]这使得实际承担国家环境监督管理职能的部门众多。在环境污染防治方面,依法享有一定管理权限的职能部门有海洋行政(国家海洋局)、港务监督(归口交通部)、渔政监督(归口农业部)、军队环保部门(全军环境保护局)以及公安、交通、铁道、民航等部门。在生态环境保护方面,依法享有一定管理权限的职能部门包括土地行政(归口国土资源部)、矿产资源管理(归口国土资源部)、林业行政(国家林业局)、农业行政(农业部)、水利行政(水利部)等。此外,政府部门中涉及环境保护的行政机关还有很多,如国家发改委、住建部、商务部、工信部、食药监局、安监局等。[16] 除环境行政部门专门负责环境保护监督管理外,各相关部门都是在各自主管事务范围内承担一定的环境监管职责。从法律上看,各相关部门的职权赋予涉及多部法律,内容复杂多样。我们仅作一般意义上的抽象与归纳。

1. 环境监管主体的权利[17]

环境管理主体的权利可以称为权力,它是法律赋予的,为实现国家环境监督管理职能所必需的,运用各种国家机器及物质设施使全社会服从自己意志的各种方法、手段和强制力量的总称。这些权力包括:

(1)环境管理规范制定权。它是指根据宪法或法律授权,以法律、法规、规章以及其他规范性文件形式规定一般人必须遵守的行为准则的抽象性权力。

(2)环境行政处理权。它是指根据环境行政法律规范,具体地为相对人设立、变更和取消权利义务的权力。

(3)处罚强制权。它是指环境管理机关对违反环境管理法规的行为人予以制裁,对拒绝履行环境保护义务行为人予以强制执行的权力。

(4)物权。国家对特定物的管理权,如河流、海域、滩涂、矿藏、森林等国

---

[15] 《环境保护法》第10条规定:“国务院环境保护主管部门,对全国环境保护工作实施统一监督管理;县级以上地方人民政府环境保护主管部门,对本行政区域环境保护工作实施统一监督管理。县级以上人民政府有关部门和军队环境保护部门,依照有关法律的规定对资源保护和污染防治等环境保护工作实施监督管理。”

[16] 对我国在环境保护工作中实施分工负责监督管理机关的名称、环境管理权限及环境管理事项的详细梳理。参见汪劲:《环境法学》(第三版),北京大学出版社2014年版,第77～79页。

[17] 环境管理主体的权利与义务的内容论述参见吕忠梅:《环境法》(第二版),法律出版社2008年版,第68页。

有财产由特定国家机关进行监督管理,实现其环境效益。对这些物的取得、收益和处分不完全适用民法规定。

(5)环境司法权。它是指因执行国家环境法律、法规而发生的处理各种纠纷的权力,主要包括法院、检察、公安在涉及环境案件的侦查、起诉、审判、执行等方面的权力和法律授予的环境行政部门的准司法权——行政复议和行政调解等权力。

2. 环境监管主体的义务

环境监管主体的义务也可称为环境监管主体的职责。按照依法行政的原则,监管主体的职权也是职责,必须依法履行,越权或怠职都会产生不利的法律后果。在学理上,可以将监管主体的义务从另外的角度简要归纳:

(1)管理性义务。它是指为建立和保持正常生产和生活所必需的环境法律秩序的总和,如制定法律、法规、监督管理各种开发、利用环境的活动、监督管理种种污染和破坏环境的活动、协调经济社会发展与环境保护的关系等。

(2)服务性义务。它是指为保护和改善环境而创造各种条件的义务的总和,如进行环境保护的宣传教育、推广先进的环境保护工艺流程、提供污染治理设施等。

(3)接受监督的义务。包括接受国家机关、社会组织、公民的一般性监督、诉讼监督、行政监督以及行政赔偿等。

(二)受制主体的权利和义务

1. 环境受制主体的权利

隶属性环境法律关系中的受制主体为自然人、法人和其他组织。其权利是指受制主体在环境法上为实现自己环境利益的意思力量。在平权型环境法律关系中,自然人、法人和其他组织享有平等的法律权利与义务,这些法律涉及多个领域,原则上应遵循“法无禁止即权利”的法治理念。值得注意的是,环境法作为新兴的法律领域,环境法的权利体系尚在形成过程中,理论上与实践中都未达成高度共识;[18]加之环境法客观上存在的与传统法律间“剪不断,

---

〔18〕 吕忠梅:“论公民环境权”,载《法学研究》1995 年第 6 期;吕忠梅:“再论公民环境权”,载《法学研究》2000 年第 6 期;周训芳:“论公民环境权的发展趋势与特点”,载 http://www.riel.whu.edu.cn/article.asp? id = 24913。

理还乱”的关系，使得自然人、法人和其他组织的权利难以得到非常清晰的归纳。我们在此，仅根据已有研究成果作大致归类。

(1)环境使用权。环境使用权是指受制主体享有的使用或者利用生态环境的权利。这是保障和发挥生态环境对于人类具有的经济价值、生态价值、美学价值，切实满足人类现在和将来通过对环境的利用以获得生存和发展的必要条件的权利类型。环境使用权是环境权利体系中的处于首要地位的构成部分，是综合实现自然环境对于人类产生的多重功能与价值的实体性权利，也是各国的环境立法实践都高度重视的环境权利。基于环境概念的集合性、内涵的丰富性和对于人类价值的多样性，环境使用权也是一个集合性权利或者是一个权利束，至少包括以下三个层次的内容：第一，对具有自然资源属性的环境要素使用权，以发挥其作为基本生产生活资料的功能，对此，《物权法》中的用益物权和相关资源类法律有明确规定；〔19〕第二，对环境要素的环境容量的使用权，对此，《物权法》中的相邻权以及相关污染防治法有明确规定，〔20〕此外，国家正在大力推进的碳排放权交易制度，也是这种权利的体现；〔21〕第三，对环境要素整体的使用权，如对生态空间、国土空间的规划利用的权利，对此，《规划法》、《环境保护法》有明确规定，深化改革过程中推进的编制自然资源资产负债表、开展环境审计、制定区域生态承载力规划和划定生态红线等，均是这种权利的体现。

(2)环境知情权。环境知情权是指自然人、法人和其他社会组织获得环境状况、环境管理状况以及自身环境状况等与自己环境权益相关的环境信息

---

〔19〕 根据我国《物权法》第46～52条的规定，重要的环境要素作为自然资源，其中，矿藏、水流、海域属于国家所有；土地、森林、山岭、草原、荒地、滩涂等属于国家或集体所有。《物权法》第122条和第123条在这些资源上设置了“用益物权”，包括土地承包经营权、海域使用权、探矿权、采矿权、取水权和使用水域、滩涂从事养殖、捕捞的权利。

〔20〕 《物权法》第90条规定：“不动产权利人不得违反国家规定弃置固体废物，排放大气污染物、水污染物、噪声、光、电磁波辐射等有害物质。”该规定表明，在相邻关系中，相邻关系主体在符合国家相关规定的前提下享有一定的环境容量使用权。

〔21〕 碳排放权，是指针对温室气体的大气环境容量资源的使用权，是权利主体获取的一定数量的气候环境资源的限量使用权，包括可供的碳排放权和所需的碳排放权两类。碳排放权交易是碳市场主体相互之间转让碳排放配额或信用的行为。因此，碳排放权交易主要就是交易温室气体的大气环境容量使用权。2011年10月，国家批准北京、天津、上海、重庆四个直辖市以及湖北省（武汉）、广东省（广州）、深圳市开展碳排放权交易的试点工作，2017年将启动全国碳排放权交易工作。

的权利。公民获得和行使这项权利，既是环境民主的具体体现，也是进一步享有和实现环境事务参与权的前提和基础。环境知情权是我国立法高度重视的一项权利。《环境保护法》专设“信息公开和公众参与”一章，较为详细明确地规定了公众享有的环境知情权，规定了政府、企业的环境信息公开义务。[22] 环境保护部专门制定了《环境保护公众参与办法》，该办法是《环境保护法》的重要配套细则，对公众参与的适用范围、参与原则、参与方式、各方主体权利义务和责任以及配套措施作了规定。

(3)环境事务参与权。环境事务参与权是自然人、法人和其他社会组织环境法律法规的制定进行建议与讨论、对环境管理工作进行批评、监督和建议以及参与具体的环境管理活动的权利。自然人、法人和其他社会组织享有和实现环境参与权，是环境民主原则在法律领域的制度体现，是构建多元治理的环境保护体制、发挥多方力量、调动广泛社会主体积极性以解决环境问题、实现环境保护的客观需要。《环境保护法》在“信息公开和公众参与”一章，在规定环境知情权的同时，也对参与权作了相应规定。[23] 环境保护部制定的《环境保护公众参与办法》详细规定了公众环境参与权利的具体实现方式和保障措施等。

(4)环境监督权。根据《环境保护法》的规定，环境法主体所享有的环境监督权是指用公民、法人和其他组织依法享有的对政府环境保护工作和企业事业单位和其他生产经营者的环境影响行为进行监督的权利。环境监督权的实现方式包括：第一，社会监督，《环境保护法》第55条规定，强制重点排污单位公开污染以及防治污染的相关信息，接受社会监督；第二，舆论监督，《环境保护法》第9条第3款规定，新闻媒体对环境违法行为进行舆论监督；第三，检举监督，《环境保护法》第57条第1款规定，公民、法人和其他组织有权向环保部门或相关管理进行举报。

---

〔22〕《环境保护法》第五章“信息公开和公众参与”为新增一章——第53～58条共6个条文，分别规定的是公民的知情权、参与权、监督权，政府和企业信息公开，公众参与环境影响评价，环境公益诉讼等制度。

〔23〕《环境保护法》第53条规定：“公民、法人和其他组织依法享有获取环境信息、参与和监督环境保护的权利。各级人民政府环境保护主管部门和其他负有环境保护监督管理职责的部门，应当依法公开环境信息、完善公众参与程序，为公民、法人和其他组织参与和监督环境保护提供便利。”

(5)救济请求权。救济请求权是指公民、法人和其他组织的各项环境权利受到侵害后向有关部门请求保护与救济的权利。法律上的救济是对已发生或业已造成的损害、危害、损失或造成损害的不正当行为的纠正、矫正或改正。[24] 包含阻止权利侵害行为继续进行(即“救”)和对受害人损失的补偿(即“济”)两个方面。救济权实际上是一种派生权,环境法主体所享有的环境使用权、环境知情权、环境事务参与权和环境监督权当受到侵害时,可以行使救济请求权。环境权利救济请求权行使的过程就是环境纠纷解决的过程,现实中,救济请求权可以从两种方式与路径来得以实现——根据合意的纠纷解决和根据决定的纠纷解决。[25] 根据决定的纠纷解决类型方式强调国家或公权力在纠纷解决中的中心地位,具体表现为环境诉讼机制。以当事人之间合意为基础的非诉讼纠纷解决机制,是现代社会重新发现人与人之间沟通与对话价值的产物,表现为通过协商、调解、仲裁等解决环境纠纷的方式。

2. 环境受制主体的义务

环境受制主体的义务,就是自然人、法人和其他组织要承担的环境保护义务。环境受制主体要承担环境保护的义务不言而喻。对于今天的环境问题,生活在环境中的每个人既是受害者,也是施害者,都要承担环境保护义务。从理论上讲,通过法律制度工具实现环境保护义务的履行有两种路径:一种是设置环境权利,由广大社会主体通过权利行使和保护方式实现义务的履行,比如不得以损害他人利益的方式行使权利,再如对不承担义务的主体提起诉讼,等等。另一种是建立行政管理制度,明确义务种类和范围,直接要求广大社会主体履行义务。这两种路径同等重要,不可偏废。我国目前主要采用的是后一种方式,我们也主要是结合我国相关法律规定,对环境受制主体的环境保护义务进行归纳:

(1)遵守和维护环境法律秩序的义务。环境法律规范作为建立环境法律秩序的基础,规定了人们的行为准则。作为环境法律关系的主体,自然人、法人和其他社会组织都必须遵守各种环境法律制度,不从事环境法律所禁止的

---

〔24〕《牛津法律大辞典》,光明日报出版社 1989 年版,第 764 页。

〔25〕[日]棚濑孝雄:《纠纷的解决与审判制度》,王亚新译,中国政法大学出版社 2004 年版,第 10 ~ 14 页。

各种行为,从事环境法律规范所要求的各种行为,并积极去实施环境法律规范体系所倡导的各种行为。环境受控主体对于环境法律秩序的遵守与维护,主要是通过其积极实施有利于环境保护的行为、避免有害于环境的行为来实现的。从现行法律规定来看,受制主体所要遵守与维护的环境法律秩序主要有三类:一是一般性的环境保护义务,比如,我国《环境保护法》第6条规定的"一切单位和个人"的环境保护义务;〔26〕二是在具体的环境要素污染防治与生态保护领域的环境保护义务,如《大气污染防治法》第7条规定的企事业单位和生产经营者在大气污染防治领域的法律义务;〔27〕三是根据污染防治与生态保护的需要设定的具体义务,比如,《大气污染防治法》第18条规定了企事业单位和其他生产经营者的建设项目环境保护具体义务。〔28〕

(2)服从国家环境监管的义务。在环境法中,环境监管机关承担了监督管理职权职责,拥有一定的裁量权,并在符合法律界限与立法目的的前提下,有视情置宜的权力。环境受制主体应当服从环境管理机关的各种方式的管理,即使对管理行为存在着争议,也应当履行正当法定程序,不得擅自否定管理机关的决定的确定力和拘束力。比如,《大气污染防治法》明确规定了监管主体的监管权力和受制主体义务,向大气排放污染物的企业事业单位和其他生产经营者,必须接受监督管理。〔29〕

(3)服从制裁的义务。如果环境受制主体未能履行环境保护义务或者故意、过失地违反法律,应当服从监管机关的处理决定,接受国家对其违法行为的否定性评价,承担环境法律责任,以恢复受到破坏的环境法律秩序。《环境

---

〔26〕《环境保护法》第6条规定:"一切单位和个人都有保护环境的义务。地方各级人民政府应当对本行政区域的环境质量负责。企业事业单位和其他生产经营者应当防止、减少环境污染和生态破坏,对所造成的损害依法承担责任。公民应当增强环境保护意识,采取低碳、节俭的生活方式,自觉履行环境保护义务。"

〔27〕《大气污染防治法》第7条规定:"企业事业单位和其他生产经营者应当采取有效措施,防止、减少大气污染,对所造成的损害依法承担责任。公民应当增强大气环境保护意识,采取低碳、节俭的生活方式,自觉履行大气环境保护义务。"

〔28〕《大气污染防治法》第18条规定:"企业事业单位和其他生产经营者建设对大气环境有影响的项目,应当依法进行环境影响评价、公开环境影响评价文件;向大气排放污染物的,应当符合大气污染物排放标准,遵守重点大气污染物排放总量控制要求。"

〔29〕参见《大气污染防治法(修订案)》第三章"大气污染防治的监督管理"第18~31条的相关规定。

保护法》、《侵权责任法》、《刑法》等法律已经建立了较为完善的环境法律责任制度体系,[30]可以通过责任追究,使不履行环境保护义务的环境受制主体受到有效制裁,督促与指引自然人、法人和其他社会组织积极履行环境保护义务。

## 三、环境法律关系的客体

环境法律关系的客体,是指环境法律关系主体的权利和义务共同指向的对象。若是环境权利和环境义务没有具体对象,则权利义务失去了依托,成为无法落实、毫无意义之物。

以环境法律关系是环境法律主体之间的关系认识为前提,则环境法律关系的客体只有环境行为一种类型,而物仅仅是作为对象的存在,可以认为是对人们各种现实关系的更准确抽象。但这样的高度抽象界定,无益于对不同类型的环境法律关系进行有效区分。物所具有的客观性和特定性使得将其界定为法律关系的客体更符合思维逻辑和理解习惯,作为法律关系的客体更具有典型意义。因此,从立法技术和法理阐释角度来看,可以将环境法律关系的客体划分为环境资源与环境行为这两种类型。

### (一)环境资源

从一般法理意义讲,法律关系的客体第一大种类是物。主要是有体物、可支配物、独立物。若从此角度出发,我国法律规定的矿藏、水流、海域以及森林、山岭、草原、荒地、滩涂、野生动植物资源等都属于传统法律关系中的物。但是,如果从自然环境对人类生存和发展的角度看,自然环境构成一个整体,具有联系性、系统性和协调性,不能简单套用"物"的概念。为了既区别于传统法律,又体现自然环境对人的生存和发展价值,我们将其称为环境资源。其内涵有三个方面:(1)其指称单一的环境要素;(2)其指称各环境要素共同构成的环境整体,是较之于单个环境要素的个别生态作用更大的总和效应体;(3)其对人类的价值除了传统法律重视的经济价值,还有生态价值以及有利于人类生存的相关价值。概言之,作为环境法律关系客体的环境资源,是指由法律所确认的人类赖以生产和发展的客观物质条件的总和,在我国,《环境保

---

[30] 吕忠梅:"论生态文明建设的综合决策法律机制",载《中国法学》2014年第3期。

护法》第2条对其作了列举性规定，包括大气、水、海洋、土地、矿藏、森林、草原、湿地、野生生物、自然遗迹、人文遗迹、自然保护区、风景名胜区、城市和乡村等。

客观而言，传统的法律关系理论是我们认识环境法律关系的基础，法律关系中的客体界定也应成为我们认识与界定环境法律关系客体的理论工具。但由于环境法产生与对传统法律的反思，其立法理念和规制路径都有着不同于传统法律的特性。由此，环境法律关系呈现出不同于传统法律关系的特性。在传统法律关系理论中，客体仅被作为权利义务指向的对象，是法律关系主体行为的作用对象，其本身并不具有价值。但在环境法中，由于人对与自然关系的重新认识，环境的价值得到了一定程度的承认，不再被认为是一般意义上的"物"，而是被赋予了一定的主体性。在一些国家的立法中，出现了"动物不是物"的规定。[31] 虽然这些规定并没有明确赋予动物主体地位，但将其作为特殊客体本身，也意味着在一定程度上承认了其主体性。因此，对于环境法律关系的客体认识不能简单地停留于传统法律关系理论。

1. 环境资源具有内在价值

传统法律以人类中心主义为指导思想，秉持主客体二分理论，强调"物"对人的有用性和作为主体的人对"物"的绝对支配。在这种法律关系中，将物置于人的对立面，以实现人对物的控制和利用为目的，追求物上所存在的纯粹的工具价值，即为人类服务是物获得法律地位的全部理由，所以，在法律制度

---

〔31〕 1988年3月10日，奥地利国民会议通过一部关于动物法律地位的联邦法律，专门对原民法典第285条进行修订，新增的第285a条规定："动物不是物。它们受到特别法的保护。关于物的规定仅于无特别规定的情形适用于动物。"1990年8月20日，德国议会通过《关于在民事法律中改善动物的法律地位的法律修正案》，该修正案决定在民法典中增加三个条文。(1)新增第90a条"动物"规定："动物不是物。它们由特别法加以保护。除另有其他规定外，对动物准用有关物的规定。"(2)在第251条第2款新增后段："因救治动物而产生的费用，并不因其大大超过动物本身的价值视为是不相当的。"(3)在第903条新增："动物的所有权人在行使其权利时，应注意有关保护动物的特别规定。"1994年，俄罗斯制定民法典时对动物亦作了规定，该法第137条"动物"第1款规定："对动物适用关于财产的一般规则，但以法律和其他法律文件未有不同规定为限"，第2款规定："在行使权利时，不允许以违背人道主义的态度残酷地对待动物。"俄罗斯民法典还创设了受虐动物赎买制度以及对"无人照管的动物"的特殊规定。2002年12月4日，瑞士通过了一个对民法典、债法、刑法及联邦债与破产法进行修正的《动物基本条款》。其中涉及民法的9个条文中第641a条规定："1. 动物不是物。2. 对于动物，只要不存在特别规定，适用可适用于物的规定。"

上主张和鼓励“物尽其用”(如土地所有权和用益物权可以由不同主体享有即为典型)。环境法则是以可持续发展为指导思想,在坚守法律“以人为本”的根本宗旨、将自然环境作为人的认识对象和实现人类发展手段的同时,重视自然对于人类的价值,要求建立“人—自然—人”的双重和谐关系。在这种指导思想下,我们认识环境法律关系时,作为客体的环境资源,不是简单地被放在人类对立面,也不仅仅只有“物尽其用”的纯粹的工具价值,保持主客体的和谐、在开发利用环境资源时尊重自然规律,是环境法律关系中的客体的重要特征。

2. 环境资源具有一定的主体性

环境法律关系是承认自然环境具有一定价值的社会关系,也就承认了环境资源具有一定的主体性,这种主体性在其作为法律关系的客体时应当得到反映。但是,环境资源的主体性如何体现,在法律作为人与人之间的社会关系行为规则的现实中,承认包括动物等生命体在内的环境资源的主体地位存在困难。因此,出现了立法上依然将其作为客体,却作为特殊客体的专门法律规定。这种制度设计意味着不再将环境资源单纯作为权利义务的对象,而要改变可以对其进行任意支配的观念,以平等的观念对待之,承认主体与客体具有一定的平等性。也就是说,在将环境资源定位于法律关系客体的同时应在理念上承认其具有一定的主体性,并通过限制主体权利和增加其义务来体现对环境资源的尊重。这是人类在面对环境问题时所体现的法律智慧:为适应法律关系的分析框架,在形式上,仍然将环境资源置于与作为法律客体的“物”基本同等的地位,并确定主体的管理权和使用权。同时,规定对环境资源损害的法律后果,要求人对污染和破坏环境的行为承担法律责任。这些都是因为对环境资源主体性的承认,而对环境资源的管理权和使用权作出的限制,以将对环境资源的开发利用限制在合适的限度之内,体现人类对自然界和自然物的基本尊重。[32]

(二)环境行为

作为环境法律关系客体的环境行为,是指环境法律关系主体所实施的、进入环境法律体系规制视野的各类产生环境影响的行为。包括各种环境开发、利用、保护、改善、监督、管理的行为,在行为方式上既包括积极作为,也包括消

---

〔32〕 刘长兴:《公平的环境法:以环境资源配置为中心》,法律出版社 2009 年版,第 41 ~ 42 页。

极不作为。

现实生活中,满足人类生存需要的各种与环境有关的生产生活活动均属于广义上的环境行为。而作为环境法律关系客体的环境行为是所有与环境有关的行为中具有法律意义的组成部分,其具有的特征可以简要概括为:(1)种类和内容的广泛性。自然资源环境为全人类提供了基本的生存环境和物质基础,因此,人类的生产生活活动均会不同程度、不同方式或直接或间接对环境造成影响,环境行为在种类和内容上非常广泛。(2)哪些对环境造成影响的行为被界定作为环境法律关系客体的、纳入法律规制视野、具有法律意义的环境行为,取决于环境法律规范的界定。环境法律完善的过程某种意义上就是作为环境法律关系客体的环境行为不断拓展的过程,比如,环境影响评价法律制度所规定的环境影响评价对象从建设项目拓展到规划项目再到逐步重视规制政府战略决策行为的发展历程,本身即体现环境法律规制的环境行为的类型拓展与内容深化。由于环境行为是环境法律规范的重要规制对象,对环境行为的类型化清晰、具体界定也是我国环境法律制度实现环境保护的制度路径,将在本书第五章"环境法基本制度"中详细论述。

## 第三节 环境法律关系的运行

### 一、环境法律关系运行的概念

法律关系指称的是双方主体或多方主体之间的权利义务关系,随着变动不居的社会情势对社会关系的影响,法律关系呈现不断的运动变化,具体表现法律关系的不断发生、变更和消灭。法律关系的"发生"是指在法律关系主体之间形成某种权利义务的联系;法律关系的"变更"是指法律关系主体、客体、主体的权利和义务等要素的改变;法律关系的"消灭"是指主体之间权利和义务关系的终止。[33]

环境法律关系属于法律关系的一种,也随着社会情势变化而处于不断发

---

〔33〕 张文显:《法哲学范畴研究》(修订版),中国政法大学出版社 2001 年版,第 114 页。

生、变更和消灭的运动过程之中。因为一个环境事件而在特定主体之间产生环境法律关系,会因为环境法律关系的主体、客体和内容的变化而发生环境法律关系的变更,比如,污染物的持续排放或污染防治措施的采取而导致环境污染防治法律关系发生变更;也会因为环境法律关系主体之间的权利、义务关系的终止而消灭,比如,一方主体的消亡或者污染被有效治理而导致原来的环境污染防治法律关系的消灭。

环境法律关系的这种不断运动变化的过程始终存在,该运动过程的出现是因为一定条件的具备。法律关系的产生、变更和消灭需要在一定条件下方能发生,具体来说,条件有两个:一是法律规范;二是法律事实。法律规范是法律关系产生、变更与消灭的法律依据,没有相应的法律规范的存在,也就不会有法律关系的产生、变化和消灭。[34] 在法理学上,将导致法律环境发生产生、变更与消灭运动的法律规范界定为抽象条件,而将法律事实的存在界定为具体条件。申言之,法律规范的存在仅为法律关系产生、变更和消灭的前提与依据,没有一定的法律规范的存在,便没有对应的法律关系。但是,仅有法律规范本身不足以自动发生法律关系的产生、变更与消灭;法律关系的真实产生、变更与消灭,还有赖于具体的法律事实的存在。

环境法律关系的运行也遵循这一逻辑与规律。环境法律规范是环境法律关系产生的前提与依据,有环境法律规范才能将现实的纷繁复杂的环境社会关系转换为环境法律关系。这也说明了构建系统完善的环境法律体系的重要性,只有构建体系完整的环境法律规范,才能充分观照现实社会中的多种环境社会关系,并将之纳入环境法律体系中予以审视与规制。但是,仅有环境法律规范本身并不足以导致环境法律关系的产生、变更或消灭,还需要有具体的环境法律事实为之提供契机与可能。在这个意义上,正确把握法律事实对于理解环境法律关系至关重要。

## 二、环境法律关系运行的根据

### (一)环境法律事实的概念

法律事实是指由法律规定的,能够引起法律关系形成、变更或消灭的客观

---

〔34〕 徐显明主编:《法理学》,中国政法大学出版社 2007 年版,第 90 ~ 91 页。

现象的总和。环境法律事实就是由环境法律规定的,能够引起环境法律关系产生、变更或消灭的客观现象。环境法律事实具有的特征是:(1)环境法律事实首先是一种客观存在的现象,是一种事实;(2)并不是所有的客观存在的现象均能成为环境法律事实,只能是那些具有环境法律意义、进入环境法律关注视野、作为环境法律规制对象的客观现象,才能成为引起环境法律关系的产生、变更与消灭的法律事实;(3)哪些客观现象能够作为环境法律事实,由环境法律规定。环境法律之所以赋予一些客观现象具有引起环境法律关系运行的意义,是因为这些事实能够体现国家规范某类社会关系的意志,也能够反映国家对于环境问题的认知与管理的意图。比如,西方国家在环境法产生以前,污染引发的环境问题并未纳入法律事实,只是被当作一般性的社会性事件加以处理,因为已有法律规范无法有效处理这类事件而使得社会稳定甚至政权稳定受到威胁,才使国家意识到创立新的法律规范,将其纳入法律事实的必要,也因此才产生了环境法,形成环境法律关系。

(二)环境法律事实的分类

根据是否与当事人的意志有关,可以将环境法律事实分为环境法律事件与环境法律行为,这是从法理角度对环境法律事实进行的最为重要和基本的分类。

1. 环境法律事件

事件,是指与当事人的意志无关,能够引起法律后果的客观现象。环境法律事件,就是由环境法律规范所规定的、不以当事人的意志为转移的、能够引起环境法律关系产生、变更与消灭的客观现象。环境法律事件又可以进一步分为社会事件与自然事件。环境社会事件是不以法律关系主体的意志为转移的社会变迁或社会变革,即社会关系的根本变革或重大变化,如社会革命、战争等。社会事件是基本法律关系发生、变革、消灭的根本因素,会引起普遍法律关系大面积大范围地发生、变更或消灭,环境法律关系的产生、变更或消灭仅为其中很小的一个方面。自然事件是不以法律关系主体意志为转移的自然灾害、偶然事件、生老病死等,这些自然事件也会导致环境法律关系的变化,比如,台风等导致污染物的泄漏引发的污染事件,自然原因突发森林火灾导致的森林毁坏,地震导致的自然保护区的破坏,等等。

2. 环境法律行为

环境法律行为是指与当事人意志有关的，能够引起环境法律关系产生、变更或消灭的环境法律事实。并非所有人的行为都能成为环境法律行为，环境法律行为具有的特点有：(1)它是有社会意义的行为，即这些行为会对他人的环境权益或社会环境公益产生影响，如向河流中排放污染物的行为即属于此类行为；(2)必须是当事人有意识的行为，即能够为人们的意志所控制的行为，无意识的行动或完全精神病患者的行动均在法律上不被视为法律行为；(3)它是具有法律性的行为，即这些行为要受到环境法律调整，能够发生环境法律效力或产生环境法律后果的行为。

按照行为方式的不同，可以分为作为与不作为两种类型的环境法律行为，作为形式的环境法律行为如排放污染物或者破坏湿地的行为，不作为的环境法律行为如不按照法律规定安装排污设备、听任污染物超标排放的行为。按照行为是否符合环境法律规范将其划分为合法行为与违法行为，前者如积极实施环境影响评价义务规范的行为，后者如超标排放污染物或者破坏生态环境的行为。

总之，环境法律规范的存在和环境法律事实的出现，是环境法律关系运行的必不可少的条件。现实社会中，由于环境资源的广泛性和人类对环境资源的高度依存性，使得人类形成的环境社会关系错综复杂。我们预期适用法律工具调整这些环境社会关系，关键环节就取决于我们能否将其格式化为环境法律关系。制定与不断完善体系完整的环境法律规范是环境法律关系运行的前提。只有制定了能够充分涵括与完整表达人类在现实社会相互形成的各种类型的环境利益关系的环境法律规范，人们真实生活中的环境社会关系才有可能在环境法律规范中得到充分观照。环境法律规范的存在仅为环境法律关系的运行提供了可能性。环境法律关系运行的关键启动环节还在于环境法律事实的出现。那些由环境法律规定的，能够引起环境法律关系形成、变更或消灭的客观现象的出现，就启动了环境法律关系的运行，直接导致环境法律关系的产生、变更或消灭，其后果是进一步引发某一具体的环境事件或环境行为中各方主体的权利义务、职责的变化。

**延伸阅读**〔35〕

杨发均家庭在国家实行家庭联产承包责任制时,向其所在集体经济组织承包了位于"三尖角"等地的土地。仁怀市人民政府在1998年8月10日向其颁发《土地承包经营权证书》,载明:地块名称为三尖角的土面积为2.5亩。四界为东抵杨发甫土,南抵大沟,西抵杨发横土,北抵杨发横。金鑫煤业因下属煤洞坡矿生产需要,于2004年6月10日指派其矿长张元龙与杨发均签订合同,合同第1条约定:因上垮下塌石推往下面一坡斜土被占面积约5亩长期不能耕种,经双方协商每年付租用土地租金2800元。2010年12月20日,经政府公告,煤洞坡矿停止了井下一切作业,并实施关闭措施。杨发均为此担心自己被损坏的土地将来恢复耕种得不到保障,2010年,杨发均为此起诉至一审法院,请求金鑫煤业赔偿其恢复被损坏土地原状所需经费10万余元(以实际评估金额为准),并承担诉讼费、鉴定费。审理过程中,经杨发均申请,贵州天正资产评估事务所有限公司对该土地的恢复所需资金进行评估认定,该受损坏的土地恢复,每亩所需资金21122元。该案判决后,金鑫煤业不服判决上诉,遵义市中级人民法院裁定发回重审,本案经重新审理判决后,杨发均不服判决再上诉,遵义市中级人民法院裁定再次发回重审。2013年4月9日,杨发均向一审法院申请该案撤回起诉。2013年5月20日,杨发均以金鑫煤业未支付土地租用合同约定的每年应支付的租金2800元为由诉至一审法院,要求解除双方2004年6月10日签订的合同并支付拖欠的租金。2013年7月2日,一审法院作出(2013)仁民初字第1095号民事判决:"……二、解除原告杨发均与被告贵州省仁怀市金鑫煤业有限公司在2004年6月10日签订的合同。"

另,庭审中,当事人双方均认可按2010年贵州天正资产评估事务所有限公司出具的评估标准计算土地恢复经费。2010年9月18日,经杨发均、张德成(仁怀市金鑫煤业有限公司工程师)、刘光文(仁怀市金鑫煤业有限公司工会主席)在场丈量,杨发均被修建公路损毁的土地面积为4915平方米。2013

〔35〕 案例来源:《金鑫煤业与被杨发均环境侵权责任纠纷一案民事二审判决书》[(2014)遵市法环民终字第15号]。

年12月12日,原告杨发均明确表示按照5亩地面积计算公路上、下方被毁坏的土地(不包括修建公路占用的土地)。

又,仁怀市金鑫煤业有限公司在2008年、2009年、2010年分别在遵义市商业银行缴存矿山环境治理恢复保证金90万元、90万元、60万元。

杨发均向一审法院提起诉讼称:2004年,金鑫煤业因生产经营的需要,从杨发均承包地"三尖角"的土地中部开挖一条占地0.8亩的公路通行,导致垮塌的泥石流将5亩耕地全部毁坏不能耕种。期间与金鑫煤业就每年的青苗补偿达成一份补偿合同,该合同已于2013年7月2日依法解除。多次找各级组织和法院处理,5年耗资数千元,赔偿事宜至今无果。现要求依据2010年6月25日资产评估报告书,受损地恢复成耕地每亩需21122.00元计算赔偿。恢复毁坏承包地5.8亩原状或折价赔偿人民币122507.60元。

金鑫煤业辩称:杨发均的土地是由于垮塌损毁不能耕种,不是金鑫煤业的经营行为所致,请求驳回杨发均的诉讼请求。

## 思考题

1. 本案例中,杨某与金鑫矿业之间形成了何种法律关系?应当适用何种法律规范解决纠纷?
2. 环境法律关系的概念是什么?如何理解环境法律关系的特征?
3. 环境法律关系有哪些种类?与传统法律关系有何异同?

# 第四章　环　境　权

**本章导读**

环境权是20世纪60年代以来兴起的一项独立的基本人权,指向的是公民享有的在清洁、健康的环境中生活的实体权利。在公法语境下,环境权作为宪法规定的基本权利已经得到越来越多国家的认可,它不仅派生出国家的环境保护义务和国家的环境管理权,而且其同时能通过基本权利所具有的主观公法权利性质为公民提起环境行政公益诉讼提供权利基础。在私法语境下,环境权则是“对环境的损害”即生态损害的权益基础,独立于“对人的损害”所侵害的人身、财产权利,故侵害环境权并不简单等同于民法意义上的环境侵权。由于环境法是生长于民法上的“新枝”,因此,可以通过在民法上建立“公法性质、私法操作”的请求权方式,允许作为环境权主体的公民及其组织对不具有直接利害关系的侵害行为提起诉讼。

## 第一节　环境权概述

### 一、环境权的缘起

#### (一)环境权的提出

任何一项新的法律权利的出现,都是利益发生冲突的结果,或者说社会变迁导致原有的社会秩序和利益发生剧烈变化,需要对新的社会结构下的利益冲突进行重新衡平的结果。环境权作为一项新的法律权利出现,同样是现代科技发展导致社会变迁的结果。

从环境问题变迁史考察，原始社会到农耕文明的相当长时期内，人类对环境的改造和利用程度虽然逐渐增强，但囿于人口数量、生产力水平、资源开发和社会发展程度，并未出现现代意义上的环境问题，也未被社会关注。工业革命以来，人类对于环境的影响加剧，局部性环境污染问题逐渐突出，基于不动产利用而产生的环境污染纠纷逐渐增多。面对这一问题，人们首先试图在传统法律框架下寻找对策，沿用传统民刑事法律，以司法为中心、采个案解决方式加以应对。在民法上，英美法国家大都仰赖普通法上对相邻妨害的损害赔偿或核发禁制令，大陆法系国家也多沿用民法典有关相邻关系或损害赔偿的法则；在刑法上，也都尝试以既有刑法所规定的罪名及构成要件套用至环境污染行为。[1]

其原因在于，在自由资本主义时期，环境问题被视为经济与社会发展"必要的恶"，在以保障自由权与财产权为中心的近代私法体系下，应对环境问题的重心不是为污染受害者提供救济，而是强调行为人的营业自由和排放自由。因此，在相邻法制下着重强调的是邻人的容忍义务，在侵权体系下只有因过错造成人身、财产损害时才能成立侵权责任。其本质上是依据以自己责任、过错责任为圭臬的民法原理寻求纠纷的解决，原则上认为不得以公权力介入来随便混淆个人责任。[2] 在私法都未真正将环境问题作为救济对象的情况下，更没有政府规制存在的空间。

20世纪初期以后，工业化快速推进导致环境污染问题在局部地区极速蔓延，出现了"八大公害事件"等严重的环境污染导致的人群健康受害事件，由此引发了西方各主要国家的环境保护运动。此时，环境保护运动的重心是反公害以及为受害者求偿，但由于环境污染更多是企业正常生产活动过程中的日常排放累积，或者是人类为了更好生存而进行的"创造发明"所致，对这些由不特定多数污染源造成的环境公害，很难追究特定人的责任。其原因在于，现代科技发展扩大了产业活动和其他人为活动的质与量，或使得污染物质和能量日常性地向环境排放从而超过自然环境的自净能力，或因为大量的人工合成物由于自然环境无法降解而蓄积于自然界中，对环境和人群产生危害。

---

〔1〕 叶俊荣：《环境政策与法律》，中国政法大学出版社2003年版，第137页。

〔2〕 ［日］原田尚彦：《环境法》，于敏译，法律出版社1999年版，第7页。

这样的公害单纯依靠民法上的个人责任原理已不可能应对，必须有与民法不同的新法理，运用新的手段来实施环境保护。

尽管在“二战”前后，随着环境问题日趋严重，各国被迫制定了一些有关污染控制的法律，但由于此时对“环境问题”尚未形成共识，环境保护的理念也未得到确立，这些立法在性质上仍属于产业规制的一环，目的也是预防由产业活动引发的人身和财产损害。如日本1958年制定《水质保全法》，将该法目的确定为“在有利于解决有关水质污染的纠纷”的同时，还要考虑“对国民健康的保护以及生活环境的保全与产业的健全发展相调和”，体现的是最大限度尊重产业自由的价值取向。只要国民健康和财产不发生损害，即便对环境造成了损害，也不应当进行限制。这也可以看出，当时的环境法按照行政权界限理论，为尊重产业自由，依然希望慎重行使限制权，只有在防止人身或财产受害的必要场合下，才加以限制的消极态度。学说也认为，制定公害法的目的在于弥补司法救济不足，以迅速救济损害并防止受害于未然，具有“预防性司法作用”的特征。[3]

进入20世纪60年代后，美国海洋生物学家蕾切尔·卡逊的科幻小说《寂静的春天》出版，开启了现代环境保护运动的大门，进而在世界范围内引发了首次环境保护运动浪潮。[4] 人们在震惊于环境问题的严重后果的同时，开始要求国家积极采取措施保护和改善环境。但在传统的法治原则下，国家仅负有消极的不侵犯公民自由与提供最低限度生存照顾的义务。依照这样的法治理念，国家对环境问题进行规制，就会侵犯宪法所保障的财产权和私法上的营业自由；而在传统行政法的法律保留和比例原则之下，如果没有法律授权以及确定性的因果关系和损害，环境问题很难进入政府规制的范畴。基于行政法

〔3〕［日］原田尚彦：《环境法》，于敏译，法律出版社1999年版，第64～65页。

〔4〕该书同时催生了现代的环境学科。以此为肇端，环境科学上短短几十年内出现了两个重要历史阶段，第一阶段是直接运用地学、生物学、化学、物理学、公共卫生学、工程技术科学的原理与方法，阐明环境污染的程度、危害和机理，探索相应的治理措施和方法，由此发展出环境地学、环境生物学、环境化学、环境物理学、环境医学、环境工程学等一系列新的边缘性分支学科。同时，污染防治的实践活动表明，有效的环境保护还必须依赖于对人类活动和社会关系的科学认识和合理调节，于是又涉及许多社会科学的知识领域，并相应地产生了环境经济学、环境管理学、环境法学等。这些自然科学、社会科学、技术科学新分支学科的出现和汇聚标志着环境科学的诞生。参见曲向荣：《环境学概论》（第2版），科学出版社2015年版，第12～13页。

的控权原则，即便国家负有积极的给付义务，这种义务也仅限于最低限度的生存保障，一个“良好”的环境，不在国家给付之列。因此，若公众要求国家保护环境，首先需要解决公众是否应该有在良好的环境中生活的权利？如果有，其法理依据与法律依据是什么？

在此背景下，人们首先从人权意义上提出了环境权的主张，认为环境权是公民应享有的一项基本人权，并以此作为新的法理，成为新立法的权利依据。最早建议确立环境人权的正是蕾切尔·卡逊本人，她在《寂静的春天》中指出，“如果说《权利法案》没有提到公民有权保证免受私人或公共机构散播致死毒药的危险的话，这仅仅是因为建国者们——尽管他们拥有过人的智慧和远见——无法预见到这样的问题”。[5] 不久，她在肯尼迪总统的科学咨询委员会作证时更为明确地指出，公民免受毒物侵害的权利应成为一项基本人权。[6] 1968 年，联合国大会通过了第 2398 号决议，号召在世界范围内开展关于公民主张在良好环境中生存的权利及其法律依据的研究和讨论，并决定于 1972 年召开第一次人类环境会议。世界上许多国家的专家学者参与了研究和讨论，其中影响较为广泛的是美国环境法学的先驱约瑟夫·萨克斯（Joseph L. Sax）教授。他在 1970 年前后出版的论著中比较系统地论述了环境权学说，并将公共信托理论作为环境权的宪章。[7] 他倡议制定专门的环境保护法，其任务在于建立新的权利体系，即承认公民享有对良好环境的权利，且能通过公民诉讼机制加以强制执行。为了建立这种新的权利，他提出了公共信托理论，认为空气、阳光、水等人类社会所必需的环境要素，在当今受到严重的污染和破坏以致威胁到人类正常社会的情况下，不应再将其视为“自由财产”作为所有权的客体，而应成为全体国民的“共享资源”，即“共通财产”（common property），任何人不能任意对其占有、支配和损害。为了合理支配和保护这一“共通财产”，共有人作为委托人将其委托给国家进行管理，国家作为受

---

〔5〕［美］蕾切尔·卡逊：《寂静的春天》，吕瑞兰、李长生译，吉林人民出版社 1997 年版，第 11 页。

〔6〕Carson is quoted in J. Cronin and R. F. Kennedy, Jr., The Riverkeepers: Two Activists Fight to Reclaim Our Environment as a Basic Human Right (New York: Scribner, 1997), p. 235.

〔7〕Joseph L. Sax, The Public Trust Doctrine in Natural Resource Law: Effective Judicial Intervention, 68 MICH. L. Rev. 471, 509 (1970); Joseph L. Sax, Defending the Environment: A Strategy for Citizen Action, Knopf, 1st edition (1971)，中文版参见王小钢：《保护环境：公民诉讼战略》，中国政法大学出版社 2011 年版。

托人必须对受益人(全体国民)负责,不得滥用委托权。[8]

1970 年,联合国教科文组织所属的国际社会科学评议会公害委员会在东京召开"公害问题国际座谈会",来自 13 个国家的 42 位社会科学工作者共同发表了《东京宣言》,更为明确地宣告:"我们请求,把每个人享有其健康和福利等要素不受侵害的环境的权利和当代人传给后代的遗产应是一种富有自然美的自然资源的权利,作为一种基本人权,在法律体系中确定下来。"

进一步的讨论是,作为基本人权的环境权是否应该法定化。因此,有学者提出了环境权入宪的主张。入宪的实质是使环境权成为宪法的出发点和归宿,成为判断宪法是否"良宪"的重要标准。更为重要的是,基本人权入宪成为法定权利后,能够获得相应的规范效力,可以根据其在宪法权利体系中的地位,发挥基本权的主观权利维度和客观规范维度的功能。[9]

与此同时,环境权私权化主张也在日本被提出。在 1970 年召开的日本律师联合会第 13 次人权拥护大会上,仁藤一、池尾隆良两位律师作为环境权理论的倡导者,在日本第一次提出了具有法学意义的环境权理论。他们认为,环境权既是宪法上的一种基本人权,也是私法上的一种具有排他性质的支配权。即:(1)环境权不仅是指任何人均享有享受良好环境并能支配良好环境的权利,是以《日本宪法》第 25 条和第 13 条为依据的一种基本人权,而且还是对环境对象的直接"支配权",是对环境对象受到侵害时能够排除侵害的排他性的私权。(2)大气、水、日照、景观等是人类生活中不可缺少的资源,是人类共有的财产,没有取得共有人的同意而对该环境进行排他而独占的利用,是违法的。因这种违法行为而致使环境污染或可能造成环境污染,作为环境共有人的居民,不问其被害是否发生,都有权制止该污染行为。(3)环境行政多为公共利益目的,并不以各个居民的权利、利益为目的的反射利益论之下,排除了将相关环境的居民作为行政主体的参加侵害排除决定的资格,而环境权克服

---

[8] 吕忠梅:《环境法学》(第 2 版),法律出版社 2008 年版,第 74 ~ 75 页。

[9] 基本权的功能,系指人民直接根据宪法基本权的规定可以向国家为何种主张,或是国家因基本权的规定而被课以何种作为或不作为义务。依学者见解,基本权的作用主要可分为五种,亦即主观面向的防御权功能、受益权功能,客观面向的保护义务功能、组织与程序保障功能以及制度保障功能。参见张嘉尹:"基本权理论、基本权功能与基本权客观面向",载《当代公法新论(上)——(翁岳生教授七秩诞辰祝寿论文集)》,元照出版公司 2002 年版,第 47 页以下。

了这种反射利益论的弊端,在环境诉讼中扩大了原告资格,开启对环境利益的损害补偿之门。[10]

在这些环境权倡导者和先驱者的努力和带动下,以1972年人类环境会议发表的《斯德哥尔摩宣言》为标志,正式开启了环境权的实践。

(二)环境权的发展

国际上最早指出环境与人权之间联系的,是联合国大会1968年至1969年通过的第2398号和第2581号决议,这两个决议认为:人类环境质量的恶化可能会影响到"基本人权之享受",故决定于1972年在斯德哥尔摩举行一次人类环境会议,目的是"鼓励各国采取旨在保护和改善人类环境以及补救和防止其受损害之行动,并对此提供准则"。1972年,第一次人类环境会议如期召开并通过了《斯德哥尔摩宣言》,该宣言原则一宣告:"人类有权在一种能够过着尊严和幸福的生活的环境中,享有自由、平等和充足的生活环境的基本权利,并负有保护和改善这一代和世世代代环境的庄严责任。"[11]这被视为是环境权的标志性定义。

许多国际法学者认为,如果说1945年《联合国宪章》标志着现代人权法的产生,《斯德哥尔摩宣言》则是环境人权的起始点。此后多个国际环境保护宣言都重申了这一原则,如1982年《内罗毕宣言》、1992年《关于环境与发展的里约宣言》、[12]1999年《比斯开环境权宣言》、[13]2007年《联合国土著人民权利宣言》等。此外,它也出现在世界环境与发展委员会的报告中,如1987年由瑞典前首相布伦特兰夫人领衔的《我们共同的未来》报告,建议把"全人类

---

〔10〕[日]大阪律师会环境权研究会:《环境权》,日本评论社1973年版。转引自罗丽:"日本环境权理论和实践的新展开",载《当代法学》2007年第3期。

〔11〕*Declaration on Human Environment*, princ. 1 (June 16, 1972) U. N. Doc. A/. CONF. 48/14/Rev. 1 (1973).

〔12〕《里约宣言》更直接在可持续发展语境下提出了清洁、健康的环境权议题:"人类处于可持续发展议题的中心,有权从事与自然和谐共生的、健康和有价值的生活。"*Rio Declaration on Environment and Development*, U. N. Doc. A/CONF. 151/5/Rev. 1 (1992).

〔13〕该宣言是由联合国教科文组织(UNESCO)和联合国高级人权委员会(United Nations High Commissioner for Human Rights)组织的环境权专家研讨会上发布,其第1条规定:"每个人都有权——无论以个人还是集体名义——享有健康的、生态平衡的环境。"Declaration of Bizkaia on the Right to the Environment, available at http://unesdoc.unesco.org/images/0011/001173/117321E.pdf.

对能满足其健康和福利的环境拥有基本的权利”,作为环境保护和可持续发展的一项法律原则。有一些国际性或区域性文件也明确承认了环境权的人权属性,如1981年《非洲人权和民族权利宪章》第24条宣称“各民族都有权享有有利于其发展的普遍良好的环境”,[14] 1988年《美洲人权公约经济、社会和文化权利领域的附加议定书》(萨尔瓦多议定书)指出,“每个人都有权生活在健康的环境中,并获得基本的公共服务”;[15] 1998年联合国欧洲经济委员会通过的《奥胡斯公约》规定了公众在环境问题上获取信息、参与决策和诉诸司法的权利,目的是保护“今世后代人人得在适合其健康和福祉的环境中生活的权利”。[16]

在国内法上,截至2012年,联合国193个会员国中已有177个国家通过宪法、环境立法、司法判决或签署的国际条约承认了环境权,其中有92个国家规定了宪法位阶的环境权。[17] 例如,1976年在世界范围内首次纳入环境权条款的葡萄牙宪法,虽然历经多次变迁,但一直保留环境权条款,现行宪法在“基本原则”第9条将保障环境权、保护环境和自然资源作为国家的基本目标,并将环境权作为与经济、社会、文化权利相并列的基本权利。该法第76条名为“环境与生活质量”,规定:“(1)每个人均享有有益健康和生态平衡之环境的权利,并有义务保护之。(2)为保障公民在可持续发展的总体框架内对环境权的享有,国家应通过适当机构并在公民参与之下:a. 防止并控制污染及其影响以及各种有害侵蚀;b. 实行和推动合理的城乡规划;c. 设立并开发自然保留地和娱乐公园,分类保护自然景观,以保护自然以及具有历史和艺术价值的文化遗产;d. 促进自然资源的合理利用,保护其再生能力并维持生态稳定;e. 与地方当局合作,通过建筑设计提升城乡生活质量,并保护历史区域;f. 推动环境目标与其他各种政策的整合;g. 推动环境教育,尊重环境价值;h. 与环

---

〔14〕 The African Charter on Human and People's Rights, African Union, 2003.

〔15〕 Protocol of San Salvador, art. 11, available at *http://www.unece.org/env/pp/documents/cep43e.pdf.*

〔16〕 Convention on Access to Information, Public Participation in Decision – making and Access to Justice in Environmental Matters, June 25, 1998, Doc. ECE/CEP/43.

〔17〕 David R. Boyd, The Environmental Rights Revolution: A Global Study of Constitutions, Human Rights, and the Environment, UBC Press, 2012.

境保护工作适应的财政投入。”[18]再如，厄瓜多尔 1998 年《宪法》第 23 条第 6 款规定了“国家应无偏见地承认和保障……公民生活在健康、生态平衡和无污染环境中的权利”，[19]第 91 条规定了公民诉诸司法的权利。2008 年，厄瓜多尔新宪法新增第 7 章“自然的权利”，其中第 71 条规定：“自然，孕育生命的大地母亲，有生存、保全并按照其周期、结构、功能与进化过程得到再生的权利；任何人、民族、团体或部落，均可向公共机构要求其承认自然的权利……国家鼓励公民、法人和组织保护自然，促进对所有构成生态系统要素的尊重。”[20]这些规定，表明环境权不仅作为一项“应有权利”得到承认，更意味着环境权已经成为一项法定权利，受到宪法和相关法律的保护。

## 二、环境权的概念

### （一）环境权的界定

1. 环境权是以“环境的权利”形式表征“人对环境的权利”

从字面上理解，环境权有两种含义：一是“环境的权利”（environmental rights）；二是“对环境的权利”（right to environment）。如果比照“人权”（human rights）的表述，前者可以解释为环境所拥有的权利，而不是人对环境的权利。这一解释从生态中心主义的角度出发，认为人类作为生态系统中一个环节，不具有比其他生物更优先的权利。

这两种解释实际上涉及人类中心主义和非人类中心主义在法学领域的争论。我们知道，环境法学产生于对人与自然关系的反思，以及对自然价值的重新理解和认识，因此出现了肯定自然具有内在价值的主张和立法（如厄瓜多尔新宪法）。在法治史上，“权利”是自由主义传统的根本，对“权利”的认可即意味着其道德地位和自然法上的正当性，因此，赋予自然以权利是承认自然具有内在价值的最佳路径，“自然的权利”（rights of nature）[21]也由此被提出并得到有的国家立法认可。依据“权利主体”范围的大小，在理论上形成了动物

---

[18] Art. 76, Constitution of the Portuguese Republic, SEVENTH REVISION(2005).

[19] Art. 23(6), Republic of Ecuador Constitution of 1998.

[20] Art. 91, Republic of Ecuador Constitution of 2008.

[21] Rühs, N., Jones, A. The Implementation of Earth Jurisprudence through Substantive Constitutional Rights of Nature, 8 Sustainability 174(2016).

权利论、生物中心论和生态中心论等非人类中心主义的各种主张。这些主张投射到法律领域，则为法律生态主义（legal ecology）理论，[22]要求在法律上打破主客体划分，承认动物、生物乃至自然体的法律主体地位，兴起了将环境法定位于伦理法的浪漫主义思潮。[23]

法律生态主义有着其合理性，理论设想也非常美好，但是，在具体制度构建和实现路径上却陷入了困境：法律可以赋予自然以主体地位，但这个主体如何主张和行使权利？比如，如果野生动物被人杀害，需要诉诸法律，谁来对人提起诉讼？如果野生动物自相残杀，对谁提起诉讼？有人提出，可以为“自然主体”设定“监护人”和“代理人”，就像为无行为能力人和成年人设定监护制度和代理制度一样。[24] 这实际上还是无法走出“法律是人的行为规则”的基本属性，并且，也无法解释为什么“自然主体”必须要接受人为其设定的“监护人”和“代理人”，人既不是自然的父母，也不能获得自然的授权委托。因此，这种法律上的主张虽然存在，却始终停留于“应然权利”论证阶段，很难进入“实有权利”。

自然权利论者提出自然具有“权利”的目的，也是希望将人与自然的关系纳入社会的话语体系，促使人们尊重自然，推动环境保护实践。实际上，也是强调重新认识人与自然的关系，确立人在自然界中的道德和法律责任。实现这一目标，并非只有赋予自然主体地位一种途径。我们也可以在可持续发展理念下，将“人—人”的法律关系转变为“人—环境—人”模式，既承认自然具有一定的主体性，肯定自然在环境法律关系形成中的价值；又不破坏“法律是人的行为准则”的基本属性，将自然作为特殊客体加以保护。在这种思路下，“自然的权利”（right of nature）可以通过“人对自然的权利”（human right to

---

〔22〕 David Dobkin, Legal Ecology: Ecosystem Function and the Law, 19 CONSERVATION BIOLOGY 1344 (2005).

〔23〕 生态整体主义主张由机械论的个体世界观转变到系统整体世界观、由关注人的价值转变到关注自然的价值，事实上是一种哲学范式的转变，对整个社会科学都发生了深刻影响。以此为圭臬，国内外法学界殊途同归地出现了以生态整体观为指导的法学理论，如国内的“主客一体化”或者“法律生态化”模式，以及国外的“地球法理学”（Earth Jurisprudence）和“荒野之法”（Wild Law）。

〔24〕 杨立新、朱呈义：“动物法律人格之否定——兼论动物之法律物格”，载《法学研究》2004 年第 5 期。

nature)得以实现。[25] 因此,在环境法理论研究和立法实践中,大多采用了"环境的权利"(environmental rights)一词来表达"人对环境的权利"之意,我们也在这一意义上使用"环境权"一词。

2. 环境权是解决环境法合法性的"新法理"

简要梳理环境权提出和发展的历史可以看出,其起源于寻找人在良好环境中生存的法律依据,解决的是环境法的"本源性问题"或者合法性问题,需要回答的是我们是否需要建立一种不同于传统法律的"新法理",以解决日益严重的环境问题带来的对人类生存和发展的威胁。从本质上看,环境权的出现是西方国家运用法治思维应对因环境问题引发的社会危机[26]的结果。因为"在某种情况下,失去合法性对一个政权来说,具有产生生存危机的结果。如果这种合法性危机的结果,不仅使国家的基本结构发生变化,而且也使整个社会的基本结构发生变化,我们说,这就是革命。"[27]而如果政权取得了合法性,则意味着被社会认可和尊重。正如哈贝马斯所言,"合法性的意思是说,同一种政治制度联系在一起的、被认为是正确的和合理的要求对自身有很好的论证。合法的制度应该得到承认。合法性就意味着某种政治制度的尊严性。这个定义强调的是,合法性是一种有争议的公认的要求,统治制度的稳定性,甚至取决于对这种要求的(起码的)在事实上的承认"。[28] "一个统治的合法性,是以被统治者对合法性的信任为尺度的。这涉及着'信任问题,即相信一个国家的结构、活动、活动方式、决策、政策,以及一个国家的官吏和政治领导人都具有正确性、合理性、善良道德的素质;并且相信由于这种素质而应得到承认。'"[29]在这个意义上,环境权是一种不同于传统法律的"新法理",要解决的是环境法产生的权利基础、权威性问题,是环境法被信仰、被遵守的

---

〔25〕 See Mariachiara Tallacchini, *Human Right to The Environment or Right of Nature: Challenges to Law at the End of the 20th Century*. Proceedings of the 17th World Congress of the International Association for Philosophy of Law and Social Philosophy(IVR) Bolognia, June 16 - 21, 1995.

〔26〕 哈贝马斯认为一个社会,例如晚期资本主义社会,可能发生四重危机:经济危机,合理性危机或政治危机,动因危机或文化危机,合法性危机。显然,合法性危机在前三个危机的基础上产生,这种危机最可能引发革命。参见[德]哈贝马斯:《重建历史唯物主义》,郭官义译,社会科学文献出版社 2000 年版,第 260 ~ 262 页。

〔27〕 [德]哈贝马斯:《重建历史唯物主义》,郭官义译,社会科学文献出版社 2000 年版,第 262 页。

〔28〕 [德]哈贝马斯:《重建历史唯物主义》,郭官义译,社会科学文献出版社 2000 年版,第 262 页。

〔29〕 [德]哈贝马斯:《重建历史唯物主义》,郭官义译,社会科学文献出版社 2000 年版,第 262 页。

前提。换言之,在“环境问题”被构建成为社会共识后,解决环境问题的法律路径同样需要得到“构建”,在这个意义上,我们说环境权是环境法的基石。

中文语境下的“合法性”一词有多种用法,针对不同对象有不同的含义。主要可以归纳为两种:一是针对个人行为而言,合法性是指合乎法律规定;二是针对某种公共权力或政治秩序而言,合法性是指它的正当性、权威性和实际有效性。在英语里,通常用两个的词表示,前者是“lawfulness”、“legality”;后者是“legitimacy”。显然,前者的合法性之“法”指狭义的法,即实在法,特别是国家制定法;后者的“法”指广义的法,即除了狭义的法外,还包括事物的法则、原理。而这种“法”观念是历史的和具体的,不同时代有不同的含义。[30]笔者认为,环境权的提出旨在构建应对环境问题的法则和原理,只有如此,才能在理解环境权本质属性的基础上,区分环境权的不同表现形式,把握环境权的理念意义与具体法律规范意义的差别,认清环境权的“真面目”。也只有在这个意义上,我们可以说,没有环境权,就没有环境法。

(二)环境权的理论内涵

关于是否存在环境权的分歧一直存在,总体上分为肯定说和否定说两类。即便是在第一次人类环境会议上,提出环境权之初,就存在不同声音。对于被认为是环境权经典定义的《斯德哥尔摩宣言》原则一,有学者就表示质疑;会议期间,明确提出环境人权的各种建议也遭到了拒绝。到现在,环境权,虽然写进了一些区域性人权条约,但没有载入任何全球性的人权公约。联合国人权事务高级专员 2011 年一份报告也指出,认识到享有健康环境的人权面临很多“困难问题”。[31]

否定者认为,环境权概念过于模糊、自然法意味浓厚,其主体、客体和内容均无法确定,缺乏可救济性。如果将其确定为一项法律权利,与环境问题所蕴含的高度科技背景、决策风险以及利益衡量的特质不能相容,极易导致“水土不服”。因此,环境权不仅在立法和司法实践中难以推进,理论上也已成明日

---

〔30〕 严存生:“法的合法性问题研究”,载豆丁网,http://www.docin.com/p-1206118997.html,2016 年 5 月 23 日访问。

〔31〕 Günther Handl, Declaration of the United Nations Conference on the Human Environment and Rio Declaration on Environment and Development, http://legal.un.org/avl/ha/dunche/dunche.html.

黄花。[32] 有学者提出,如果环境权理论仍有倡行的必要,也应改弦更张,将其定性为参与环境决策的程序性环境权,以区别于传统享有舒适环境的实体型环境权。[33]

这些观点,乍看很有道理。的确,在我国的环境权理论研究中,主要限于对环境权作为道德权利的论证,但并没有从法理上说明清楚。而在立法中,也鲜见环境权的定义,多数采用描述性规范,在“环境”前面加上一个限定词或修辞词,如“健康的”(heathy)、“清洁的”(clean)、“适宜的”(suitable)、“有利于生态平衡的”(ecologically balanced)等,这些限定词与不确定的“环境”概念一道,加剧了环境权概念的抽象与不确定性。加之人权本身具有的复杂性,导致对环境权要素理解的分歧。如环境权的主体,从个人、单位到国家乃至自然体,从个体、集体到人类,从当代人到后代人,归纳各有不同;环境权的内容,从实体性权利到程序性环境权,从生态性权利到经济性内涵,也各有拥趸。激进者甚至完全否定环境权的法律属性,仅将其视为道德权利或宣言。实际上,这种分歧的出现,有两个方面的原因:(1)并未对环境权要解决的是不同于传统法律的“新法理”问题达成共识,有的将环境权简单理解为所有与环境相关的权益的总和,有的将环境权理解为现行法律规范的形式表达,[34] 很多争论在完全不同路径下展开,难以有效对话、交流;(2)简单地将传统法理套在环境权的概念之上,对环境权内涵的理解“一刀切”(one - size - for - all approach),没有看到环境法作为新兴法律领域的“跨部门法特性”,没有关注环境法关系的“人—环境—人”特征,试图将环境权纳入一个抽象的整体,碰壁后又转而“怪罪”环境权概念不确定,质疑环境权。正是由于不同研究者立论前提本身就存在分歧,虽然都在使用“环境权”这个词汇,但实际指称可能南辕而北辙,不同一个层面上。因此,要对环境权进行界定,首先必须理解环境权的理论内涵。

---

〔32〕 叶俊荣:“宪法位阶的环境权:从拥有环境到参与环境决策”,载《环境政策与法律》,中国政法大学出版社 2003 年版,第 1 ~31 页。

〔33〕 叶俊荣:“宪法位阶的环境权:从拥有环境到参与环境决策”,载《环境政策与法律》,中国政法大学出版社 2003 年版,第 1 ~31 页。

〔34〕 关于对环境权范畴的不同理解,参见徐祥民主编:《环境权——环境法学的基础研究》,北京大学出版社 2004 年版。

1. 环境权的目标是建立一种新型法律关系

环境权作为一种“新法理”，核心是解决人在环境中生存的权利主张的法律依据问题，目标是要在传统法律之上建立一种新型法律关系。

环境法的产生，缘起传统法律应对环境问题的不足，根源是“个体主义”法律观下的建立的私法自治型法律关系。为了解决日益严重的环境问题，环境法对传统法律进行了“革命”，为引入新的法律观、建立新的法律关系进行理论构建。〔35〕这种法律关系的建立，需要有对人与环境关系的重新认识、需要对传统法律观进行“矫正”、需要建立新的法律原则，这些理念、原则体现在环境法整体规范之中，并不是一个具体的法律条文或者一项制度。我们对环境法的性质与特征认识，如可持续发展的生态伦理观、整体主义法律观、“人—环境—人”共同体规则、综合性特征手段，等等，就是这种“新法理”的具体体现。学者对环境权作为应有权利的论证，也是以此为起点展开。〔36〕作为“新法理”的环境权，回答的是环境法存在的“合法性”问题，换言之，它要为国家承担环境管理责任、国民享有在良好的环境中生活的权利提供依据。要建立这样一种“新法理”或者权利依据，就必须突破传统的“公法—私法”二元结构、必须改变简单粗暴的将自然作为可任意支配的“物”的法律制度、必须为自然环境设置相对完善的保护措施，重构“国家—社会”、“公权—私权”、“权力—权利”的关系，等等。〔37〕萨克斯教授的公共信托理论、制定专门环境法的建议，都是为建立这种“新法理”而作出的贡献。

只有从本源上理解环境权，才可以理解环境法的目的在于建立一类新型法律关系，在这类法律关系中：既有传统的公法关系也有私法关系，既有单向法律关系也有双向法律关系，既有“人—人”关系也有“人—环境—人”关系。也因为有了这些不同于传统法律关系的新型法律关系，才有了环境法这个“法律家族的新成员”，有了环境法学科。

2. 环境权的本质是确定其在权利体系中的位置

环境权作为一种“新法理”，关键在于厘定传统权利与新兴权利的边界，

---

〔35〕 吕忠梅：“中国环境法的革命”，载《环境资源法论丛》（第1卷），法律出版社2001年版，第33页。

〔36〕 吕忠梅：“论公民环境权”，载《法学研究》1995年第6期。

〔37〕 吕忠梅：“再论公民环境权”，载《法学研究》2000年第6期。

本质是确定环境权在整个权利体系中的位置。

尽管环境法要创造“新法理”,但它仍然是法律家族内的一员,必须具有“法”的血统。尽管是“新”的,但也必须是“法理”。这就涉及两个非常重要的问题:我们如何对待“旧法”? 以什么方式来创造“新法”?

在对待旧法的态度上,有人采取了完全的生态中心主义立场,主张赋予自然界法律主体地位,[38]提出了“环境的权利”(environmental rights),彻底颠覆现行法理,构建完全不同于现有法律制度的全新制度。有人采取生态人类中心主义立场,主张将生态理性纳入人类理性之中,以可持续发展为原则,对现有法律进行拓展,构建与传统法理、法律既相衔接又有发展的新的法律制度体系。[39] 笔者认为:人以两种方式生存,一种是作为生物体的人,从环境中获得基本生存条件并作为地球生态系统中的一部分,其生存必须依赖清洁的空气、水以及生态系统的各种服务功能,可以称之为人的生物性生存方式;另一种是作为社会的人,从自然环境中获得劳动对象、工具和成果并与他人形成合作体共同创造财富,其生存必须依赖社会、组织以及社会关系的各种形式,可以称之为人的社会性生存方式。从法律的产生与发展历史看,人类文明产生了法律,但直到工业革命以后,法律只对人的社会性生存方式有系统而明确的规制,却忽略了人的生物性生存方式。随着环境污染问题的发展,人的生物性生存方式受到人的社会性生存方式的严重威胁,人们才发现过去的法律存在的严重问题,产生建立新法理的需求与愿望。但是,对人类生存与发展而言,人的两种生存方式并非可以相互替代,法律也是如此,人的社会性生存规则不能完全替代人的生物性生存规则,反之亦然。我们知道,法律并非条文本身,其背后还蕴含着深刻的“法理”。如果人的生物性生存规则的“法理”与社会性生存规则的“法理”完全不能相容甚至直接对立,只会使事情变得更糟。因

---

〔38〕 See Stone CD, Should Trees Have Standing? Toward Legal Rights for Natural Objects. Southern California Law Review 1972;45:450. 在著名的 *HYPERLINK "https://en.wikipedia.org/wiki/Sierra_Club_v._Morton" \o "Sierra Club v. Morton" Sierra Club v. Morton* 案中,道格拉斯大法官也主张“无生命体”(inanimate objects)也应有诉权,Sierra Club v. Morton, 405 U. S. 727, 741－43(USSC 1972)。厄瓜多尔新宪法通过后,也出现了几起自然体诉讼。See Daly, Erin. 2012, Ecuadorian Exemplar: The First Ever Vindications of Constitutional Rights, Review of European Community & International Environmental Law 21(1):63－66.

〔39〕 吕忠梅:《沟通与协调之途:公民环境权的民法保护》,中国人民大学出版社 2006 年版。

此,在建立人的生物性生存方式的新规则时,既不能完全抛弃或者推翻人的社会性生存方式规则,又要对旧规则进行一定程度的改造,使其不对人的生物性生存方式产生不良后果。正是在此意义上,环境法的体系中才出现了专门环境法规范和相关法律中的环境法规范两个子系统。

既然我们希望寻求“新法”与“旧法”之间的“沟通与协调”,那么,具体路径是什么?或者我们以什么方式来“创造”新法?人的生物性生存方式在法律上的具体表现形式是什么?换言之,人具有在良好环境中生存的权利的“新法理”,必须有具体的权利形式以及保护制度加以体现。在法律上,能够体现人的价值的最高权利是人权,也只有进入人权体系的权利才能够得到最为全面和最充分的保护。也正因如此,“环境权”成为表征人在良好环境中生存的权利的“新法理”的具体形式,并且一开始就是以人权或者人的基本权利形式被提出。

有观点认为,可以通过宪法解释,从生存权和生命健康权等相关条款中引申出环境权,或者扩大传统的人格权和财产权的保护,就足以救济环境侵害带来的问题,不必再确立一个概念模糊的环境权。〔40〕 这一观点至少存在两个方面的问题:一是忽略了环境权的“新法理”担当;二是对人权体系发展与理解的误区。作为第二代人权核心权利的生存权,尽管赋予了公民对国家的给付请求权,但这种请求权仅限于“最低限度的生存保障”——足够的食物和营养、衣着、住房和在需要时得到必要照顾,无关应对“环境问题”所需要的公民在良好环境中生存的需求;健康权要求政府必须创造条件使人尽可能健康,包括确保获得卫生服务、健康和安全的工作条件,适足的住房和有营养的食物,无论如何扩大“健康”的内涵,也依然囿于对人的健康影响范围,无法将因环境问题可能造成的“健康风险”纳入。因此,只有将“环境权”作为一项新的基本权利纳入人权体系,才能为人在环境中生存提供最完整和最充分的权利保障,为国家承担环境保护责任、公民享有环境权利并得到法律保护提供“基石”或合法性依据。

基于以上认识,我们将环境权界定为公民享有的在清洁、健康的环境中生活的权利,这一权利包含两个面向,即健康环境享有权与恶化环境拒绝权。环

---

〔40〕 如日本早期在多起环境权私权诉讼的判决中即持此论。

境权首先是一项基本人权,同时也是一项法律权利,但由于其是一个抽象性、不确定的法律概念,需要通过立法和司法途径进行具体化,以发挥其规范效力。

## 第二节　环境权的法律属性与形式

### 一、环境权的人权属性

环境权一开始就作为基本人权被提出,尽管其提出之后在理论和实践中引发巨大反响,但质疑和批评之声也从未停歇。比如,环境权不是一项人权,环境权不是一项独立的人权,环境权作为人权或宪法权利无法确定,环境权倾向于概念法学的思考模式,环境权是由于国家环境行政而产生的一种“反射利益”等。[41]

上述观点,表面来看是否定环境权的人权属性和法律属性,实际上背后有着一个共同的预设,即环境权所保护的利益可以涵盖既有权利或者通过既有权利的解释进行保护,无须作为一项独立的权利。但这显然是对环境权的产生缘由和本质属性的误解,事实上,环境权不仅在自然法意义上是一项形成中的基本人权,更应进一步上升到实定法层面,作为一项基本权利和法律权利。

#### (一)环境权是新兴的基本人权

人权被视为人之所以为人所具有的不可侵夺、不可转让的权利,但是,被当作人权来提倡或要求的某种价值和利益,并不来源于“人作为人生存而不可欠缺”这一抽象的理念式思考,而是为了从压抑其生存的社会条件中解放出来的主张。[42] 将基本人权置于人生存所不可欠缺之权利的高度上加以认识,则基本人权就不能以宪法所列举权利为限,换言之,不管宪法是否有明文规定,一切有关人之生存所不可欠缺的权利都应属于基本人权,恰如美国宪法

---

〔41〕 吕忠梅主编:《环境法原理》,复旦大学出版社 2007 年版,第 59 ~ 60 页。

〔42〕 [日]浦部法穗:“基本人权总论”,武树臣译,载沈宗灵等主编:《西方人权学说》(下),四川人民出版社 1994 年版。

修正案第9条所言,“不得因本宪法列举某些权利而认为凡由人民所保留的其他权利可以被取消或抹杀”。可见,自然法意义上的基本人权至少有以下几个面向:(1)先于国家存在,不以实定法规定为限;(2)源于对某种价值和利益的压迫;(3)为人之生存所不可欠缺。

对环境权而言,表面看是源起于20世纪60年代,而国家存在已数千年。但如上所言,基本人权源于从压抑其生存的社会条件中解放出来。数千年来,人类虽然不断在利用和改造自然,但总体言之,环境问题并未成为影响人之生存的根本问题,人对环境所享有的权利长期处于“休眠”状态。环境权在“二战”以后产生,根本原因在于此时环境问题已成为侵害和压迫人之生存的重大问题,环境权在这样的背景下具有了成为基本人权的可能性。诚如日本宪法学者小林直树所言,“每当社会发生某种大变动,法与权利必随之发生变动,若法与权利之关系无视社会条件之显著变化而抱残守缺于旧有状态,不但对于解决社会所生之纷争毫无意义,反而会成为摩擦或纷争之根源。而随着社会之变动,若社会成员之意识与需要已构成要求变革之力量,则基本权利关系,自然会产生变化”。〔43〕

具体来看,“二战”以后,人类进入了风险社会,科技发展虽带给人类前所未有的便利与文明,但严重的环境问题亦随之而生,已从根本上影响到人类第一、二代人权之享有,而以财产权保障为核心的私法制度和以生存照顾为中心的公法制度并未对其给予应有的关注,这一缺陷首先在道德层面上对人类提出了新的问题,表现在法律制度上便提出了人权诉求,即不仅要求各国在主权范围内尊重国民享有的清洁、健康环境的权利,亦要求国际社会通过共同努力来保护和改善环境,保障人类福祉之实现。

在此背景下,各立宪主义国家最初也试图借由对传统人权谱系尤其是生存权和健康权的宪法解释来涵盖新问题。如德国学者主张从基本法第25条生存权及人性尊严中寻找环境权存在的空间,〔44〕日本则主张由宪法第25条生存权及第13条幸福追求权中寻找环境权的落脚之处。〔45〕然而,风险社会

---

〔43〕 李鸿禧:“论环境权之宪法人权意义”,载李鸿禧:《宪法与人权》(第8版),元照出版公司1995年版,第477页。

〔44〕 张嘉尹:“环境保护入宪的问题——德国经验的初步考察”,载《月旦法学》1998年第7期。

〔45〕 杜钢建:“日本的环境权理论和制度”,载《中国法学》1994年第6期。

催生的具有预防性质的环境权,并不能为传统秩序法规范下的生存权和健康权所容纳,更重要的是,环境权已成为其他基本人权能否实现的前提和基础。

事实上,过于强调不受限制的自由,尤其是所有权绝对和营业自由,恰恰是现代环境问题产生的制度根源,当环境恶化严重到危及人民生存基础的程度,良好的环境就不再是无价值的东西,要求国家对自由权尤其是财产自由进行一定的限制、并进而要求国家确保每一个人能够在清洁的空气和水、天然的风景、安静的环境环绕之下健康而安全地生活的基本人权,便成为法律演进的必然。如果既有体系无法对新兴人权提供周延保护,甚或新兴人权与既有人权存在逻辑或价值上的冲突,仍抱残守缺,反倒会阻碍法治发展,亦无国家形态变迁和国家任务扩张的余地。更为关键的是,发轫于风险社会的环境权与自由权、生存权等传统基本人权体现的是两种不同的法理念与法秩序,或者说,环境权的核心内涵已无法为传统人权所容纳。尽管"健康"亦是环境权的本质内涵之一,与核心是生命(健康)权的生存权(right to life)有一定重叠性,但生存权保障以损害救济或社会秩序维护为规范目标,目的在于确保危险或损害不致发生,进而确保人民生活获得一定程度(通常是最低限度)的安全保障,属于以具体的危害防止为核心的传统秩序法范畴,并不能实现对环境问题的周延应对。也正是在此背景下,环境权被称为继自由权、生存权之后的"第三代人权"。[46]

(二)环境权是独立的法律权利

从自然权利的观点看,人权是一种权利,即作为主体之"人"应具有的主

---

〔46〕 1977 年,时任法国驻联合国国际文教处人权与和平局局长 Karel Vasak 用"代"来表示人权的演化与动态的特质,使人权不被拘泥在某种时空范围内,从而建构与社会变迁相呼应的人权保障,并以"三代"来与法国大革命自由、平等与博爱的口号相呼应:第一代人权是免于被国家侵害的自由权,亦即"消极人权",是"公民权利和政治权利"(civil and political rights),用以对抗国家;第二代人权是请求国家作为的权利,强调国家的积极作为以救助社会、经济上的弱势团体,以求社会之平等,认为权利保障奠基在基本的经济与社会的平等条件上,是一种"积极人权",为"社会、经济、文化权利"(social,economic and cultural rights);第三代人权是必须建立在社群、集体连带关系(solidarity)和同胞爱(fraternity)的基础上,透过大家努力方能实现之和平权、环境权、发展权等集体权(collective rights),亦即"连带的权利"(solidarity rights)。See Karel Vasak, *Human Rights:A Thirty – Year Struggle:the Sustained Efforts to give Force of law to the Universal Declaration of Human Rights*, UNESCO COURIER 30:11, Paris: United Nations Educational, Scientific, and Cultural Organization, Nov. 1977, p. 2.

体性,是先于国家存在的权利。法律出现后,人权透过一定的制度安排具体化为法律权利,得到实定法的保障;就法的观点而言,人权是人针对国家的权利诉求,只有得到国家的承认与保障,人权才有意义。环境权作为法律权利,实际上是环境权基本人权属性所提出的必然要求。

有观点认为,可以通过扩大传统人格权和财产权的保护,以及更新侵权理论,足以弥补传统法律的缺陷,不必要再确立一个概念模糊的环境权。对此,需要进一步辨明。

生态环境尤其是其组分对人而言具有双重价值:一为生态价值,表现为公民对清洁、健康环境所享有的权利(right to a clean and healthy environment);二为经济价值,表现为公民对作为环境要素的自然资源所享有的经济权利(right to use natural resources)。一定程度上讲,环境问题之所以产生,正是源于长期以来人们只重视生态环境的经济价值,而忽略生态价值对人之生命和尊严所具有的关键性作用。体现在法律制度上,即主要围绕经济价值构建相应的财产权制度,具有公益属性的生态价值迟迟未作为一项“权利”进入法律的关注视野。自20世纪下半叶以来,随着环境问题成为影响人类生存和发展的根本性问题,对生态价值的关注才以主张“环境权”的形式呈现出来。故无论在宪法还是民法层面上,环境权都只能是对传统权利体系规范环境问题的补充与超越,只有剥离出传统权利所能应对的部门,方能廓清环境权的内涵与外延。

## 二、环境权的法律形式

### (一)环境权的内涵分解

我们在理解了环境权的“新法理”属性与“基本权利”表征基础上,可以对其内涵进行分解。

1. 按抽象法律关系与具体法律关系,分为一般环境权和具体环境权。一般环境权建立在整体环境之上,体现环境公共利益,属于集体权利,主体是无差别、代表全人类共同环境诉求的抽象人,权利客体是整个人类社会或某一区域的整体环境水平,内容涵盖追求健康环境的积极权利和排除不当环境退化的消极权利,主要功能是派生国家义务并渗透到相关法律原则之中,发挥价值诠释之作用。具体环境权是一般环境权在具体法律关系中的类型化,其主体依据不同法律领域而有所差异，客体着落于具体环境媒介，内容以法律规定为依据。一般环境权和具体环境权区分的实益在于全面覆盖环境公益和私益的保护，既突出环境保护作为集体性权利，又未湮没个体权利。这种属性，要求在不同的法律中采取不同的应对方式。

2. 按公私法法律关系，分为公法上的环境权和私法上的环境权。私法上的环境权因应环境时代私法的绿化需求，试图通过私法手段解决环境问题，但基于环境问题的复杂性和交互性，私法应对注定只能是碎片式的修补；公法上的环境权尤其是宪法上的环境权强调国家对公民基本权利的保障功能，相对于私法而言更能体现风险预防理念，因而更具有根本性。这一区分的实益在于公法尤其是宪法环境权可以通过基本权利所具有的"主观公权利"和"客观价值秩序"的功能，深刻影响着环境规制的理念和制度，而私法环境权主要发挥主观权利功能，对受损害的生态利益予以救济或矫正，同时亦可通过诉讼发挥环境政策的形成功能。

3. 按权利主体及其属性，分为个体性权利和集体性权利。依传统基本权作用理论，环境基本权只能对抗国家不法侵害，不能对抗第三人。[47] 而现代以来，各国宪法中逐渐发展出"第三人作用"理论，即基于宪法上的价值决定，立法者制定法律，透过此法律使得基本权不仅不受国家不法侵害，也不受私人侵害。[48] 此外，在传统宪法中，基本权主要作为自由权而存在，而目前已有越来越多的国家纳入了社会权的规定。故坚持环境权作为自由权的国家，往往将其视为仅能对抗国家的个人权利；将环境权作为社会权的国家，则更多将其视为集体性权利。[49] 因而，在不同国家，宪法环境权的主体亦有差异。具体而言，权利主体均为公民（又有个体权利和集体权利之分），义务主体除了国家或其代表外，又取决于"第三人作用"而扩展至其他组织或个人。

4. 按权利及其实现机制，分为实体环境权及"环境邻接权"。对环境权是否包含程序性权利，学界争议很大。[50] 从本质上讲，程序性权利是否属于环

〔47〕 基本权利最初被认为仅具有对抗国家不当干预的功能，即防御功能。参见李建良："论环境保护与人权保障之关系"，载《东吴法律学报》2000 年第 12 卷第 2 期。

〔48〕 陈慈阳：《环境法总论》，中国政法大学出版社 2003 年版，第 89 页。

〔49〕 张宝："论我国环境权入宪的基本架构"，载《法学论坛》2008 年第 5 期。

〔50〕 张震：《作为基本权利的环境权研究》，法律出版社 2010 年版，第 70 页。

境权，对于环境权并无实质影响，即便环境权仅指实体性权利，其实现亦必须仰赖程序性权利，这也正是《奥胡斯公约》转而在环境问题上寻求知悉信息、参与决策和诉诸司法之权利的初衷。问题在于，环境领域的程序性权利相较其他领域并无特殊性，尚无独立的必要；从人权属性言之，程序性权利亦是独立的人权类型。因而，环境权仅指向实体性权利，程序性权利应作为环境权的“邻接权”亦即环境权的实现媒介。这一点，在《奥胡斯公约》中也有明确体现，公约明确宣告程序性权利的目的是保障“今世后代人人得在适合其健康和福祉的环境中生活的权利”。

（二）环境权的生态属性

环境权基于环境保护理念而产生，其明确指向是生态性权利，不包括经济性利用。应该看到，生态性内涵与经济性内涵本质上是背反的，逻辑上也是矛盾的。不论是“健康”、“良好”抑或“清洁”等何种限定，环境权的本质均在于保障人们生存在一个适当的环境中，而不仅是维持生存的最低限度。对环境资源的开发，固然能够促进经济利益增长，但同时环境退化在很大程度上正是由这些活动所引起，或者说传统以财产权保障为中心的法律体系正是导致环境问题的制度原因。一方面要求保有健康的环境，以生态平衡为第一要义；另一方面又强调开发利用也是环境权内容，将经济利益置于中心地位，试图在同一权利中糅合两种内涵截然相反的权利内容，表面上看来是构建环境法的基本权利类型，实质上却忽略了二者本质上的冲突，造成理论逻辑上的混乱，实践中也难以实现。

事实上，作为在环境危机时代产生的环境法，对资源的开发利用予以规制不应是其主要任务，仅在这些行为损害了环境，环境法才应发挥效力。但此时，环境法规制的已不再是开发利用，而是这些行为造成的污染等环境破坏，基于此，环境权恰是对经济自由的限制。“环境资源的双重形态（指生态属性和经济属性）导致了其对于人类的双重价值，民法上的物权与环境法上的环境权分别对环境资源的不同价值予以承认并提供了保护，民法保护的是其经济属性，环境法保护的是其生态属性。”[51]

---

〔51〕 吕忠梅：“关于物权法的‘绿色’思考”，载《中国法学》2000年第5期。

## 第三节　环境权的内容

环境权的内容,即环境权法律关系的主体所享有的权利和承担的义务。基于环境权的多种表现形式,存在于不同法律中,必然有权利、义务的差别。这里仅对环境权在宪法和民法中的内容与规范效力进行展开。

### 一、宪法环境权的内容

#### (一)宪法环境权中权利与义务的不同界定

自1971年瑞士率先在宪法中纳入环境保护条款以来,联合国193个会员国中,已有149个国家明确规定了环境保护的宪法权利或义务;44个未规定环境保护的国家,23个是小岛国家,27个属于实行不成文宪法的前英殖民地。[52] 可见,环境保护入宪已经获得国际社会的广泛认同。

在国内法中,环境保护入宪的模式,大体可分为基本权利(fundamental rights)与政策宣示(policy statement)两种,前者通过基本权利的创设或解释来强化环境价值,后者通过宣示国家或公民环境保护义务来推动环境价值的方针与政策。[53] 自1972年《斯德哥尔摩宣言》以来,从1976年葡萄牙宪法开始至2012年,已有92个国家承认了环境保护的宪法权利;从更大范围看,已有177个国家在宪法、环境立法、司法判决或签署的国际条约中承认了环境权。[54]

各国之所以在宪法中规定环境保护,是希望通过宪法保留(constitutional

---

〔52〕 David Boyd, The Environmental Rights Revolution, The: A Global Study of Constitutions, Human Rights, and the Environment, *Vancouver*: UBC Press, 2012, at 67 - 68.

〔53〕 See Brandl and H. Bungert, Constitutional Entrenchment of Environmental Protection: A Comparative Analysis of Experiences Abroad, 16 Harv. Envtl. L. Rev. 1 (1992).

〔54〕 未承认的国家包括美国、加拿大、日本、澳大利亚、新西兰、中国、阿曼、阿富汗、科威特、文莱、黎巴嫩、老挝、缅甸、朝鲜、马来西亚、柬埔寨。See David R. Boyd, The Constitutional Right to a Healthy Environment, Environment: Science and Policy for Sustainable Development, 54:4 (2012), at 5 - 6.

entrenchment)的方式,将环境保护价值锁定于宪法,除非修改宪法,否则难以任意变更其内涵,从而使环境保护成为国家必须实现的任务。[55]

在古典自由主义时期,自由权是基本权的核心权利,基本权的功能是防御个体受到来自国家的侵害,因而,防御权构成了基本权的初始功能。基本权作为一种主观公法权利,其内涵在于赋予人民一个可以对抗国家侵害的基础,也就是所谓的防御权功能,强调人民可以援引基本权来防御国家对自由权的侵害。但20世纪以来,基本权的功能不断扩充,不仅基于社会国原则产生了基本权的给付与受益功能,还进一步衍生出针对第三人效力的保护义务功能;"二战"以后,德国学说与实务界更发展出基本权的客观面向,认为基本权还蕴含着客观价值秩序的功能。也就是说,除了主观层面对抗国家侵害的功能以外,基本权更有其客观的价值决定。这种客观价值秩序具有两种意义:(1)将基本权利解释为一种对所有法规范的宪法基本决定,将宪法秩序与其他法规范秩序加以分离,使得宪法位阶基本权利的作用得以"辐射"至所有的法规范秩序,如基本权对第三人的效力等;(2)将基本权利解释为一种立法权、行政权以及司法权应努力促进的方针与准绳,表现为国家负有积极义务使基本权利得以实现。

产生于此时期的环境权,自始就具有积极性,其不仅要求国家维持一个有利于生存的生态底线,更要肩负起积极改善环境质量的义务,以及对第三人的效力——社会主体负有不侵害清洁、健康环境的义务。如韩国宪法规定,"任何公民均享有健康、舒适的环境之权利,国家和国民应努力保护环境。环境权的内容和行使由法律规定。国家应促进居民生活质量,努力使国民享有舒适的居住条件"。

更为关键的是,作为第三代人权的环境权已经不再像第一代人权那样,一味强调基本权利的可诉性,而是更加重视基本权的客观功能,即从主观权利中抽绎其所蕴含的价值决定而建立的"客观价值秩序",从而建立一种"价值体系"或"价值标准",为国家公权力乃至于全体人类应该共同追求之目标。体现到环境权上,既要求环境保护成为宪法的核心价值(宪章),还要求立法制

---

〔55〕 See Brandl and H. Bungert, Constitutional Entrenchment of Environmental Protection: A Comparative Analysis of Experiences Abroad, 16 Harv. Envtl. L. Rev. 1(1992).

定有利于环境权实现的具体制度。具体言之,立法权负有义务制定具体详细且符合环境保护本质之法规范来防止污染和维护生态环境之可持续发展;行政权应基于宪法精神与依据法规执行环境生态保护义务,亦须基于专业制定环境计划来为前瞻性之环境规划;司法权应本于宪法精神与法律规定,对是否危害生态环境及与此相关的宪法保障基本权为司法审查。[56]

(二)我国宪法环境保护条款的性质与定位

我国现行《宪法》并未明确规定环境权,而是规定了"国家保护和改善生活环境和生态环境,防治污染和其他公害"。这一规定,被认为是确立了环境基本国策。实际上,这也是建立"新法理"的一种方式,体现了对环境权的承认,可以发挥宪法的客观规范作用。但是,从我国环境保护的客观要求和法律传统看,需要完善宪法,确立环境权的基本权利地位。

从形式上看,我国《宪法》第 26 条与德国基本法第 20a 条类似,[57] 但德国基本法将环境保护提升到了立国精神(Staatszielbestimmung)和宪法原则的高度,与第 20 条规定的联邦国、民主国、社会国、法治国原则相并列。根据德国基本法第 79 条第 3 项规定,这些原则属于修宪所不得更改的内容,从而确立了环境保护的最高位阶。[58] 在德国,环境权主张在立法中遭到否定,除了与提倡环保的政党在国会席次较少外,也与德国将基本权利定位于防御权有关。但是,与世界上许多国家直接宣告环境权相比,德国经验并不具有典型代表性。即便如此,我国《宪法》第 26 条也未获得德国"环境立国"的"宪章"地位,尽管可以解释为具有国家目标条款的规范效力,对所有国家机关均具有拘束力;但多少忽略了权利路径对于推进环境法治的特殊意义。

长期以来,我国在环境立法实践中过于注重国家权力赋予,相对忽略权力的正当性来源以及与权力相伴而生的义务与责任,环境保护被视为国家专属事务,人民仅有尊崇国家权力和保护环境的义务。这种环境保护中的"权力本位",混淆了环境规制权力的正当性来源,使得环境规制过程中呈现出典型

---

〔56〕 陈慈阳:《环境法总论》,中国政法大学出版社 2003 年版,第 93 ~ 94 页。

〔57〕 德国基本法在 1994 年修宪时增加了第 20a 条规定:"基于对未来世代的责任,国家在合乎宪法秩序范围内,经由立法,并由行政与司法依据法律和法,保护自然的生命基础。"2000 年 5 月 17 日再次修改基本法时,在自然的生命基础之后加上"动物"字眼。

〔58〕 黄锦堂:《部门宪法》,元照出版有限公司 2006 年版,第 711 页。

的"见物不见人",将生态环境作为规制对象,将公众对于健康环境所享有的权利视为政府规制的反射利益,甚至将环境权等同于国家的环境管理权,抵制公众对环境保护事务的参与。在局部地区,政府决策成为生态环境破坏的主要原因,但由于法律上未承认公民对健康环境所享有的实体权利,公众仅能就已发生的个体损害寻求救济,对不具有直接利害关系的开发行为则无缘置喙,导致纠纷演化成无序的"群体性事件"。因此,在宪法上规定环境权,不仅可以赋予公民在环境保护中的主体地位,为公众的知情、参与、诉诸司法等程序性权利提供法源依据;更重要的是强化国家权力的"合法性"意识,真正促进从"统治"到"治理"的转型。如果否定公民的基本环境权利,不仅抽掉了公众维护基本环境权利的法律依据,也抽掉了国家环境保护义务的前提和基础,不可能真正建立严格、有效的国家(政府)环境保护责任制度和问责机制。

环境保护作为公民的一项基本权利,对于实现环境法治具有重要意义。这意味着,环境保护不再仅是对于自由权尤其是财产自由所附加的一项社会义务,而是进入与财产权同等重要的地位,经济、科技与社会发展都必须与环境保护相协调,且在这些价值对环境有显著影响时,应确立环境价值的优先地位。环境法也不能仅再以损害预防为理念,而应根据环境权的积极面向——要求国家承担更为积极地环境质量改善义务,由消极的公害防止对策向积极的规制治理过渡。

## 二、民法环境权的内容

### (一)民法环境权中权利和义务的一致性

环境权在民法学界和环境法学界存在较大争议。民法学者通常否定环境权在环境侵权中的地位,认为环境侵权作为侵权法的类型之一,不能脱离传统民法以人身和财产保护为核心的制度框架;[59] 环境法学者则将之视为概念法学的窠臼,认为侵权法未关注到环境权,正是侵权法缺乏"绿色"的表现,环境权应成为环境侵权的客体。[60] 这就涉及如下基本问题:在人身权、财产权之外,是否还存在一个独立的环境权?环境权私权化的主张如何在现代民法的

---

〔59〕 张新宝:《侵权责任法》(第2版),中国人民大学出版社2010年版,第286页。

〔60〕 王明远:《环境侵权救济法律制度》,中国法制出版社2001年版,第13页。

制度框架内得以实现?

环境法学者通常将私法语境下的环境权加以列举,即包括了清洁水权、清洁空气权、清洁产品权、景观权、通风权、采光权、日照权、眺望权、安宁权、达滨权、亲水权等权利类型。但这些权利的确很难与传统的人身权、财产权相区分:通风、采光是传统相邻关系的典型疆域,而物权属于典型的财产权利;噪声对于住宅安宁的影响,属于人格权范畴,我国台湾地区判例曾明确将之解释为"居住安宁的人格利益";[61]而有些权利,如清洁空气权,由于空气的整体性和公共性特征,在空气污染如果没有造成具体的人身、财产损害时,很难追究污染者的侵权责任。这意味着,上述环境权的内容,不仅无法有效区分环境侵权所侵害的法益,反倒徒增混乱。

从我国现行法律体系看,《侵权责任法》第2条规定了适用范围、第6条规定过错责任、第7条规定的无过错责任,第8章专门规定了环境污染责任,都只针对侵犯人身、财产权益造成的损害提供救济,并未为救济生态损害提供直接依据。[62] 如《侵权责任法》第2条第1款规定:"侵害民事权益,应当依照本法承担侵权责任。"第2款则明确"本法所称民事权益,包括生命权、健康权、姓名权、名誉权、荣誉权、肖像权、隐私权、婚姻自主权、监护权、所有权、用益物权、担保物权、著作权、专利权、商标专用权、发现权、股权、继承权等人身、财产权益",相应地,侵权法上的损害,指向的就是人身、财产损害。这里形成

---

〔61〕 我国台湾地区"最高法院"2003年台上字第164号判决认为:"于他人居住区域发出超越一般人所能容忍之噪音,应属不法侵害他人居住安宁之人格利益,非不得依'民法'第一百九十五条第一项规定请求赔偿。"

〔62〕 就字面意义而言,"生态破坏"至少具有两种含义:行为意义和结果意义。在行为意义上,生态破坏是作为侵权的原因行为而存在,即学界通常所称的生态破坏侵权。生态破坏侵权是与环境污染侵权相对应的概念,其基本逻辑为,环境问题涵盖了环境污染和生态破坏,相应地,环境侵权也就涵盖了环境污染侵权和生态破坏侵权。如2015年最高人民法院发布的《关于审理环境侵权责任纠纷适用法律若干问题的解释》就持此类观点;在结果意义上,生态破坏则指向因人的行为所导致的生态系统受损的结果,其行为不仅限于生态破坏行为,环境污染行为也可能导致环境质量下降或生态系统受损,因而,在结果意义上,生态破坏实际上表征的是环境污染行为和生态破坏行为所引发的对生态环境本身的损害,即生态损害。生态破坏侵权与生态损害的区别在于,生态破坏侵权造成的损害仍然是人身、财产损害。对此有不同理解,比如最高人民法院的司法解释,将环境污染造成的生态破坏纳入其中;王利明教授的有关解释中也认为侵权责任法第八章包括了生态破坏,笔者认为这些都是将生态破坏作为环境污染的损害后果纳入,不同于将生态破坏作为"原因行为"纳入。

了一个悖论:如果环境权是一项人身、财产权益,则可以进入侵权法的调整,环境法学者将其与人身、财产权益相并列,显然否认了这种属性;如果环境权不是一项人身、财产权益,则在现行法律框架下,根本不可能受到侵权法的调整。如果简单将其作为环境侵权所侵害的法益,显然对环境侵权的概念和内涵进行了泛化和扩大,容易引发民法学界的强烈反弹。

传统私法体系下,侵权法上的损害是一种法律上的损害,而非事实上的损害,即并非所有的损害都能纳入侵权法所调整的范围。原因在于,侵权法"既不能成为为公众所认可的经济秩序的阻碍因素,作为一个为理性所支配的法律,它也不能要求一个行为不谨慎的人对他因其行为所产生的一切损害,即一切该他人若非因行为人的过失即无须容忍的损害,承担赔偿责任。无论是从单个侵权行为人的利益出发,还是为了自身生存的愿望,侵权行为法都必须将那些过于'遥远'的损害从其体系中排除出去。"[63]这意味着,侵权法有其固定的调整领域,超出其范围,便需由其他法律加以调整,侵权法不可能也无法涵盖某一行为所引发的所有损害。因而,《侵权责任法》第65条所指"因污染环境造成损害的",只能是人身和财产损害,而不包括生态损害。正如冯·巴尔教授所言,"在因过失而导致的环境事故中,如果既承认受污染的不动产所有权人的财产损失赔偿请求权,又对当地所有居民因植被和动物群体的破坏而遭受的生活乐趣之丧失给予金钱赔偿,侵权行为法就会损害受其调整的私法主体并最终摧毁其所归属的私法体系"。[64]

由此,私法语境下的环境权,只能从其原初意义上进行考察,即面临环境污染和生态破坏日益危及人类生存和发展,以财产权保护为核心的传统法律制度不仅无助于解决这种危机,反倒正是这种危机之所以形成的制度原因。因而,环境权的产生,不是在传统人身、财产权益体系中争得一席之地,而是对不能为人身、财产权益所涵盖的部分提供权利基础。作为人对环境所享有的权利,其在公法体系中是作为国家环境保护义务的价值依据,在私法体系中则体现为侵害他人所享有的清洁、健康的环境时所应承担的责任。也就是说,侵

---

〔63〕［德］克雷斯蒂安·冯·巴尔:《欧洲比较侵权行为法》(下卷),焦美华译,法律出版社2001年版,第1页。

〔64〕［德］克雷斯蒂安·冯·巴尔:《欧洲比较侵权行为法》(下卷),焦美华译,法律出版社2001年版,第1~2页。

害环境权实际上是环境侵权的前提或必经阶段，侵害环境权造成的是生态损害，而环境侵权造成的人身、财产损害。这一定位，有助于理顺民法与环境法关于环境侵权中的权益侵害问题，并为生态损害的民事救济提供有益的思路。

（二）民法环境权的规范效力

否定环境权作为环境侵权的侵害客体，并不意味着生态损害在私法体系下完全得不到观照。在特定情形下，侵害环境权的行为也可以直接通过相关私法体系加以应对，或者依照民事诉讼的程序加以救济。其原理是，由于生态环境同时具有生态价值与经济价值，当生态价值受损时，可以通过经济价值的保护路径进行部分救济，即将生态环境组分特定化为物权的客体，从而使得生态损害（生态价值）得以通过财产损害（经济价值）的形式加以展现，此时人对环境所享有的抽象权利（环境权）就具体化为可在私法框架得以救济的私权（物权）。如果加害人侵害他人财产的同时也对生态环境造成了破坏，则民法上的恢复原状就为生态损害纳入民法调整提供了一个"接口"，即"恢复原状"也应该包括对生态破坏的恢复原状，在无法恢复原状时还可以请求赔偿损失。

但是，在这种间接保护模式下，生态损害所侵害的法益——环境权实际是资源损害侵害法益——物权的"反射利益"，这种利益的保护主要通过恢复原状和金钱赔偿加以应对，但这两种救济手段在应对生态损害时往往存在诸多难题，如须以生态环境组分或要素可以特定化为物权的客体为前提、难以实现对生态价值的全面关怀、在救济力度和范围上都极为有限等，故很多学者又提出可以采取扩大"一般人格权"的路径，或者将"洁净空气"、"纯净的水"、"无噪声"归入民法典所规定的"其他权利"，或者将生态损害认定为"纯粹经济损失"等进行应对，但这种以传统的个体人身、财产权利来主张请求权的做法，远难以适应整体生态环境所附着的公共利益。[65] 因而，生态损害若想在私法框架内加以解决，就需要为生态价值寻找一个"权利主体"，使其能够如物的损害中的权利主体一样直接提起诉讼，即确立一个"公法性质、私法操作"的请求权。此时，原告提起诉讼不是基于其对生态环境享有直接的人身或财产权益，而是作为环境权的主体；目的不是"保障个人的权利或利益"，而是通过

---

〔65〕［德］冯·巴尔：《大规模侵权损害责任法的改革》，贺栩栩译，中国法制出版社 2010 年版，第 81～87 页。

立法技术，建立新的诉讼制度，利用“诉讼”程序来实现“维持客观的法秩序”或者“保护公共的利益”。这种新的诉讼本质上是不同于私益诉讼的客观诉讼；同时，基于宪法环境权所派生的国家环境保护义务，当国家没有正确履行此种义务时，作为环境权主体的公民及其组织亦可以提起公益诉讼。[66] 由此就为环境公益诉讼提供了权利和利益基础。

## 延伸阅读 [67]

环境权理论自提出以来毁誉参半，焦点集中在其能否成为一项可诉性权利，或者说环境权能否类型化、具体化。该书从民法角度完成了环境权类型化与具体化的基本构想，以作为对这一问题的回答。从环境权的人权属性以及对人权的全面保障需要出发，论证了环境权与民事权利的沟通与协调关系，阐明了时代发展对协同性法律规范的迫切需求；结合中国民法典的制定，提出了面向21世纪的民法典可能是而且应该是“绿色民法典”的观点，就民法典中的人性基础、环境物权制度、环境合同制度、环境人格权制度、环境侵权责任制度以及环境民事诉讼制度进行了系统论证，为将环境保护的理念及相关制度摄入中国物权法及民法典的制定中提供了较为充分的理论依据，为突破部门法局限、创新法学研究方法，建立环境法与民法理论的沟通与协调机制提供了全新思维。

## 思考题

1. 环境权为什么产生？它经历了哪些发展阶段？
2. 为什么说环境权是一种新型权利？
3. 环境权与传统民事权利是什么关系？

---

〔66〕 张宝：《环境侵权的解释论》，中国政法大学出版社 2015 年版，第 214 ~ 231 页。
〔67〕 吕忠梅：《沟通与协调之途——论公民环境权的民法保护》，中国人民大学出版社 2005 年版。

# 第五章　环境法基本制度

**本章导读**

环境法基本制度是根据环境保护的任务和目的，以环境法基本原则为指导而建立的具有重要作用的法律制度，是由环境法律规范组成的相互配合、相互联系的特定体系。环境法基本制度是一切从事自然资源开发和利用环境的公民、法人和其他组织都必须严格遵守的法律制度。确立环境法基本制度对环境法律秩序的建立和维护具有重要意义，对具体的环境保护工作具有指导作用和基石效用。我国已经建立起了比较完备的环境法基本制度体系，包括环境监督管理制度、保护和改善环境制度、防治污染和其他公害制度三大类。

## 第一节　环境法基本制度概述

### 一、环境法基本制度的概念及其特征

环境法基本制度是根据环境保护的任务和目的，以环境法基本原则为指导而建立的具有重要作用的法律制度，是由环境法律规范所组成的相互配合、相互联系的特定体系。环境权为国家承担环境保护职责、实施环境管理提供了合法性基础，也是建立环境法基本制度的基本依据。在结构上，它是由调整环境社会关系的环境法律规范构成的具体的环境法律制度，是国家为调整环境社会关系而创设的以国家强制力保障实施的环境法规范体系。在内容上，它是以环境管理权赋予和行使为核心，调整在环境保护监管过程中形成的环境社会关系。

环境法基本制度规定了环境管理主体在特定领域的行为模式及法律后果，其基础是环境法律关系中的权利与义务、权力与职责，是对这些权利义务、职责权限的具体化和系统化，是环境管理行为的依据和出发点。环境法基本制度是环境管理职能在环境法上的具体体现，是一切从事自然环境开发和利用的公民、法人和其他组织都必须严格遵守环境法基本规范，违反了这些规范，将承担不利的法律后果。

由于环境法是由多种性质和不同层级的法律规范组成的庞大体系，其中必然存在有多种、多层次的制度。从立法实践看，我国已经建立起了比较完备的环境法律制度体系，各项制度相互配合，形成有机整体，保证我国的环境保护工作能够"有法可依"。这些制度涵盖了国土空间管理、战略规划、综合决策和单项措施等多个环节，形成了层层递进的环境保护制度体系。在这个制度体系中，既包括环境保护的基本法律制度，也包括一般的环境保护法律制度。相对于一般法律制度，环境法基本制度具有如下特征：

1. 环境法基本制度是国家承担环境保护职责的基本依据。环境法因确立国家环境管理的职能而产生。国家在以宪法形式宣告为国民保护环境，应履行环境保护的国家职责、保护国民的环境权以后，必须有具体的法律形式将宪法原则加以落实，于是产生了环境保护的专门立法。其中，环境基本法的一项重要职能就是将国家的相关职能具体化为各种法律制度，通过国家授权，将环境保护的职责落实到具体的职能部门，作为国家承担环境保护职责的法律依据。这些制度构成了环境法的基本制度。比如，美国《国家环境政策法》确立了环境影响评价等三项基本制度，从而确立了国家环境保护的基本体制和运行机制。

2. 环境法基本制度是环境保护体制机制运行的基础性制度。国家环境管理涉及各个方面、多个环节，涉及多个部门的权力配置和多种利益关系的协调。环境法基本制度是对相关权力配置和利益协调的主要方面和原则所进行的设计，确立相关权力配置的基本原则、利益协调价值取向等，是对环境法基本原则的具体化，也是环境保护体制机制运行的基础。比如，环境规划制度作为环境法基本制度，规定了环境规划的主体、不同规划之间的地位与关系、规划的内容衔接及编制程序等，是对各种类型、各个层级环境规划的统一规范，所有规划都必须一体遵行，具有基础性地位。

3. 环境法基本制度是相互协调和配合的制度体系。环境管理必须遵循生态规律。生态系统的相关性、整体性、平衡性特征决定了环境管理必须具有整体性、协调性,是一个沟通协调、联动协同的整体。环境法基本制度之间更应该体现这种特性,各制度之间具有内在的逻辑联系,是具有共同目标、共同任务但有不同方面、不同重点的沟通与协调体系。比如,许可证制度之所以被称为环境法的“支柱性”制度,就是它作为环境监督管理的基本制度,既能够通过具体的为排污者设定义务实现控制污染物排放的功能,又能够通过控制污染物的排放起到实现预防为主原则的目标。而许可证制度的实施,与环境规划制度、环境影响评价制度、环境标准制度、环境监测制度等多项制度密切联系,这些制度有的是许可证发放的前提条件(如环境规划制度),有的是许可证义务确定的基础(如环境标准制度),有的是许可证管理的必要支撑(如环境监测制度)。

## 二、我国环境法基本制度的形成与发展

随着我国经济社会的高速发展,环境问题越来越复杂多样。处于应对和解决环境问题核心地位的环境法基本制度从无到有,不断从单一走向丰富,从简陋走向完善。

### (一)初创阶段

1972 年到 1979 年,是我国环境法基本制度的初创时期,经历了制度从雏形到建立的过程。1972 年,我国派代表团参加了斯德哥尔摩人类环境会议,1973 年 8 月召开了第一次全国环境保护工作会议,制定《关于保护和改善环境的若干规定》。该《规定》确立了“全面规划、合理布局、综合利用、化害为利、依靠群众、大家动手、保护环境、造福人民”的环境保护工作方针,规定了“统筹兼顾、全面安排”的原则,以及“三同时”制度和奖励综合利用的政策。1979 年我国制定《环境保护法(试行)》,确立了建设项目环境影响评价、环境标准、限期治理、排污收费等制度,环境法律基本制度体系开始建立。该法吸收了 1972 年联合国人类环境会议以来,限制经济活动、保护环境的国际先进理念,在结构上强调防治污染与保护自然环境并重,但并未在制度设计上得到较好体现。在制度体系上,各项制度不仅零散,且与后来制定的环境单行法缺少明确分工;在制度内容上,不仅表述模糊,且偏重于工业污染的末端治理,较

少涉及生态保护。

（二）发展阶段

20世纪八九十年代我国环境管理基本制度的发展阶段，其特征是应急性的防治结合、过程控制。1989年制定的《环境保护法》，明确了环境监督管理体制，增加了体现防治结合、源头控制、过程控制等理念的环境规划制度、环境监测制度、“三同时”制度、排污申报制度、防止污染转移制度，以及环境应急制度，环境影响评价制度，环境基本法律制度的体系性显著增强，制度的内容也更为清晰明确。但是，主要制度仍集中于污染控制，生态保护基本制度则主要通过《森林法》、《草原法》、《矿产资源法》、《土地管理法》、《渔业法》等自然资源单行法规定。随着我国经济社会的飞速发展，在强烈的“GDP冲动”下，《环境保护法》确立的“环境保护同经济建设和社会发展相协调”原则，在实践中演变为“经济增长优先”。同时，受“宜粗不宜细”的立法思想影响，我国的环境基本法律制度在实际执行中普遍存在政府责任不落实、行政执法不到位、企业成法成本低等问题，可执行性和可操作性严重不足，生态环境整体恶化的趋势仍未得到根本遏制。[1]

（三）完善阶段

进入21世纪以来，环境管理基本制度进入系统化、整体性建设阶段。2014年修订的《环境保护法》重新定位了环境与发展的关系，明确提出推进生态文明建设，促进经济社会可持续发展，明确要使经济社会发展与环境保护相协调，环境法基本制度的广度、深度呈现出飞跃式的发展，不仅有所突破，而且强化了基本制度之间的联动配合，污染防治和生态保护并重，既解决当前环境保护中的共性问题，又解决突出问题，体系化程度不断提高。现行《环境保护法》完善了环境规划制度、环境影响评价制度等旧有制度，吸收了水和大气污染防治单行法中行之有效的排污许可管理制度，增加了强化政府责任的环保督政问责制度，体现预防原则的生态红线制度，以及推动政府、市场和社会“多元共治”的生态补偿等新制度。一方面，制度自身日益完善，深度得以拓展。环境规划制度的内容从单项规划发展为综合规划，从“多规并行”调整为“多规合一”。环境影响评价制度从1979年《环境保护法（试行）》概括性提出

---

〔1〕《全国生态保护“十二五”规划》（2013年1月25日环境保护部发布）。

建设项目环境影响评价，到1989年《环境保护法》明确建设项目环境影响评价的具体内容，再到2003年制定《环境影响评价法》，综合规定环境影响评价制度，增加规划环境影响评价，2014年《环境保护法》又新增了政策环境影响评价。另一方面，不断健全配套措施、实施手段，提升制度的可操作性和可执行性。如环保督政问责制度包括约谈、区域限批、挂牌督办、综合督查和环保督察等实施手段，有环境保护目标责任制和考核评价、党政同责、自然资源资产离任审计等配套措施予以保障。

到目前，我国已经形成了环境监督管理制度、保护和改善环境制度、防治污染和其他公害制度三大类环境法基本制度，这些制度主要由《环境保护法》加以规定，在相关单行法中也有具体体现。

## 第二节　环境监督管理制度

国家承担积极的改善环境质量的义务，是环境权的内在要求。世界各国的环境保护经验表明，建立完善的环境监督管理制度是国家承担环境保护责任最为基础和有效的手段之一。环境监督管理制度将国家层面的环境监管任务依法分解到地方层面加以实施，实行国家与地方双重负责，以行政区域或者自然区域管理为核心进行环境监管，地方政府对辖区内的环境质量负责。

环境监督管理制度是根据特定的任务和目的，以环境法基本原则为指导建立起来的具有重要作用的法律制度，是上升为法律规范的环境监督管理的行政、经济、技术措施及手段，违反这些制度行为人要承担相应的法律责任。根据《环境保护法》和相关法律的规定，环境监督管理制度主要包括环境规划制度、环境影响评价制度、环境标准制度、环境监测制度。

### 一、环境规划制度

#### （一）环境规划制度的含义

环境规划制度指环境规划工作的法定化、制度化，是通过立法形成的关于环境规划工作的基本制度。环境规划是对环境保护工作的总体部署和行动方案,也是对一定时间内环境保护目标、基本任务和措施的规定。通过规划对环境资源的开发利用和保护进行事前安排,决定环境资源可利用总量,是实施总量控制的基础,能更好地确定环境与发展之间的平衡点。世界各国在寻求协调环境与发展的合理战略中,规划制度是其中的重要措施〔2〕。

我国现行规划类型众多,仅涉及空间资源的利用就有国民经济和社会发展规划、城乡规划、土地利用总体规划、环境规划等多项规划,制定主体多元、层级复杂、目标各异、内容交叉、管制重叠、标准不一的各类规划共同对空间进行布局和管制,在同一空间存在较大差异甚至相互矛盾。这种"多规并行"带来的不协调、不衔接、不统一严重削弱了规划的科学性和权威性,甚至造成空间管理无序、土地资源浪费、环境保护失控、审批效率低下等严重问题。其根本原因在于规划之间缺乏统领的战略引导,缺乏全面的空间统筹,"条块分割"现象严重,重纵向控制,轻横向衔接和有机联系。

规划失误是最大的浪费。实现规划的最大效益,必须提高各种规划之间的相互协调性,改革规划体制,为建立统一衔接、功能互补、相互协调的空间规划体系奠定基础。为此,国家在《关于加快推进生态文明建设的意见》等政策和法律中提出健全空间规划体系,推动经济社会发展、城乡、土地利用、生态环境保护等规划"多规合一",优化国土空间开发格局,科学合理布局和整治生产、生活、生态空间。目前,全国已有28个市县开展"多规合一"试点。〔3〕

"多规合一",是指以国民经济和社会发展规划为依据,打破条块分割和部门局限,加强衔接,将国民经济和社会发展规划、城乡规划、土地利用规划、环境规划等多个规划融合到一个区域上,确保"多规"确定的保护性空间、开发边界、城市规模、环境容量等重要空间参数一致,并在统一的空间信息平台上建立控制线体系,以实现优化空间布局、有效配置各种资源、提高政府空间管控水平和治理能力的目标,解决现有各类规划自成体系、内容冲突、缺乏衔接等问题。

---

〔2〕 金瑞林、汪劲:《20世纪环境法学研究评述》,北京大学出版社2003年版,第214页。

〔3〕《关于开展市县"多规合一"试点工作的通知》(2014年8月26日国家发改委、国土部、环保部和住建部四部委发布)。

“多规合一”的目的是促进空间治理转型，优化空间结构，实现空间发展。相比“多规并行”的乱象，“多规合一”能有效构筑边界，通过控制线体系的建立，优化空间功能布局，解决城乡发展和环境保护的规模、边界与秩序问题。

“多规合一”的重点在于用地标准的建立、指标体系的统一、空间管控的一致，以实现功能优化、布局协同。“多规合一”的核心在于明晰管理职责，按照空间战略布局整合各类规划的空间冲突，反映城市转型、产业转型和社会转型的新要求，划定城市开发边界和生态红线，实现从无序扩张向限定边界转变。

（二）环境规划的编制和实施

国家环境保护规划是全国环境保护工作的基础。国务院环境保护主管部门会同有关部门依法行使国家环境保护规划的编制权，应当根据国民经济和社会发展规划编制国家环境保护规划和区域环境保护规划，而且环境保护规划的内容必须与主体功能区规划、土地利用总体规划和城乡规划等相衔接。国务院依法行使国家环境保护规划的批准权。地方环境保护规划是县级以上人民政府对本行政区域内环境保护工作的总体部署，它根据国家环境保护规划的要求制定并由同级人民政府批准并公布。环境规划具有法律效力，各级人民政府要认真组织实施，并将其实施状况纳入地方政府环境保护目标责任制考核内容，层层建立环境目标责任制。

环境规划的编制要遵循“多规合一”要求，按照“统一标准”、“一致流程”、“一套规章”、“职责明确”的要求，构建协作、均衡、稳定、和谐的规划管理体系。环境规划的编制要有科学依据，要以生态承载力为基础。生态承载力有两层基本含义：(1)生态系统的自我维持与自我调节能力，以及资源与环境子系统的供容能力，这是生态承载力的支持部分；(2)生态系统内社会经济子系统的发展能力，这是生态承载力的压力部分。生态系统的自我维持与自我调节能力是指生态系统的弹性大小，资源与环境子系统的供容能力则分别指资源和环境的承载能力大小；而社会经济子系统的发展能力指生态系统可维持的社会经济规模和具有一定生活水平的人口数量。[4]

环境规划的编制是一个科学决策的过程，其程序包括对象调查、历史比较及有关环境问题的分类排序、目标导向预测、拟制方案、批准与公布等，最终形成有法律效力的规划。

环境的整体性决定任何地方都无法独善其身。《环境保护法》第20条建立了区域、流域联防联治制度，明确要求对跨行政区域的重点区域、流域环境污染和生态破坏实行统一规划、统一标准、统一监测、统一的防治措施，这对环境规划编制提出了更高的要求。

### （三）违反环境规划制度的法律后果

《环境保护法》等法律法规对环境规划制度有相关义务规定，但没有与之对应的责任规定或者规定不明。针对这种情况，一些环境政策强调不能组织实施未依法进行环境影响评价的开发利用规划、不能不顾生态环境盲目决策等，否则将追究责任，主要有区域限批、行政问责、党政同责、生态环境损害责任等措施。[5]

## 二、环境影响评价制度

### （一）环境影响评价制度的含义

环境影响评价，是指对政策、规划和建设项目实施后可能造成的环境影响进行调查、分析、预测和评估，提出预防或者减轻不良环境影响的对策和措施，进行跟踪监测并实施防治环境污染和破坏的措施及方法。环境影响评价制度，是环境影响评价活动的制度化和法定化，是通过立法确定环境影响评价活动的相关规则，是一项具有预测性和综合性的环境法基本制度。

环境影响评价制度与环境容量密切相关。环境影响评价源于对环境容量的关注，并伴随着环境容量的增减而发展，实施环境的最终目的也是基于环境容量的考量，提出预防或者减轻不良环境影响的对策和措施。为发挥对环境容量的最大效用，环境影响评价制度应以强化制度有效性和事前、事中、事后

---

〔4〕 高吉喜：《可持续发展理论探讨：生态承载力理论、方法与应用》，中国环境科学出版社2001年版，第12～28页。

〔5〕 《关于加强环境监管执法的通知》（2014年11月12日国务院办公厅发布）。

监管为目标,与总量控制制度、三同时制度、排污许可制度等进行融合,从微观管理向宏观控制转型,从源头管理向排污口管理转型,从静态管理向动态管理转型,从前端服务向过程服务转型。通过健全和完善规划环境影响评价、项目环境影响评价和战略环境影响评价制度,将环境容量、环境标准、功能分区、产业布局落实到政府的宏观经济发展决策中,真正实现地方政府对环境质量负责。

“二战”以后,随着环境事件频发,人们开始运用相关学科的研究成果,预测和评估拟议中的人类活动可能会给环境带来的影响和危害,并有针对性地提出相应的防治措施。经过一段时间的实践,1964 年在加拿大召开的国际环境质量评价会议上,首次提出了“环境影响评价”的概念。1969 年,美国国会通过的《国家环境政策法》首次以法律的形式将环境影响评价作为一项法律制度确定下来,很快为许多国家和地区的环境立法所仿效。我国早在 1979 年的《环境保护法(试行)》中就规定了建设项目环境影响评价,经过 30 多年的发展,已建立起涵盖规划环境影响评价、建设项目环境影响评价,以及政策环境影响评价三大类型,内容丰富,法律责任明晰的环境影响评价制度。

(二)环境影响评价的范围

1. 规划环境影响评价

对规划进行环境影响评价,旨在协助政府在规划中充分考虑环境因素,消除和降低因规划失误和考虑不周造成的环境影响,从源头上控制环境问题的产生。

(1)综合规划。按照法律规定,土地利用规划和区域、流域、海域的建设、开发利用规划,应当进行环境影响评价。

(2)专项规划。专项规划分为指导性规划和非指导性规划。指导性的专项规划主要是指提出预测性、参考性指标的一类规划;非指导性专项规划是指指标和要求比较具体的一类规划。两类专项规划适用的评价方法不同。

进行规划环境影响评价,目的在于准确定位经济和社会的发展。比如,不能在严重缺水地区发展高耗水工业和产业;不能在严重缺乏资源和能源的地区发展重工业;不能在江河湖海流域敏感区发展重化工企业;不能在环境条件特别恶化的地区发展人类居住区。根据环境、资源、生态确定优先开发区、重点开发区、限制开发区和禁止开发区。

2. 建设项目环境影响评价

根据《环境影响评价法》和《建设项目环境保护管理条例》的规定，凡是从事对环境有影响的建设项目都必须进行环境影响评价，范围包括工业、交通、水利、农林、商业卫生、文教、科研、旅游、市政等对环境有影响的一切基本建设项目、技术改造项目、区域开发建设项目、引进的建设项目。

3. 经济、技术政策环境影响评价

政策环境影响评价，是将环境影响评价置于重大宏观经济社会决策链条的前端，通过对环境进行数理分析预测及综合评价，科学理性地安排重点区域开发、生产力布局、资源配置和重大项目建设。与处于决策链中末端的行业或地区规划、具体建设项目相比，处于决策链源头的宏观政策对环境显然更具全局性、持久性的影响，一旦决策失误造成的环境灾难将难以估量。因此，政府在制定技术、经济政策的过程中，应该充分考量政策对环境可能造成的影响以提高决策的质量，建立起综合环境、经济、社会多种因素的多位一体决策机制。

美国、加拿大、荷兰等国对政府及政府相关部门制定的环境经济、技术等公共政策广泛开展环境评价。受当时立法背景的局限，我国的《环境影响评价法》没有规定政策环境影响评价，但《环境保护法》对政策产生的环境影响进行评价作出了原则性规定。该法第 14 条规定："国务院有关部门和省、自治区、直辖市人民政府组织制定经济、技术政策，应当充分考虑对环境的影响，听取有关方面和专家的意见。"考虑到我国经济、技术政策的制定所牵涉的范围很广、不确定性大，政策制定没有明确的程序，因此，今后应当通过修订《环境影响评价法》等配套立法，形成明确而系统的政策环境影响评价制度。

### （三）不依法进行环境影响评价的法律后果[6]

未依法进行环境影响评价的规划，不得组织实施。未依法进行环境影响评价的建设项目，不得开工建设。对不依法进行环境影响评价的责任人进行追究。

环境影响评价机构在有关环境服务活动中弄虚作假，对造成的环境污染和生态破坏负有责任的，除依照有关法律法规规定予以处罚外，还应当与造成

---

〔6〕《环境保护法》第 19 条、第 61 条、第 63 条、第 65 条等。

环境污染和生态破坏的其他责任者承担连带责任。

同时,通过强化责任提高环境影响评价质量。建立对环境影响评价机构和环境影响评价从业人员的追责惩罚机制,要求环境影响评价机构对环境影响评价文件负全责,责任终身追究。对违法批准环境影响评价报告的机构和负责人,追究其行政和刑事责任。

(四)环境影响评价制度的实施

长期以来,我国环境影响评价制度实施情况不太理想。一方面,"未批先建"现象比较普遍,其重要原因之一就是允许补办环境影响评价手续,而且没有罚款处罚。《环境保护法》及其配套立法取消了补办环境影响评价手续,有违法就有处罚。自2015年《环境保护法》实施以来,对于环境影响评价违法问题,不仅直接罚款,而且可以责令停止建设。全国"未批先建"建设项目明显减少,充分贯彻了预防为主原则。另一方面,环境影响评价机构的独立性不够,监管缺位,弄虚作假严重影响了环境影响评价的质量。据环境保护部的统计,全国1100多家具有资质的环评机构中,422家有过违法、违规案底,占比超过1/3。环境影响评价业务由独立的环境影响评价中介服务机构、独立的市场主体承担,才能确保环境影响评价审批不受利益干扰。为此,国家专门制订方案,推动全国环保系统所属环境影响评价机构与环保部门完全脱钩,全面强化环境影响评价机构监管,对环境影响评价文件质量低劣的机构和编制人员,一经发现,负责审批环境影响评价文件的环保主管部门均有权直接处理、处罚。

## 三、环境标准制度

(一)环境标准制度的含义

环境标准是国家根据人体健康、生态平衡和社会经济发展对环境结构、状况的要求,在综合考虑本国自然环境特征、科学技术水平和经济条件的基础上,对环境要素间的配比、布局和各环境要素的组成以及进行环境保护工作的某些技术要求加以限定的规范。其主要内容为技术要求和各种量值规定,为实施环境法的其他规范提供准确严格的范围界限,为认定行为的合法与否提供法定的技术依据。环境标准是环境立法的科学依据,是环境评价的技术基础,是环境管理的重要手段。环境标准发展的快慢、水平的高低,决定了环保工作的先进与落后。

环境标准制度是随着环境法制的建立而逐步发展起来的，是环境保护的技术规范和法律规范有机结合的综合体。国际标准化组织在1972年开始指定环境基础标准和方法标准。我国自1973年颁布《工业“三废”排放试行标准》开始，逐步建立了环境标准体系与环境标准法律制度。《环境保护法》第15～16条对我国的环境标准制度作了明确规定。

（二）环境标准的内容

环境标准的内容，是在环境基准的基础上，综合环境保护、公众健康、社会发展等各种因素确定的一个标准数值。对环境标准内容的确定，要以促进人与自然和谐相处为向度，既体现控制污染、保障公众健康的价值取向，又体现自然资源节约利用、循环利用的现实需要；既要满足人类的物质需要，也要注重环境保护及防止资源浪费。

环境标准总体上可以分为三级五大类，三级指国家环境标准、环保部制定的行业环境标准和地方环境标准，五大类指环境质量标准、污染物排放标准、环境监测方法标准、环境标准样品标准和环境基础标准。环境标准还可以分为强制性环境标准和推荐性环境标准。[7]

《环境保护法》第15条特别规定鼓励环境基准研究。环境基准是指环境中污染物对特定保护对象（人或其他生物）不产生不良或有害影响的最大剂量或浓度，是一个基于不同保护对象的多目标函数或一个范围值。环境基准主要是通过科学实验和科学判断得出，它强调“以人（生物）为本”及自然和谐的理念，是科学理论上人与自然“希望维持的标准”。环境基准和环境标准是两个不同性质的概念，环境基准是科学术语，由环境物质与特定对象之间的剂量——效应关系确定，不包含社会、经济、技术等人为因素，也不具有法律效力，但它是制定环境标准的基础和科学依据。环境标准规定的环境有害化学组分或物理因素的容许浓度（或剂量、强度）原则上应小于或等于相应的环境基准值，是环境保护工作的“自然控制标准”，是国家进行环境质量评价、制定环境保护目标与方向的前提依据。因此，进行环境基准研究意义重大。

---

〔7〕《环境标准管理办法》第3条、第5条。

(三)环境标准的实施

环境标准制度内容丰富,地位重要。在实施中,需注意以下几点:(1)注重环境标准之间的内容衔接。环境标准类型繁多,但标准之间不能相互孤立,而要相互支撑、配合。例如,环境质量标准与污染物排放标准之间要有效衔接,才能通过减排提升环境质量。(2)把环境标准的指引性与强制性有机结合。既要注重发挥环境标准的指引功能,明确可以排污的数值;又要注重发挥其约束功能,明确超标排污等违反环境标准行为的法律后果。(3)把环境标准制度的完善融入环境保护制度的整体构建之中。完善以环境质量标准为核心的环境标准体系的科学性、系统性、适用性,形成层次分明、协同支撑、相互配合的系列环境标准,为环境管理提供支撑。同时,环境保护不能仅仅依靠环境标准制度,要把环境标准制度与环境规划制度、环境影响评价制度、生态补偿制度等其他制度有机结合起来,形成完整的环境保护法律体系。(4)明确适用环境标准制度过程中的政府责任。省级地方政府有制定地方环境质量标准的权力,政府环境保护或其他主管部门有确定环境质量标准适用数值的权力,同时,亦要承担相应的法律责任。[8] (5)建立、健全环境与健康监测、调查和风险评估制度,开展环境质量对公众健康影响的研究,采取措施预防和控制与环境污染有关的疾病。

(四)法律后果

环境标准一经颁布,即具有法律效力,必须严格执行,任何单位和个人不得擅自更改或降标。违反国家法律和法规规定,越权制定的国家环境质量标准和污染物排放标准无效。对不执行强制性环境标准的,依法予以处罚。

## 四、环境监测制度

(一)环境监测制度的含义

环境监测是指根据保护环境的需要,运用物理、化学、生物等方法,对反映环境质量的某些代表值进行长时间的监视和测定,跟踪其变化及其对环境产生影响的过程。环境监测的任务主要有三方面:(1)进行环境质量监测,对组

〔8〕 施志源:“环境标准的法律属性与制度构成——对新《环境保护法》相关规定的解读与展开”,载《重庆大学学报(社会科学版)》2016年第1期。

成环境的各项要素进行经常性监测，及时掌握、评价并提供环境质量状况及发展趋势；(2)进行环境污染监测，对有关单位排放污染物的情况进行监视性监测，为实施环境管理提供准确、可靠的监测数据；(3)进行环境科研和服务监测，发展环境监测技术，为环境科技的发展积累背景数值和分析依据。

环境监测制度是环境监测工作的制度化、法定化，是通过立法形成的有关环境监测工作的规范。目前，组成我国环境监测制度的主要是相关环境法律、法规、规章等。

### （二）环境监测机构

我国环境监测机构覆盖全国，包括各级环境监测管理机构、各部门的专业监测机构和企事业单位的监测站，基本形成了分工负责、联合协作、共同工作的环境监测网络。

随着我国经济社会的发展，环境监测格局亦随之发生变化。为防止地方监测数据作假，避免地方干预监测数据，我国开始实行省以下环保机构监测监察执法垂直管理制度，对地方环境监测站事权适度上收，并加强对地方环保责任的追究。根据《生态环境监测网络建设方案》，国控环境监测站的监测工作由国家环保部直接管理，省控环境监测站的监测工作则上收到省或直辖市的环保部门负责。事权上收，整合优化了国家环境监测网络，将有助于较大程度地防止地方行政干预，保证监测数据的正确性和真实性，提升环境监测数据的公信力和权威性。《环境保护法》实施一年来，因监测数据造假被查处的案件高达2658起，监测站篡改监测数据问题得到有效处理。[9]

### （三）环境监测机构的管理

对环境监测机构的管理主要包括对监测质量的管理、监测报告的管理、检测对象的管理。在环境监测中，要实行“五个统一”：统一管理、统一标准、统一监测、统一质量、统一信息发布，建立生态环境监测数据集成共享机制、构建生态环境监测大数据平台、建立统一的生态环境监测信息发布机制，使环境监测能力与生态文明建设要求相适应。[10]

---

〔9〕 崔静、杨丁淼、刘宝森：“一年‘揪出’2000多起　钢牙‘咬’出环保监测数据造假”，载新华网，http://news.xinhuanet.com/2016-04/15/c_1118626934.htm。

〔10〕 《生态环境监测网络建设方案》(2015年7月26日国务院办公厅发布)。

（四）法律后果

经调查审核，确认存在监测数据弄虚作假行为的，按照法律法规和《环境监测数据弄虚作假行为判定及处理办法》有关规定予以处理。新环保法对篡改、伪造或者指使篡改、伪造监测数据的行为提出了明确的惩处规定，首次将数据的质量问题上升到法律层面，具有了更高的约束力。《处理办法》规定了行政手段和法律手段两类处理手段。

## 第三节　保护和改善环境制度

保护和改善环境制度是指为防止生态破坏、维持生态平衡，保护环境、改善环境要素、提升环境质量的法律制度的总称。它是对生态保护和环境改善各项工作的法定化和制度化，是保护和改善环境方面的基本规范。保护和改善环境的主要目的在于保证自然资源的永续开发利用，支持所有生物的生存能力。生态保护红线制度、生态补偿制度、环保督政问责制度等，都是对这一理念的贯彻。

### 一、生态保护红线制度

（一）生态保护红线制度的含义

生态保护红线制度是我国环境保护制度的重要创新。它是指在自然生态服务功能、环境质量安全、自然资源利用等方面，实行严格保护的空间边界与管理限值，以维护国家和区域生态安全及经济社会可持续发展，保障人群健康的法律规定。在我国，生态保护红线是继"18亿亩耕地红线"后，被提到国家层面的新的"生命线"。《环境保护法》明确规定：国家在重点生态功能区、生态环境敏感区和脆弱区等区域划定生态保护红线，实行严格保护。这标志着我国初步建立了生态保护红线制度。

生态保护红线制度最早来自于地方环境保护的立法探索，改革开放较早、生态环境保护问题较早凸显的一些经济特区，如深圳、厦门等地较早树立了系统保护生态环境的理念，通过地方立法规定了生态红线制度。

1. 划定生态保护红线是维护国家生态安全的需要。近年来，我国资源环境形势日益严峻，只有划定生态保护红线，按照生态系统完整性原则和主体功能区定位，优化国土空间开发格局，理顺保护与发展的关系，改善和提高生态系统服务功能，才能构建结构完整、功能稳定的生态安全格局，维护国家生态安全。

2. 划定生态保护红线有助于增强经济社会可持续发展能力。划定生态保护红线，引导人口分布、经济布局与资源环境承载能力相适应，促进各类资源集约节约利用，对于增强我国经济社会可持续发展的生态支持能力意义重大。

3. 划定生态保护红线是遏制生态环境恶化总态势的“制度屏障”。生态保护红线不能突破，一旦突破必将危及生态安全、人民生产生活和国家可持续发展，它是国家生态安全的底线和生命线，划定生态保护红线并予以保障，一体遵行，把良好生态系统尽可能保护起来，能在最大程度上改善环境，扭转恶化趋势。

（二）生态红线保护制度的内容

1. 生态保护红线的划定

生态保护红线，是指对维护国家和区域生态安全及经济社会可持续发展，保障人民群众健康具有关键作用，在提升生态功能、改善环境质量、促进资源高效利用等方面必须严格保护的最小空间范围与最高或最低数量限值，具体包括生态功能保障基线、环境质量安全底线和自然资源利用上线，可简称为生态功能红线、环境质量红线和资源利用红线。[11]

生态功能红线，是指对维护自然生态系统服务，保障国家和区域生态安全具有关键作用，在重要生态功能区、生态敏感区、脆弱区等区域划定的最小生态保护空间；环境质量红线是指为维护人居环境与人体健康的基本需要，必须严格执行的最低环境管理限值；资源利用红线是指为促进资源能源节约，保障能源、水、土地等资源安全利用和高效利用的最高或最低要求。[12] 基于环境容量不同，在不同主体功能区发展中应做到：禁止开发区，必须与生态补偿制

---

〔11〕《生态保护红线划定技术指南》（2015 年 4 月 30 日环境保护部发布）、《关于加强资源环境生态红线管控的指导意见》（2016 年 5 月 30 日国家发展改革委等九部委发布）。

〔12〕《国务院关于加强环境保护重点工作的意见》（2011 年 10 月 17 日发布）。

度相结合，强调生态产品和生态服务的价值；限制开发区，必须与总量控制指标和规划环境影响评价相结合；优化开发区和重点开发区，必须与当地发展方式转变、产业结构调整相结合。生态红线划定的主体对象是重要生态功能区、生态敏感区和生态脆弱区。

2. 生态保护红线的功能

划定生态红线的主要功能是重要生态服务保护、人居环境保障和生物多样性保育。划定的主要目的是保护对人类持续繁衍发展及我国经济社会可持续发展具有重要作用的自然生态系统。通过划定生态红线，可以进一步优化生态安全格局，增强我国经济社会可持续发展生态支持能力，保障国家安全。

（1）重要生态服务功能保护区红线是国家生态安全的底线。划定重要生态服务功能保护红线，首先应明确重要其分布范围，然后围绕它的主导生态功能，开展生态服务功能重要性评价，最终在空间上确定最需要保护的核心生态服务功能区域。重要生态服务功能保护区红线的划定，既保护了区（流）域范围自然—社会—经济复合生态系统中供给生态服务的关键区域，也能够从根本上解决资源开发与生态保护之间的矛盾。

（2）生态脆弱区和敏感区生态红线是人居环境与经济社会发展的基本生态保障线。划定生态脆弱区和敏感区红线，首先，应基于区域主要生态环境问题，明确典型生态系统服务功能、资源利用与人类活动的相互作用关系及空间范围。例如，荒漠绿洲交接区保护红线需要明确沙漠化过程与周边人类活动干扰和水资源利用之间的相互作用过程。其次，要通过生态脆弱性和敏感性及生态服务功能重要性评价，根据区域地理特征、生态结构和生态服务功能差异，统筹划定生态脆弱区和敏感区保护红线，构建国家人居环境屏障格局，为人居环境安全提供有力的生态保障，为协调区域生态保护与生态建设提供支撑。

（3）生物多样性保育区红线是关键物种与生态资源的基本生存线。划定生物多样性保育区红线，应选择稀有程度强、濒危等级高、受威胁程度大的关键物种和生态系统作为生态红线的保护对象。要在国家层面选取重要的动植物物种和生态系统，开展濒危性、特有性及重要性评价。然后，收集遴选关键物种和生态系统的分布信息，确定其分布范围及当前保护空缺，以维护物种和生态系统存活的最小面积为原则，最终划定生物多样性保育红线，以维持我国关键动植物物种和生态系统长期存活，为我国生物资源保护与持续利用提供基本保障。

3. 生态保护红线功能的实现

(1)建立资源环境生态红线制度和预警机制。基于国土安全和环境风险管理,确定不同尺度上的生态空间、资源环境容量,为严控各类开发活动逾越生态保护红线奠定基础。依照科学基础、法律规定和相关程序,征求利益相关方意见,考虑合理范围、可操作性和保障能力,科学划定生态红线,促使自然资源得到可持续开发利用,保障环境质量只能更好、不能变坏,保护和修复各类资源的生态功能。在此基础上,建立资源环境生态监测评估体系和预警机制。

(2)制定三级递进机制构建保障体系。应建立以行业机构科研为先导,以政府决策、管理为主导的监测监察—预测预警—法律法规三级递进的生态红线保障机制,重点解决综合决策、区域协调、管理体制等突出问题,逐步建立完善国土生态安全法律法规保障体系,切实保护生态红线。

(3)建立分级分类分区管控机制。在生态红线划定上,须由国家根据国土生态安全格局的要求,结合国情和当地生态环境实际,一线划到底。但在划定后,可实行从国家到地方的分级管控机制,实行属地化管理。国家对生态红线实行宏观监管,省级人民政府对辖区内的生态红线管控负总责,市、县两级地方人民政府具体负责生态红线的管理。此外,各级人民政府可根据红线划定功能不同与空间分布情况,制定与生态功能保护相适宜的差异性管理制度,建立科学的分类分区管控机制。

(4)设立红线管控制度。从资源、环境、生态三个方面加强管控,将各类开发活动限制在资源环境承载能力之内。管控资源红线,设定资源消耗的上限,将各类开发活动限制在资源环境承载能力之内,合理设定资源消耗"天花板";管控环境质量底线,确保各类环境要素质量"只能更好、不能变坏";管控生态红线,遏制生态系统退化的趋势。各级党委、政府对本地区生态文明建设负总责,最重要的是树立底线思维,管控资源消耗上限、环境质量底线、生态保护红线,确保生态功能不降低、面积不减少、性质不改变。

## 二、生态补偿制度

### (一)生态补偿制度的含义

生态补偿是一种使外部成本内部化的环境经济手段。作为环境资源保护的经济手段，生态补偿机制是调动生态保护建设积极性、促进环境保护的利益驱动机制、激励机制和协调机制。生态补偿从狭义角度理解是指对由人类社会经济活动给生态系统和自然资源造成的破坏及对环境造成的污染的补偿、恢复、综合治理等一系列活动的总称。广义的生态补偿则还应包括对因环境保护而丧失发展机会的区域内的居民进行的资金、技术、实物上的补偿、政策上的优惠，以及为增进环境保护意识，提高环境保护水平而进行的科研、教育开支。[13] 生态补偿具有范围的广泛性、手段的多样性和补偿的法定性等特点。

生态补偿不仅是环境与经济的需要，也是政治与战略的需要。它以改善或恢复生态功能为目的，以调整保护或破坏环境的相关利益者的利益分配关系为对象，具有经济激励作用。自然资源不仅具有巨大的经济价值，其生态价值的重要性随着环境问题的日益严峻也越发凸显出来。但在现有发展模式下，其生态价值多不被考虑，资源开发、利用者往往把生态破坏的外部不经济性转嫁给社会，并引发一系列社会冲突。同时，所有地区和所有人发展的权利都是平等的，都不能被剥夺发展的权利，更不能独自承担环境代价，也需要相关各方对放弃发展机会的该区域予以补偿，促进区域协调发展。因此，实施生态补偿意义重大。

生态补偿制度是以保护生态环境、促进人与自然和谐发展为目的，根据生态系统服务价值、生态保护成本、发展机会成本，运用政府和市场手段，调节生态保护利益相关者之间利益关系的公共制度。

我国自 1997 年提出积极探索“生态环境补偿机制”以来，生态补偿机制及类似表达多次在相关政策文件中出现。2008 年修订的《水污染防治法》首次以法律的形式对生态补偿机制予以规定。此后多地开展了生态补偿机制实践及规范制定。2013 年，国家提出“完善对重点生态功能区的生态补偿机制，推动地区间建立横向生态补偿制度”。2014 年，水利部提出要“建立流域上下游不同区域的生态补偿协商机制，推动地区间横向生态补偿”。《环境保护法》也明确规定国家建立、健全生态保护补偿制度。2016 年，国务院《关于健全生态保护补偿机制的意见》进一步指出，实施生态保护补偿是调动各方积

---

〔13〕 吕忠梅等：《超越与保守》，法律出版社 2003 年版，第 355 页。

极性、保护好生态环境的重要手段，是生态文明制度建设的重要内容，须进一步健全生态保护补偿机制。至此，我国逐步实现了生态补偿制度的体系化构建。

(二)生态补偿制度的内容〔14〕

1. 补偿缘由。因为社会各阶层都必须承担环境社会责任，所以需要通过生态补偿的形式，来实现这一责任。通过建设生态补偿制度，引导全社会树立生态产品有价、保护生态人人有责的意识，营造珍惜环境、保护生态的良好氛围。

2. 补偿理念、原则和实施领域。生态补偿基于创新、协调、绿色、开放、共享的发展理念，按照权责统一、合理补偿，政府主导、社会参与，统筹兼顾、转型发展，试点先行、稳步实施的原则，着力落实森林、草原、湿地、荒漠、海洋、水流、耕地等重点领域生态保护补偿任务。

3. 补偿主体。根据"谁开发谁保护，谁破坏谁恢复，谁受益谁补偿，谁污染谁付费"的基本原则，受益者、开发者、破坏者、污染者都可以成为生态补偿的主体。

4. 补偿内容。政府的生态补偿，就是政府为履行生态环境责任的事权所必需的财权；企业、社会团体和个人的生态补偿，就是企业、社会团体和个人为履行环境社会责任所必须承担的成本。

5. 补偿标准。补偿标准合理与否直接关系到补偿的实施进度和实施效果。在确定补偿标准时要充分考虑生态建设与保护过程中的各项成本、费用以及收益，与经济社会发展状况相适应，反映人对生态环境影响的程度和因素，考虑内控机制层面的因素和外部约束机制层面的因素，促进形成绿色生产方式和生活方式。

6. 补偿方式。补偿方式是影响生态补偿效果的重要因素。单一补偿方式并不是一种持续的、能够根本改善生态状况的方式，应该寻求多元补偿方式。具体有纵向和横向补偿两个维度：纵向就是要加大对重点生态功能区的转移支付力度，逐步提高其基本公共服务水平；横向就是引导生态受益地区与保护地区之间、流域上游与下游之间，通过多种方式实施补偿，规范补偿运行机制。

---

〔14〕《关于健全生态保护补偿机制的意见》(2016年4月28日国务院发布)。

生态补偿问题牵涉许多部门和地区，因此具有不同的补偿类型、补偿主体、补偿内容和补偿方式。为此，国家应建立一个具有战略性、全局性和前瞻性的生态补偿总体框架，逐步走向政府手段和市场化手段相结合的道路。目前应由政府主导，并注重培育市场化手段，使生态补偿机制走向良性循环。随着我国市场经济体制和环境管理体制的进一步完善，市场化补偿方式将能在更大范围内发挥生态补偿的作用。

7. 补偿对象。应为生态环境的保护者、恢复者、受损者。生态补偿的最终受益者是生态系统。生态补偿的环境社会责任，首先是通过税收、非税收入等形式，体现在政府，政府再通过转移支付、补贴等手段，体现到生态系统所在地的居民，最终，通过生态系统所在地居民对生态环境影响行为的变化，体现到生态系统。

8. 保障机制。建立稳定投入机制，完善重点生态区域补偿机制，推进横向生态保护补偿，健全配套制度体系，创新政策协同机制，结合生态保护补偿推进精准脱贫，加快推进法治建设，不断推进生态保护补偿制度化和法制化。

（三）法律后果

我国正经历着前所未有的生态难题，生态补偿机制是面向未来的预防机制，尽管已被纳入国家立法和基本国策中，但要建立一套适合我国国情而又行之有效的生态补偿机制绝非易事。需要各地区各有关部门建立协调机制，面向生态保护补偿机制建设中的重大问题，加强督促落实。对生态保护补偿工作落实不力的，适时启动追责机制，并实行补偿绩效考核。[15]

## 三、环保督政问责制度

（一）环保督政问责的含义

环保督政问责制度建立在地方政府的环境责任上。《环境保护法》明确规定了地方政府的环境责任，即对本行政区域的环境质量负责。对本行政区域的环境质量负责，就是要让环境质量越来越好，底线是不能越来越坏。环保督政问责就是指，如果环境质量下降了，生态比过去破坏了，地方政府就要承担责任。如果由于决策错误或者监管不力出现重大生态环境问题，就要追究

---

〔15〕《关于健全生态保护补偿机制的意见》（2016年4月28日国务院发布）。

党政领导人责任，而且终身追责。

环境的公共产品性质决定了在某种程度上完全用市场手段来调节可能失灵。地方政府环境责任的缺失是环境保护领域政府失灵、环境法律失灵的一个重要原因。我国政府环境责任的缺失主要表现为“重政府经济责任，轻政府环境责任”、“重企业环境义务和责任，轻政府环境义务和责任”、“重政府环境权力，轻政府环境义务”。我国地方政府是推动经济、社会发展的主导力量，在环境保护中也占有主导地位，解决环境问题的主要机制和作用还是集中在政府身上。因此，《环境保护法》强化了政府责任，让地方政府负责，开创性地设立了环保督政问责制度，通过目标评价机制和考核制度，让政府正确处理保护与发展的关系，在平衡经济发展和环境保护中起更大作用。环保督政问责制度主要体现于《环境保护法》及相关政策文件中，涉及诸多方面，每一方面都有深刻内涵和很强的针对性，是环保督政问责的基本依据。

规定环保督政问责制度，将进一步规范党政领导人的施政行为，既是环境保护的需要，也对经济转型和可持续发展发挥重要作用。

（二）环保督政问责的内容

环保督政问责的内容就是建立一套有效的问责激励机制，使党政领导干部切实转变执政理念，为生态保护和环境质量负责。在地方政府对环境质量负总责的要求之下，环保法具体规定了两方面的责任：一是带有监管性，或者说预防性、保护性的责任；二是对监管责任未落实的追究，也就是法律责任。监管责任是具体落实“地方政府应当对本行政区域的环境质量负责”的保证，法律责任则是督促地方政府落实监管责任。

《环境保护法》第 6 条第 2 款构成了环保督政问责的核心。地方政府应当对本行政区域的环境质量负责，应当改善环境质量。未达标的重点区域、流域的地方政府，应当采取措施按期达标。县级以上人民政府应当将环境保护目标完成情况纳入对本级人民政府负有环境保护监督管理职责的部门及其负责人和下级人民政府及其负责人的考核内容，作为对其考核评价的重要依据。

环保督政问责既确定了地方政府必须履行的法定责任，也明确规定了地方政府不能做什么：(1) 不能组织实施未依法进行环境影响评价的开发利用规划；(2) 不能超总量排污、未完成国家确定的环境质量目标；(3) 不能包庇环境违法行为;(4)依法应当作出责令停业、关闭决定的,不能不作为;(5)不能指使篡改、伪造监测数据;(6)不能马虎大意,导致发生重特大突发环境事件;(7)环境质量不能下降;(8)不能不顾生态环境盲目决策;(9)不能干预、阻碍环境监管执法。[16]

环境保护督政问责制度包括约谈、区域限批、挂牌督办、综合督查和环保督察等一系列措施。[17]《环境保护法》实施后,环保督政问责制度进一步强化。2015 年,环保部共约谈了 16 个地级市(自治州)和 2 个县的地方政府负责人;多个省级环保厅也开展了相应的约谈、督查。[18] 环保督政问责制度强调"党政同责、一岗双责"和"终身追责",促使各地党政领导人注重解决环境问题,推动地方环境质量的改善。

### (三)环保督政问责制度的实施

如果没有尽到环境质量责任,该如何督政问责?环保督政问责制度规定了一系列保障措施以促进实施。[19]

1. 实行环境保护目标责任制和考核评价制度

将环境纳入政绩考评,改变过去只注重经济指标的做法。要求不搞地区生产总值及增长率排名,同时加大资源消耗、环境保护等评价考核指标的权重,进行绿色政绩评价考核。地方党委和政府的生态文明评价考核应分年度评价考核、中期评价考核和离任评价考核。[20]

2. 党政同责

长期以来,由于行政监督制约机制不健全,地方党委政府环境保护主体责

---

〔16〕《环境保护督察方案(试行)》(2015 年 7 月 1 日中央深化改革小组十四次会议审议通过)、《生态环境监测网络建设方案》(2015 年 7 月 26 日国务院办公厅发布)。

〔17〕《环境保护部约谈暂行办法》(2014 年 5 月 16 日环境保护部发布)、《环境保护督察方案(试行)》(2015 年 7 月 1 日中央深化改革小组十四次会议审议通过)。

〔18〕王灿发等:《新〈环境保护法〉实施情况评估报告》(2016 年 5 月 26 日发布)。

〔19〕《环境保护督察方案(试行)》(2015 年 7 月 1 日中央深化改革小组十四次会议审议通过)、《开展领导干部自然资源资产离任审计的试点方案》(2015 年 11 月 9 日中共中央办公厅、国务院办公厅发布)、《党政领导干部生态环境损害责任追究办法(试行)》(2015 年 8 月 9 日中共中央办公厅、国务院办公厅发布)、《生态环境损害赔偿制度改革试点方案》(2015 年 12 月 3 日中共中央办公厅、国务院办公厅发布)。

〔20〕《关于改进地方党政领导班子和领导干部政绩评价考核工作的通知》(2013 年 12 月 6 日中共中央组织部发布)。

任落实不到位，党政领导干部不当干预环境保护工作的事件时有发生，严重阻碍我国生态文明建设顺利推进。为此，我国制定了《党政领导干部生态环境损害责任追究办法（试行）》，[21] 在国家层面首提环境保护“党政同责”，通过明晰领导干部在生态环境领域的责任红线，从而实现有权必有责、用权受监督、违规要追究。通过终身追责的办法惩处损害生态环境的干部，破解“权责不对等”难题，坚持党政同责、差别追责、联动追责、主体追责、终身追责，把党政领导干部追责的结果与其评优、提拔、转任等后果挂起钩来，形成完整的责任链条。

以往的责任追究和环保约谈主要是针对政府领导干部，因没有明确的法规规定党委在环境保护方面的具体职责，党委的环保责任被虚化了。党政同责将地方党委领导作为追责对象，是一个重大突破，体现了党委政府对生态文明和环境保护共同担责，落实了两个主体权责一致的原则，抓住了落实环境保护责任制的要害。2016 年 4 月，环保部对山西省长治市等五地市政府主要负责同志进行约谈，督促地方政府全面贯彻实施《大气污染防治行动计划》，严格落实环境保护有关法定责任，按照环境保护党政同责、一岗双责的要求，以“环境质量只能更好，不能变坏”为红线，切实推进问题整改到位。[22]

3. 自然资源资产离任审计

自然资源资产离任审计主要是对领导干部任职前后区域内自然资源资产实物量变动的情况进行审计，以负债表为参考，客观分析变动的原因是什么，一方面，要揭示自然资源资产管理开发利用和生态环境保护中存在的突出问题以及影响自然资源资产和生态环境安全的风险隐患；另一方面，对人为因素造成自然资源资产数量减少的、质量下降的、环境恶化的、污染比较严重的这些问题，实事求是地界定领导干部应承担的责任。自然资源资产离任审计促进领导干部树立正确的政绩观，推动领导干部守法、守纪、守规、尽责，切实履行自然资源资产管理和生态环境保护责任，促进自然资源资产节约集约利用和生态环境安全。

---

[21] 《党政领导干部生态环境损害责任追究办法（试行）》（2015 年 8 月 9 日中共中央办公厅、国务院办公厅发布）

[22] “环境保护部就大气污染防治问题约谈 5 市政府主要负责同志”，载 http://www.mep.gov.cn/gkml/hbb/qt/201604/t20160428_336861.htm。

我国于2013年首次提出对领导干部实行自然资源资产离任审计,建立生态环境损害责任终身追究制;[23]2014年规定对自然资源资产管理进行监督;[24]2015年进一步明确,对造成生态环境损害负有责任的领导干部,不论是否已调离、提拔或者退休,都必须严肃追责;审计署2015年重点审计项目中,也包括了自然资源资产离任审计试点等内容。目前已经有包括福建在内的10个省份进行了探索试点,对审计时发现的问题,各地都制定了对领导干部的问责措施。比如,云南昆明东川区规定,审计结果报告将提交组织部,作为领导干部业绩考核和任用的主要依据,存入领导干部个人档案。[25]

## 第四节　防治污染和其他公害制度

防治污染和其他公害制度是国家为预防、治理环境污染和其他公害而建立的法律制度的总称,是环境法的重要组成部分,以对环境污染和其他公害的防治为主要内容。按照在防治环境污染和其他公害中功能的差异和制度的不同着力点,它可以分为预防性控制制度和治理性控制制度。

### 一、排污总量控制制度

#### (一)排污总量控制制度的含义

排污总量控制制度,是指国家环境管理机关依据所勘定的区域环境容量,决定区域中的重点污染物质排放总量,根据排放总量削减计划,向区域内的企业分配各自的重点污染物排放总量额度的一项法律制度。[26]

我国从20世纪末开始实行污染物排放总量控制制度。在"十一五"和

---

〔23〕《中共中央关于全面深化改革若干重大问题的决定》(2013年11月12日中国共产党第十八届中央委员会第三次全体会议通过)。

〔24〕《党政主要领导干部和国有企业领导人员经济责任审计规定实施细则》(2014年7月27日中央组织部等七部委发布)。

〔25〕《昆明市东川区区管领导干部离任绿色责任审计制度(试行)》。

〔26〕《环境保护法》第44条第1款。

“十二五”国民经济和社会发展规划中，重点污染物减排指标还被列为约束性指标，制定了全国主要污染物排放总量控制计划。《水污染防治法》和《大气污染防治法》也对总量控制制度作了规定。在这些制度的基础上，《环境保护法》明确规定，国家实行重点污染物排放总量控制制度，从法律层面确立了总量控制制度作为环境法基本制度的地位。

（二）排污总量控制制度的内容

排污总量控制是将某一控制区域作为一个完整的系统，采取措施将排入这一区域的污染物总量控制在一定数量之内，以满足该区域的环境质量要求的一项措施，核心在于确定污染物的排放总量。

确定排污总量具有很强的政策性和技术性，应该遵循公平、科学、合理原则。首先，要通过制定全国及区域性的环境质量规划，拟订向环境排放的各主要污染源及各单位的污染物允许排污总量，并应与各企业的污染物排放总量控制规划提出的排污总量相互协调统一。其次，要考虑各地区的自然特征，弄清污染物在环境中的扩散、迁移和转移规律与污染物的净化规律，计算环境容量，并综合分析该区域内的污染源，通过建立一定的数学模型，计算出每个源的污染分担率和相应的污染物允许排放总量，求得最优方案，使每个污染源只能排放小于总量排放标准的排放量。然后，按照这个总量下达、分解、落实、遵守污染物排放总量控制指标。

排污总量控制制度可使环境质量目标转变为排放总量控制指标，落实到企业的各项管理之中，成为环保部门发放排污许可证的根据，也可以成为企业经营管理的基本依据。

（三）排污总量控制制度的实施

1. 排污总量控制与环境质量改善同步。我国现阶段的关键任务是遏制污染物排放增量、实现总量减排及环境质量的改善，建立面向环境质量改善的总量控制制度是我国环境管理的终极目标。总量减排应以改善环境质量为重点，根据环境质量改善需求实施区域排污总量控制，以排污许可证为主要手段，点源监管分级负责，提高针对性和有效性，逐步实现由结合环境质量现状的任务目标导向的污染减排模式向以环境质量目标为导向的控制模式转变。

2. 排污总量控制制度与相关制度协调整合。污染源的有效管控是总量控制的核心任务，要完成这一任务，排污总量控制制度与环境规划、排污许可、环境标准、环境监测等制度必须有效衔接、密切配合,形成制度合力。

3. 实施以环境质量为核心的综合评估与考核体系。理顺现有环境责任考核制度,建立以总量减排和环境质量为核心的综合考核体系,把中央环境保护财政资金分配与环境质量绩效考核严格挂钩,凸显污染物总量减排的环境保护绩效。[27]

(四)法律后果

《环境保护法》对政府和企业的违法行为分别规定了相应法律后果。地方政府责任主要有区域环境影响评价限批、限期达标、行政问责、党政同责等。企业责任具体有限制生产、停产整治、责令停业、关闭及依法承担民事责任、刑事责任等。

《环境保护法》第44条首次规定了区域环境影响评价限批,对超过国家重点污染物排放总量控制指标或者未完成国家确定的环境质量目标的地区,省级以上人民政府环境保护主管部门应当暂停审批其新增重点污染物排放总量的建设项目环境影响评价文件。《环境保护法》实施一年来,区域环境影响评价限批措施的实施,有力地促使地方政府担负起了污染总量削减和提升区域环境质量的管理责任。

## 二、排污许可管理制度

### (一)排污许可管理制度的含义

排污许可管理制度,是指凡是对环境有不利影响的各种开发、建设项目的排污设施及其经营活动,需要事前经过申请,经主管部门审查批准,颁发许可证后,才能按照规定的要求或条件进行建设和排污活动。

排污许可管理制度是国家为加强环境管理而采用的一种制度,因其可以由管理机关针对不同的对象"量身定制",并且可以实行跟踪管理,而被认为是环境管理的"支柱性"制度。这一制度在我国的许多环保法律法规中均有体现,主要包括:国家实行排污许可管理制度,完善污染物排放许可制,尽快在全国范围建立统一公平、覆盖所有固定污染源的企业排放许可制,依法核发排

---

〔27〕 王金南、蒋春来、张文静:"关于'十三五'污染物排放总量控制制度改革的思考",载《环境保护》2015年第21期。

污许可证,排污者必须持证排污,禁止无证排污或不按许可证规定排污。

排污许可管理制度贯穿排污单位建设、生产、污染控制、现场监理等环境管理的全过程,能从源头上解决环保中的“搭便车”和外部性问题,是环境保护的基础性制度。在环境管理转型的大背景下,排污许可管理制度的确立是我国环境管理的重大变革,体现了排污许可证的重要地位。排污许可管理将是生态文明体制改革及环境管理的未来方向和着力点,应以环境质量改善为基本出发点,整合相关制度,实现一证式管理,加强证后监管,使之成为企业环境守法、政府环境执法、社会监督护法的根本依据。[28]

(二)排污许可管理制度的实施

1. 排污许可证与环境质量改善相衔接。排污许可是污染源排放和环境质量改善二者关联的基础和中介,将排污行为与环境质量挂钩,与环境功能区划挂钩,建立二者之间的响应关系,以此确定允许污染源排放的浓度与总量限值。可以在环境质量超标的区域(流域)或具体控制单元中,根据需要改善的环境指标需求,确定排污许可量,以环境质量约束排污许可量。

2. 实现污染源管理制度的横向联动。建立以许可证为核心的污染源管理制度体系,协调其与环境影响评价、总量控制、排污收费等制度的关系,打破现有管理制度相对各自独立、缺乏统筹的局面,弥补制度衔接机制的缺失,提高政府环境治理能力,降低环境管理成本,发挥制度组合的整体效能。

3. 构建一证式管理模式。排污许可管理贯通项目建设、试生产、运营、监管、后期评估全过程,实施一证式排污许可管理,体现了多介质、多污染物协同防控,综合了对企业的全部环境管理要求,高效减负,易形成相对集中、便于操作的环境管理制度。

4. 加强证后监管。我国“重证轻管”现象普遍,制度的实质性作用并未发挥出来,没有体现在企业的日常管理之中。证后监管强调对排污单位日常排污行为的管理,使排污单位真正按许可要求进行排污约束。

5. 强化企业主体责任。要求企业自主申报、自主承诺、自主监测,把相关责任还给企业,地方环保部门要承担的是监管与处罚职责,带动环境治理体系的创新。

---

〔28〕 王金南等:“中国排污许可制度改革框架研究”,载《环境保护》2016 年第 03 - 04 合刊期。

### （三）法律后果

企业有义务按照许可证记载的事项履行防止污染、保护环境行为；监管机关必须按照许可证记载的事项进行跟踪检查与督促。现场检查应针对许可证的要求进行，对不履行许可证义务的行为要依法追究法律责任，加大惩罚力度，明确提高罚款数额，罚款数以污染物单论，并与按日计罚挂钩。对违法发放许可证和不履行监管义务的责任人也要追究责任。[29]

## 三、突发环境事件应急制度

### （一）突发环境事件应急制度的含义

突发环境事件，是指由于污染物排放或自然灾害、生产安全事故等因素，导致污染物或放射性物质等有毒有害物质进入大气、水体、土壤等环境介质，突然造成或可能造成环境质量下降，危及公众身体健康和财产安全，或造成生态环境破坏，或造成重大社会影响，需要采取紧急措施予以应对的事件，主要包括大气污染、水体污染、土壤污染等突发性环境污染事件和辐射污染事件。突发环境事件定义明确了突发环境事件的原因和界定，列举了引发和次生突发环境事件的情形，将突发性污染和一些累积性污染都纳入突发环境事件的范畴，体现了国家对环境安全的底线思维，有利于最大限度地减少事件的环境影响，有助于增强各级政府及其有关部门和企业的环境意识，适应应急管理工作从单项向综合转变的发展态势，尽可能减少对环境的损害，防范次生突发环境事件。[30] 环境应急是针对可能或已发生的突发环境事件需要立即采取某些超出正常工作程序的行动，以避免事件发生或减轻事件后果的状态，也称为紧急状态。

当前我国的环境安全形势面临严重挑战，环境应急管理形势严峻，一是突发环境事件频发，二是环境风险十分突出，且二者呈现出高度复合化、高度叠加化和高度非常规化的趋势。频发的突发环境事件和环境风险，对环境应急管理提出更系统、更严格和更规范的要求。制定突发环境事件应急制度，有助

---

〔29〕《环境保护法》第 59 条、第 60 条、第 62 条、第 63 条。

〔30〕《国家突发环境事件应急预案》（2014 年 12 月 29 日国务院办公厅发布）、《突发环境事件应急管理办法》（2015 年 4 月 16 日环境保护部发布，自 2015 年 6 月 5 日起施行）。

于从总体上加强环境应急管理工作,有效应对突发环境事件严峻形势,有力保障环境安全,促进经济社会的协调发展。在我国,最初由《海洋环境保护法》规定了因船舶海损事故而采取的强制应急措施;后来,《水污染防治法》规定了水污染事故的强制应急措施;《大气污染防治法》对大气污染事故的应急制度做了规定;国家制定了《突发事件应对法》,环保部针对突发环境事件制定了规章;《环境保护法》第47条规定了突发环境事件应急制度,随后又修订颁布了《国家突发环境事件应急预案》和《突发环境事件应急管理办法》,进一步明确了环保部门和企业事业单位在突发环境事件应急管理工作中的职责定位,从风险控制、应急准备、应急处置和事后恢复四个环节构建全过程突发环境事件应急管理体系。至此,我国建立了较完备的突发环境事件应急制度。

(二)突发环境事件应急制度的内容

1. 突发环境事件应对工作的责任主体是县级以上地方人民政府。按照"坚持统一领导、分级负责,属地为主、协调联动,快速反应、科学处置,资源共享、保障有力"的原则,突发环境事件发生后,地方人民政府和有关部门应该立即自动按照职责分工和相关预案开展应急处置工作。[31] 国家层面主要是负责应对重特大突发环境事件,跨省级行政区域突发环境事件和省级人民政府提出请求的突发环境事件。国家层面应对工作分为环境保护部、国务院工作组和国家环境应急指挥部三个层次,这样规定是近10年来重特大突发环境事件应对实践的总结和法律化。如2005年发生的松花江水污染特别重大突发环境事件,国务院成立了应急指挥部统一领导、组织和指挥应急处置工作。一些敏感的重大环境事件,如2009年中石油兰郑长管线柴油泄漏事件、2012年广西龙江河镉污染事件等,成立了由环境保护部等相关部门组成的国务院工作组,负责指导、协调、督促有关地区和部门开展突发环境事件应对工作。其他重特大突发环境事件国家层面的应对则多是由环境保护部负责的,环保部对部门工作组的响应分级、响应方式、响应程序、工作内容进行了系统规定。

2. 从全过程角度系统规范突发环境事件应急管理工作。在总结各地环境应急管理实践经验的基础上,以《环境保护法》第47条为依据,现行制度从事

---

〔31〕《国家突发环境事件应急预案》总则1.4。

前、事中、事后全面系统地规范了突发环境事件应急管理工作，主要是突发环境事件应急管理"管什么"和"怎么管"的问题。

3. 构建突发环境事件应急管理具体制度。围绕环保部门和企业事业单位两个主体，构建了八项突发环境事件应急管理具体制度，分别是风险评估制度、隐患排查制度、应急预案制度、预警管理制度、应急保障制度、应急处置制度、损害评估制度、调查处理制度。这八项具体制度组成了突发环境事件应急管理工作的核心内容。

4. 明确突发环境事件应急管理优先保障顺序。突发环境事件应急管理的目的是预防和减少突发环境事件的发生及危害，规范相关工作，保障人民群众生命安全、环境安全和财产安全。由此规定，突发环境事件应急管理优先保障顺序确定为"生命安全"、"环境安全"、"财产安全"，突出强调了环境作为公共资源的特殊性和重要性。

（三）法律后果

对于发生突发环境事件并造成后果的，相关法律法规已多有严格规定，但在风险防控和应急准备阶段，《环境保护法》和《突发事件应对法》等有相关义务规定，但没有与之对应的责任规定或者规定不明。为完善制度，环保部门规章针对六种情形设立了警告及罚款等法律后果。

## 四、"三同时"制度

### （一）"三同时"制度的含义

"三同时"制度，是指一切新建、改建和扩建的基本建设项目（包括小型建设项目）、技术改造项目以及自然开发项目和可能对环境造成损害的工程建设，其中防治污染和其他公害的设施及其他环境保护设施，必须与主体工程同时设计、同时施工、同时投产的法律规定。建设项目一般包括设计、施工和投入使用三个阶段，"三同时"制度贯穿于建设项目的全过程，并对三个阶段提出了不同的要求。这有利于控制新污染源的产生和贯彻预防为主、防治结合的原则，有利于保证项目建成后排放的污染物符合环境标准。

"三同时"制度是我国环保工作的一个创举，是源头控制和过程控制的有机结合，有利于推进清洁生产制度。从功能上来讲，"三同时"制度就是为了强调污染防治的"及时"性和"到位"性，目的是要"随时随地"地预防环境污染产生，并在不同阶段对“三同时”制度提出了不同的要求。“三同时”制度与循环经济的“少污染或不污染”并不冲突，是末端治理的改良，并且体现了循环经济中减量化的要求，对防治环境污染起到了重要作用。这项制度始于20世纪70年代，其后适用范围、控制方法等不断得到完善，《环境保护法》进一步在第41条对防治污染设施的建设、质量、拆除或者闲置作出了新规定，大大增强了制度的可操作性。

随着社会的不断发展，环保理念也在不断发展变化，集中治理等新的环境管理制度相继提出。集中治理体现了社会化、集约化的污染治理模式，突出了市场经济条件下企业成本的最小化、效益的最大化。“三同时”制度要继续完善，与其他环境管理制度进一步衔接、融合。

(二)“三同时”制度的实施

“三同时”制度适用于一切新建、改建和扩建的建设项目、技术改造项目以及可能对环境造成污染和破坏的工程建设项目。

1. 不同建设阶段的规定和要求。(1)初步设计阶段。必须有环境保护的内容，建设单位负责落实初步设计中的环境保护措施，建设项目的主管部门负责预审和监督，各级环保部门负责审查。(2)建设项目施工阶段。建设单位应严格按照要求及规定，在主体施工的同时落实环境保护设施的施工。(3)建设项目正式投产或使用前。建设单位必须提交《环境保护设施竣工验收报告》，经验收合格并发给环境保护设施验收合格证后，才可以正式投产使用，否则工商行政管理部门不得办理营业执照。(4)验收和正式投产使用阶段。建设项目的主管部门负责环境保护设施竣工验收的预审和监督使用，环保部门负责环境保护设施的竣工验收和使用情况的监督检查。[32]

2. 防污设施应当符合经批准的环境影响评价文件的要求。否则，由环保部门责令停止生产或者使用，可并处罚款。防治污染的设施不得擅自拆除或者闲置，确需拆除或者闲置的须经所在地的环境保护行政主管部门同意。

(三)法律后果

建设单位必须严格执行“三同时”制度。凡建设项目的环境保护设计内容未经环境保护行政主管部门审批、审查的不办理施工执照，擅自施工的责令

---

[32] 《环境保护法》第41条。

其停工，补办审批手续；试生产建设项目的环境保护设施未与主体工程同时投入运行的，由环保部门责令限期改正；逾期不改的，责令停止试生产，并可处以罚款。建设项目的防治污染设施没有建成、没有验收或没有达到规定的标准而投入生产或使用的，由有关的环境保护行政主管部门责令停止生产或使用，并可处以罚款。

**延伸阅读**　圆明园东部湖底防渗工程环境影响评价事件

圆明园自2004年年底开始挖掘湖底淤泥，防渗漏工程从2005年2月16日开始，现在圆明园全部湖底的防渗漏塑料膜已基本铺好，整个工程接近尾声。这种白色的防渗层由一层稍厚的塑料膜和一层软膜组合而成。塑料膜是起到防渗漏的作用，而附在上面的白色软膜，是为了在施工时防止塑料膜被石块等硬物破坏。施工时，先用挖掘机将湖底的淤泥挖出，铺好塑料膜后再用大约有1米厚的土层掩埋，四周用水泥严密封闭。这种防渗的塑料膜宽6米，长50米，每卷的价格大约是3000余元，总花费约1.5亿元。据园方称圆明园的湖底是砂石质，加之目前北京地下水超采严重，特别容易渗水，测算显示年渗水量为250多万立方米。平水年里，圆明园湖泊缺水540多万立方米，偏枯水和枯水年更加严重，圆明园每年都要从玉泉河补3次水，总量多达数百万立方米，目前从玉泉河引水每吨1.3元，一年的补水花费就是几百万元，但就是这样，圆明园水面还是经常干涸，这两年干涸的最长时间竟长达7个月，此次全部水域防渗处理后，每年可减少渗漏损失150.79万立方米。

3月31日市环保局对圆明园湖底铺设防渗膜调查后初步认定，圆明园湖底铺设防渗膜工程未按国家相关法律作任何环境影响评价报告，也未通过市环保局的环保审批。据市环保局相关负责人介绍，2003年9月1日开始实施的《环境影响评价法》明确规定，对环境有影响的建设项目未编写有关环境影响的篇章或者说明的规划草案，审批机关不予审批，未经环保审批并获得环保许可证的工程将被强制停工或取缔。按照规定，在国家重点文物保护区内的建设且投资额超过5000万元的项目，必须向国家环保总局提交环境影响评价报告书，由环保总局进行审批。但圆明园湖底防渗项目未报批。

4月1日北京市海淀区政府作出决定，圆明园湖底防渗工程停止施工，补办环境影响评价手续,并将于下周组织专家论证会。1日下午4时,圆明园管理处正式接到国家环保总局的通知,要求其补办《环境评估报告》。事实上施工仍未完全停止,圆明园湖底防渗膜铺设工程已经基本完成,目前只是在进行最后的河道清淤工作,计划"五一"放水。

园方认为,圆明园是人工湖。圆明园环境整治湖底防渗工程就是为了保护环境立的项目,不属于"建设工程"之列。圆明园严重缺水,已到了非抢救不可的地步。圆明园的湖面干枯时间每年长达7个月,导致大量水生生物和草木死亡。工程方案经过专家论证。圆明园管理处组织相关单位和专家组深入研究、论证,制定了《圆明园水资源可持续利用规划》以及圆明园节水灌溉工程、雨洪利用工程、东部湖底防渗工程、内湖补水工程4个项目建议书及可行性研究报告。2004年1月7日和17日,圆明园的环境整治工程得到了国家文物局和市文物局的正式批复,湖底防渗工程就是圆明园环境整治工程中的一项。防渗只在湖底,不影响周边生态环境。防渗工程范围主要集中在重点景区的湖底,只做底层防渗,不做侧防渗,保持有部分侧渗量,以保护原有的驳岸遗址和沿岸植物的生存环境。在防渗工程的技术处理手段上,采取了复合土工膜防渗技术。此外,对防渗后的湖面,将采取有效措施进行水质处理,达到圆明园水面自身的生态平衡。

受到社会各界广泛关注的圆明园东部湖底防渗工程环境影响评价事件经过100多天的争论、听证、评价、论证、审批等过程,终于以2005年7月7日国家环保总局作出全面整改的决定而告一段落。

## 思考题

1. 圆明园东部湖底防渗工程环境影响评价事件中,环境影响评价制度发挥了怎样的作用?环境影响评价机构到底应向谁负责?公众如何全面参与环境影响评价?
2. 如何理解环保督政问责制度?党政同责有什么意义?
3. 排污许可制度在污染控制制度中处于什么地位?如何发挥许可制度的"支柱性"作用?

# 第六章 环境法律责任

**本章导读**

环境法律责任是指违反环境法上的义务或依据环境法与其他法律规定，对所造成的生态环境以及他人人身、财产权益损害，所承担的否定性后果。环境法律责任是保障环境法律发挥实效，实现规制社会、保护环境的关键环节。环境法律责任由责任主体、环境污染或破坏行为、损害后果和因果关系四个要件构成，它以保障和实现公民的环境权益为宗旨，是一种综合性的法律责任。环境保护法律责任具体分为环境行政责任、环境刑事责任和环境民事责任。

## 第一节 环境法律责任概述

### 一、环境法律责任的概念和特点

（一）环境法律责任的概念

法理学通常把法律责任分为广义法律责任和狭义法律责任。广义的法律责任就是一般意义上的法律义务的同义词，狭义的法律责任则是由违法行为所引起的不利后果。这种区分虽有一定的可取之处，但是在实际使用过程中却会不可避免地引起某种混乱。所以，越来越多的学者倾向于在狭义上使用“法律责任”这一术语。[1] 我们也采用了狭义上的环境法律责任，其是指主体实施了环境违法行为所引起的法律上的不利后果。

---

〔1〕 张文显主编：《法理学》，高等教育出版社、北京大学出版社1999年版，第121页。

环境法律责任可从以下几个方面加以认识:(1)行为人即行为主体包括公民、法人和其他组织;(2)责任产生的原因是行为人实施了危害环境的行为,或者说造成了生态环境和人身财产权益受损害的结果;(3)这种责任对承担者而言是不利的,是法律对行为人危害环境行为的否定性评价;(4)这种责任由国家强制实现,由专门国家机关依法强制实施。

(二)环境法律责任的特点

环境法律责任是法律责任的一种,具有一般法律责任的属性。但环境法律责任也具有自身的特殊性。

1. 环境法律责任是一种特殊意义上的义务

所谓特殊意义上的义务是与一般意义上的义务相对而言的。一般意义上的义务又称第一性义务,即人们通常所说的法律义务,包括法定的作为或不作为的义务以及合法约定的作为或不作为义务;特殊意义上的义务又称第二性义务,通常是指由于违反了法定义务或约定义务而引起的新的特定义务。因此,法律责任是由于侵犯法定权利或违反法定义务而引起的、由专门国家机关认定并归结于法律关系的有责主体的、带有直接强制性的义务,即由于违反第一性法定义务而招致的第二性义务。[2] 环境法律责任是特定主体因为违反某些环境法律义务而需要承担的某种新义务。这种语境下的环境法律责任是狭义的法律责任,既揭示了环境法律责任与环境法律义务的区别,又明确了两者之间的关系。例如,建设项目的开发建设主体应承担环境影响评价的义务,是第一性义务,当这些主体不按规定进行环境影响评价就违反了第一性义务,这时就可能引起新的特定义务即环境法律责任,新的特定义务即是环境法律对于其违反第一性义务的否定性评价又需要其承担环境法上的不利后果。

2. 环境法律责任具有复合性

(1)责任范围的交互性。环境法与传统法律部门一样要调整人与人之间的社会关系,因此,违反了人与人之间的社会关系就会产生人对人之间的法律责任。同时,环境法作为"人与自然共同体规则",所调整的社会关系具有间接性,呈现"人—自然与人—人"关系互为中介特性;[3] 而且,环境法与传统法

---

〔2〕 张文显:《法哲学范畴研究》(修订版),中国政法大学出版社 2001 年版,第 122 页。

〔3〕 吕忠梅:《超越与保守——可持续发展视野下的环境法创新》,法律出版社 2003 年版,第 15 页。

律把环境视为纯粹客体不同,承认环境具有一定的自身价值或主体性,所以环境法律责任在一定程度上包括了人对环境的责任。

(2)责任构成的复合性。由于环境法由多种性质不同的法律规范综合而成,因而环境法律责任不是由单一的责任形式构成。一般而言,环境法律责任由行政法律责任、民事法律责任、刑事法律责任、专门法律责任等多种责任形式共同构成。

3. 环境法律责任功能上的多样性

由于环境法律责任具有多种责任形式和承担责任方式,因此在功能上必然多样化。主要表现在:惩罚性功能,如非法猎捕、杀害国家重点保护的珍贵、濒危野生动物者,处5年以下有期徒刑或者拘役,并处罚金;填补性功能,如造成噪音危害者,有责任排除危害,并对受害人赔偿损失;教育性功能,如对行政相对人进行的批评教育、谴责或警戒;预防性功能,如建设项目必须事前进行环境影响评价等。修复性功能,如造成生态环境破坏的,有责任支付生态修复资金,并实际承担修复任务。[4]

在上述功能中,环境法律责任的惩罚性功能在当代社会中发挥着越来越大的作用,其理由在于:环境污染和破坏具有极大的社会危害性,一旦遭破坏或污染,通常很难恢复原状或恢复成本很高,因此环境法律责任应该趋重化。主要表现为:(1)加重行政处罚的程度,如责令污染企业停产关闭或对罚款实施“按日计罚”;(2)实施惩罚性损害赔偿,损害赔偿的费用往往大于损害的实际价值;(3)制定特别法律法规,严厉惩处环境犯罪,实行两罚或多罚制。

## 二、环境法律责任的功能

法律责任的目的是通过它的三个功能来实现的,即惩罚、救济、预防的功能。惩罚是对违法者而言使其对自己的违法行为负责;救济是对受害者而言把物或人的损害恢复到受损前所处的状态;预防功能则是对于社会而言,通过

---

〔4〕 如《最高人民法院关于审理环境民事公益诉讼案件适用法律若干问题的解释》第20条规定,原告请求恢复原状的,人民法院可以依法判决被告将生态环境修复到损害发生之前的状态和功能。无法完全修复的,可以准许采用替代性修复方式。人民法院可以在判决被告修复生态环境的同时,确定被告不履行修复义务时应承担的生态环境修复费用;也可以直接判决被告承担生态环境修复费用。

法律责任的追究，促进社会整体利益的增进。环境法律责任的功能，大致也可以从这三个方面加以理解。

（一）环境法律责任的惩罚功能

环境法的立法目的是保障人民的生命安全和健康，保障和改善生活环境和生态环境，促进社会、经济和生态环境的可持续发展。环境法律责任作为国家强制力的重要体现，通过预防和控制违法行为的发生、对违法者实施惩罚制裁，确保环境立法目的真正实现。但是，从我国目前环境法律责任的设定来看，惩罚性功能还远远不够。例如，民法上的损害赔偿责任主要着眼于对人的救济，对生态损害的关注不足，也未在满足特定情形时确立惩罚性赔偿、精神损害赔偿的责任；行政法上的处罚力度设定过低；环境犯罪也存在入罪门槛高、刑罚力度小的问题。这些问题，使得无法通过法律责任的追究实现污染成本的"内部化"，并导致"违法成本低、守法成本高"的悖论。因而，党的十八大以来，建立最严格的源头保护制度、损害赔偿制度、责任追究制度，成为改革着力推进的方向。

（二）环境法律责任的救济功能

环境侵害会同时导致"对人的损害"和"对环境的损害"，传统的损害赔偿责任一般实行全额赔偿原则，即加害人承担赔偿责任的大小以其所造成的实际损害为限，损失多少，赔偿多少。但是，由于环境侵害行为具有持续性、缓慢性的特点，对环境的侵害是不间断的，对人的影响是缓慢的、渐进的、累积的。这就要求要想实现环境法律责任的救济功能，必须对两种损害救济全面救济，发现破坏环境资源行为后，不仅要追究行为人损害赔偿责任，而且要追究其环境修复责任；不仅要追究行为人财产赔偿责任，还要在符合条件时要求其赔偿精神损失；不仅让行为人承担民事责任，而且要让他承担行政责任或者刑事责任；不仅让违法者承担有形责任，还让其承担无形责任等。

（三）环境法律责任的预防功能

预防功能在环境法中体现为两个层面：一是直接规定一些具有预防功能的责任制度对个案进行预防；二是通过具体责任制度的落实发挥法律责任的一般预防功能。前者如为防止生态环境损害的发生和扩大而建立的停止侵害、排除妨碍、消除危险等责任机制；后者则是通过对加害人法律责任的严格追究，对潜在违法者形成威慑。

# 第二节　环境民事责任

## 一、环境民事责任概述

### (一)环境民事责任的概念

环境民事责任,是指单位或个人因污染环境或破坏生态导致他人人身、财产损害而引发的民事责任,包含了物权责任、合同责任与侵权责任。

我国物权法在制定过程中对环境保护予以高度重视,在制度设计中融入了环境保护的先进理念和指导思想,并直接纳入环境保护的相关制度。主要包括:(1)将自然资源纳入调整范围,规定了矿藏、水流、海域、野生动植物资源的归属;(2)规定了相邻污染侵害制度,不动产权利人不得违反国家规定,弃置固体废弃物,排放大气污染物、水污染物、噪声、光、电磁波辐射等有害物质;(3)确立了用益物权人所负有的维护环境的义务,如《物权法》第120条规定,用益物权人行使权利,应当遵守法律有关保护和合理开发利用资源的规定,所有权人不得干涉用益物权人行使权利;(4)《物权法》确立的地役权制度可以更大地发挥在环境保护方面的作用;(5)规定的准用益物权制度,如海域使用权、采矿权、取水权、养殖权、捕捞权等,对保护环境和维护生态破坏有着重要作用。[5] 当上述权利受到侵害时,就产生侵害物权的民事责任,受害人可以依据《物权法》的规定请求排除妨害、消除危险、恢复原状或者损害赔偿。

合同责任在环境保护法上也得到越来越广的适用。例如,2013年11月,党的十八届三中全会通过的《中共中央关于全面深化改革若干重大问题的决定》首次提出了"环境污染第三方治理"这一概念,提出要"建立吸引社会资本投入生态环境保护的市场化机制,推行环境污染第三方治理"。2014年12月27日,国务院办公厅公布《关于推行环境污染第三方治理的意见》,倡导通过排污企业与环境服务公司签订的委托合同,由当事人双方自主进行污染治理交易服务,将"产污"与"治污"主体分离,使污染治理模式从"谁污染,谁治理"

---

〔5〕 王利明:"物权法与环境保护",载《环境保护》2007年第10期。

转变为“谁污染,谁付费,第三方治理”。此时,如果合同当事人违反合同约定,就可能产生相应的合同责任。

侵权责任是民事主体因实施侵权行为而应承担的民事法律后果,其原因行为既可能是因为侵害他人物权,也可能是因为侵害他人人身权利。由于侵害物权的责任形式基本上都涵盖在侵权责任之中,加上环境侵权实行的特殊归责更有利于受害者保护,环境侵权责任几乎已经成为环境民事责任的代名词。

(二)环境民事责任的特征

在现代环境问题产生之初,各国多沿用传统的民、刑事责任制度加以应对,并不承认环境民事责任的特殊性。但后来逐渐发现这些传统责任体系在应对环境侵害上力有不逮,逐渐发展出环境民事责任的一些特殊规则。

1. 环境民事责任是一种特殊责任

相比于传统的民事责任,环境民事责任首先体现为一种特殊责任。其特殊性源于环境法上的环境侵害与民法上的传统侵害具有显著的不同。

从外部而言:(1)原因行为及损害形式不同,民法的原因行为具有单一性,客体明确且静止,环境法的原因行为具有多样性,客体间互相联系并且在运动中;(2)损害后果不同,民法上的损害后果主要是对“人”的损害,环境法上的损害后果还包括对“环境”的损害;(3)救济主体不同,民法上受害人确定,而环境法上的受害人则不确定;(4)价值理念不同,民法上强调的个人本位,环境法强调的是整体主义理念,以及对自然环境的尊重或价值承认。[6]上述差异,使环境法上的环境侵害与民法上的环境侵权呈现出不同的特征。

就内部而言,环境民事责任主要指向侵权责任,环境侵权责任的构成要件也区别于一般侵权责任。一般侵权责任构成要件为四个方面:主观过错,行为违法性,损害结果,违法行为与损害结果之间的因果关系。然而,环境侵权责任作为特殊侵权行为引起的法律后果,有着不同特性。其构成要件主要包括:(1)有排放(含直接排放和间接行为导致排放以及处理、处置)污染物或破坏生态环境的行为;(2)有损害结果;(3)排污或破坏行为与损害结果之间有因

---

〔6〕 吕忠梅:“环境侵权的遗传与变异——论环境侵害的制度演进”,载《吉林大学社会科学学报》2010年第1期。

果关系。其中,污染或破坏行为是确定责任的前提和基础条件,不以行为违法为要件,只要有损害事实和因果关系即应承担相应民事责任。

2. 环境民事责任是一种复合责任

环境民事责任的复合性主要体现在不同责任之间既可能发生聚合,也可能发生竞合。

责任聚合,是指同一法律事实基于法律的规定以及损害后果的多重性,而应当使责任人向权利人承担多种内容不同的法律责任的形态。[7] 由于人们在经济社会生活中,对环境有影响的行为多种多样,对环境法律关系的调整的法律也涉及多部,因此,一个环境污染或者生态破坏行为可能导致对不同权益的损害,需要承担不同的法律责任。具体而言,人们在排放、处理处置污染物或对生态环境开发利用时,可能造成对人身、财产和环境的损害,因此环境侵权包括侵犯人身权、财产权和环境权益,其中,侵犯人身权和财产权的环境民事责任由民法规定,侵犯环境权益的环境民事责任由环境法规定。如果侵权行为导致了不同的损害后果,应同时承担对人身、财产损害的民事责任和对生态环境损害的民事责任。

责任竞合,又称请求权竞合,是指一个自然事实,符合多个法律责任构成要件,从而产生多个请求权,当事人可以选择行使,其中一个请求权因目的达到而消灭时,其他请求权也因此而消灭的现象。例如,相邻不动产利用产生的污染损害,当事人既可以依据《物权法》第 90 条主张相邻污染侵害责任,也可以依据《侵权责任法》第 65 条主张环境污染责任,但二者只能择一行使。

3. 环境民事责任是包含公共利益的责任

环境侵害的媒介性,使得环境污染和生态破坏在导致"对人的损害"的同时,还必然造成"对生态的损害"即生态损害,而生态损害本质上是一种公益损害。如果生态损害在民事责任体系中无法得到反映,就无法有效贯彻"污染者负责"原则。故与传统民事责任不同,环境民事责任还必须体现公益保护的特性,首先要求建立公益损害的请求权基础,即以环境权为依据,建立一种"公法性质、私法操作"的请求权,同时在责任承担也要反映环境民事责任的公益保护理念,采取惩罚性赔偿,主张对受损生态环境的修复责任,强调排

---

〔7〕 王泽鉴:《法律思维与民法实例》,法律出版社 2001 年版,第 166 页。

放危害这一预防性责任方式在环境民事责任的核心地位等。

## 二、环境侵权责任

### (一)环境侵权责任的原因行为

从环境侵权的规范体系来看,我国目前已形成了以民事基本法律为统领、环境立法为补充、司法解释为细化的法律适用与实施体系。在最高人民法院环境侵权责任司法解释出台前,立法中并未出现"环境侵权"或者"环境侵权责任"字眼。现行法律一般使用"环境污染和其他公害"、"环境污染致人损害"、"环境污染危害"或"环境污染责任"等表述。《最高人民法院关于审理环境侵权责任纠纷案件适用法律若干问题的解释》(以下简称《环境侵权责任司法解释》)首次在规范性文件中采用了"环境侵权责任"概念,试图涵盖污染环境与破坏生态两种损害情形。

但从实定法角度来看,以《侵权责任法》为代表的现行法体系一般都直接指向"污染环境",最高人民法院制定的《民事案件案由规定》也将之限定为"环境污染责任",不包括生态破坏的责任。然而,情况正在发生变化。2014年修订的《环境保护法》第64条专门规定"因污染环境和破坏生态造成损害的,应当依照《中华人民共和国侵权责任法》的有关规定承担侵权责任",但对于破坏生态行为究竟是适用《侵权责任法》第8章还是《侵权责任法》的其他章节,未作明确规定。2015年6月最高人民法院的《环境侵权责任司法解释》第18条第1款规定:"本解释适用于审理因污染环境、破坏生态造成损害的民事案件,但法律和司法解释对环境民事公益诉讼案件另有规定的除外。"这可视为明确地将破坏生态造成损害的行为纳入,但由于环境污染和生态破坏既有联系又有区别,并且可能产生完全不同的损害后果,如何承担民事责任、承担何种民事责任以及是否需要承担《侵权责任法》以外的民事责任等,在理论上都还处于探讨之中。[8] 可见,关于环境侵权的概念还存在一定争议,这是环境法作为新兴学科在成长过程中必然会遇到的问题与挑战。

---

〔8〕 吕忠梅:"环境侵权的遗传与变异——论环境侵害的制度演进",载《吉林大学社会科学学报》2010年第1期。

## (二)环境侵权责任的归责原则和构成要件

侵权行为的归责原则是指在行为人的行为致人损害时,根据何种标准和原则确定行为人的侵权责任。可以说,侵权法的全部规范都奠基于归责原则之上,归责原则决定了侵权行为的分类,也决定着责任构成要件、举证责任的负担、免责事由、损害赔偿的原则和方法、减轻责任的根据等。[9]《侵权责任法》第65条规定,"因污染环境造成损害的,污染者应当承担侵权责任",被认为是确立了环境污染责任的无过错责任。《环境侵权责任司法解释》第1条亦明确规定:"因污染环境造成损害,不论污染者有无过错,污染者应当承担侵权责任。污染者以排污符合国家或者地方污染物排放标准为由主张不承担责任的,人民法院不予支持",更为明确地从环境污染侵权的构成要件中排除了过错与违法性要件,[10]使环境侵权责任成为法定的特殊侵权责任,环境侵权责任的构成上只需具备损害事实、加害行为以及二者之间的因果关系要件。

1. 有损害事实

损害事实也称为损害结果,是指因污染或破坏环境的行为对他人环境权益所造成的不利影响。损害事实既是侵权行为所产生的危害和后果,又是承担民事责任的依据,所以是构成一般民事责任与环境民事责任都必须具备的要件。《环境保护法》第64条规定的承担环境侵权责任的条件是"因污染环境和破坏生态造成损害的",《侵权责任法》第65条规定:"因污染环境造成损害的,污染者应当承担侵权责任。"可见,"造成损害"是承担环境侵权责任的必要条件。但是,这里的"损害"除了"对人的损害"外,是否包括"对生态损害",目前在司法解释和学理解释中都有分歧与模糊之处。[11] 本书认为,环境法上的"损害",不仅包括环境资源的经济价值损害,而且包括生态性价值以及其他非生态性价值损害,具体的损害后果体现为财产损失、人的身心健康损害、当代人和后代人的生存条件损害等。只是,传统民法上的侵权责任只救济

---

[9] 王利明:"我国侵权责任法的体系构建:以救济法为中心的思考",载《中国法学》2008年第4期。

[10] 近年来,逐渐有学者对各种污染类型一体适用无过错责任进行质疑,认为在噪声污染等拟制型污染领域,仍应以超标作为承担责任的前提,其实质上仍是过错(推定)责任。参见张宝:《环境侵权的解释论》,中国政法大学出版社2015年版,第95~141页。

[11] 《环境侵权责任司法解释》仅规定了生态破坏行为造成的损害属于环境侵权责任,并未规定污染环境和破坏生态造成的"生态损害后果"是否属于环境侵权责任的救济范围。

"对人的损害",环境法上的救济则要求建立一个"公法性质、私法操作"的请求权,对生态损害依照民事责任的救济途径进行救济。

2. 有加害行为

环境侵权责任的构成,需以加害人实施了污染环境或破坏生态的行为为前提。但对于加害行为是否需要具备违法性,我国通说持否定意见,违法性仅仅被视为过错客观化的一个判断标准,违法行为是严重的过错行为,但过错又不限于违法行为,还包括了大量的违反道德规范和社会规范的不正当行为。[12] 环境侵权责任也是采纳这种观点,认为污染者以排污符合国家或者地方污染物排放标准为由主张不承担责任的,人民法院不予支持。其理由在于,国家或者地方规定的污染物排放标准,只是环保部门决定排污单位是否需要缴纳超标排污费和进行环境管理的依据,而不是确定排污单位是否承担赔偿责任的界限。[13]

3. 因果关系

环境民事侵权构成要件中的因果关系指的是致害行为与损害事实之间的因果关系,即受害人的损害是因为行为人污染环境的行为所造成的。在传统的侵权责任中,要求的是违法行为与损害结果之间具有直接的、确定的因果关系,但由于环境侵权责任中有不以违法行为为构成要件的情形,而是更强调侵害行为的危害后果,因此,我们表述为致害行为与损害后果之间的因果关系。

同时,由于环境侵权具有"人—环境—人"的间接性,环境污染或者生态破坏行为造成的损害后果中还有着环境要素间或生态系统内部的物理、化学、生物学等自然作用,这导致损害事实与损害行为之间的因果关系非常复杂,多因一果、一因多果、互为因果、因果时差等情形常常出现,在环境侵权责任要求直接的、确定的因果关系不利于保护受害者,故各国逐渐降低因果关系的证明标准,大陆法系通常采用因果关系推定,受害人仅需进行表见证明,无须达到高度盖然性的标准;英美法系则采用盖然性占优势的标准。我国《侵权责任法》第66条也作出了特别应对,根据环境侵权责任司法解释的规定,受害人仅

---

〔12〕 王利明:"我国《侵权责任法》采纳了违法性要件吗?",载《中外法学》2012年第1期。

〔13〕 国家环保局(91)环法函字第104号对湖北省环保局请示环境污染损害赔偿责任是否以过错和违法性为条件的批复。

需证明加害行为与损害后果之间具有关联性即可。

(三)不承担责任或减轻责任的情形

环境民事责任的免责事由又称抗辩事由,是指民法或环境法规定的环境侵权致害人因污染或破坏环境侵犯他人环境权益,造成他人人身和财产损害时可以不承担法律责任的事由。我国法律中所规定的环境民事责任的免责事由主要有以下方面。

1. 不可抗力

不可抗力是指独立于人的行为之外,且不以人的主观意志为转移的客观情况。一般来说,不可抗力是人力所不可抗拒的力量,由于不可抗力不受人的意志所支配,要人们承担与其行为无关而无法控制的事故性后果,不仅对责任的承担者不公平,而且也不能发挥法律责任的作用。《侵权责任法》第 29 条规定:"因不可抗力造成他人损害的,不承担责任。法律另有规定的,依照其规定。"而 1989 年《环境保护法》第 41 条第 3 款规定:"完全由于不可抗拒的自然灾害,并经及时采取合理措施,仍然不能避免造成环境污染损害的,免于承担责任。"故环境侵权责任中不可抗力作为不承担责任的事由,比一般侵权责任更为严格,必须同时满足两个条件才能成立。

2. 受害人故意

受害人故意也是环境民事责任的免责事由之一。《侵权责任法》第 27 条规定:"损害是因受害人故意造成的,行为人不承担责任。"所谓受害人故意,是指受害人明知自己的行为会发生损害自己的后果,而希望或放任此种结果发生的后果由受害人自己承担,致害人免于承担责任的情况。受害人对损害的发生具有故意,足以表明受害人的行为是损害发生的唯一原因,因此该损害结果与受害人的行为之间有因果关系,而与致害人之间无因果关系,故应由受害人自己承担责任,从而免除致害人的责任。但对于污染在先、居民在后的"迎向污染"问题,是否可以直接援引受害人故意进行抗辩,值得进一步思考。

3. 第三人过错

在普通侵权中,如果侵害结果是由第三人的故意或者过失造成的,被告人自然不应承担责任,应由造成损害的第三方承担。但是由于环境污染的特殊性和因果关系的复杂性,《侵权责任法》第 68 条规定:"因第三人的过错污染环境造成损害的,被侵权人可以向污染者请求赔偿,也可以向第三人请求赔偿。污染者赔偿后,有权向第三人追偿。”据此,受害人分别或者同时起诉污染者、第三人的,人民法院应予受理,被侵权人请求第三人承担赔偿责任的,人民法院应当根据第三人的过错程度确定其相应赔偿责任;如果污染者以第三人的过错污染环境造成损害为由主张不承担责任或者减轻责任的,人民法院不予支持。

(四)数人环境侵权责任的责任划分

《侵权责任法》第67条规定:“两个以上污染者污染环境,污染者承担责任的大小,根据污染物的种类、排放量等因素确定。”该条究竟是承担连带责任后的内部责任划分,还是直接规定了按份责任,一直存在争议。《环境侵权责任司法解释》对此作出了明确解释,规定了外部责任和内部责任,并将外部责任区分为共同侵权以及分别侵权造成同一损害的情形。对于共同侵权,数个加害人之间应当承担连带责任。对于分别侵权造成同一损害,如果数个加害人分别足以造成全部损害,则相互承担连带责任;如果均不足以造成全部损害,则其贡献大小可以区分的实行按份责任,不能区分的平均承担责任;如果数个加害人中部分足以造成全部损害,则足以造成全部损害的加害人承担连带责任。连带责任内部的责任划分,应当根据污染物的种类、排放量、危害性以及有无排污许可证、是否超过污染物排放标准、是否超过重点污染物排放总量控制指标等因素确定。

(五)环境侵权责任精神损害赔偿的适用

《侵权责任法》第22条规定:“侵害他人人身权益,造成他人严重精神损害的,被侵权人可以请求精神损害赔偿。”依据体系解释,如果环境侵权造成他人严重精神损害的,亦可适用精神损害赔偿。但是,由于环境侵权适用的无过错责任和举证责任倒置本身是对原告利益的重大倾斜,并不涉及加害人的道德谴责,而是对于不幸损害的合理分配。因而,为达到利益平衡,加害人达标排放或者遵守法律规定仍然导致损害的,仅承担物质方面的损害赔偿;如果加害人超过国家或地方污染物排放标准排放污染物,或者违反法律、行政法规的强行性规范,可以作为认定“造成严重精神损害”的标准,并不以造成生命健康权的显著受损为前提。

### 三、环境民事责任的承担

传统上，大陆法系将请求权区分为物权请求权、债权请求权、人格权请求权与身份权请求权，与环境民事责任有关的主要是前三种请求权。物权请求权包括标的物返还请求权、除去妨害请求权以及妨害预防请求权三种；[14] 人格权请求权则涵盖排除妨害请求权、停止妨害请求权和人身损害赔偿请求权；债权请求权又可以分为侵权行为请求权和其他债权请求权（合同、不当得利、无因管理等）。[15] 侵权请求权作为侵害绝对权（物权、人格权）的方式，主要体现为损害赔偿请求权，其中以恢复原状为原则、赔偿损失为例外。

我国《民法通则》并未区分各种请求权基础，而是将各种责任形式规定在一起。这种做法又为《侵权责任法》所沿袭，使得侵权责任的承担方式同时涵盖了物权请求权和人格权请求权，也使得侵权责任成为绝对权救济上的主要方式。《侵权责任法》规定了十种责任承担的方式，其中可以运用到环境民事责任上的方式主要有停止侵害、排除妨碍、消除危险、恢复原状和赔偿损失五种，基于环境案件的特点，恢复原状在环境民事责任中的重要性日益凸显。

基于生态系统的特征，完全恢复原状对于自然环境可能性不大。最高人民法院在《环境侵权责任司法解释》和《民事公益诉讼司法解释》中，根据生态系统的可再生、可循环特性，规定了生态修复责任，这可视为对《侵权责任法》的扩大解释，也是恢复原状在环境侵权责任中的特殊形式。在司法实践中，生态修复的具体形式除了支付修复资金外，还包括限期履行、劳务代偿、第三方治理等。

## 第三节　环境行政责任

### 一、环境行政责任的产生

#### （一）环境行政责任的含义

环境行政责任，是指环境行政法律关系主体违反环境行政法律规范所应

---

〔14〕 谢在全：《民法物权论》（修订五版）（上册），中国政法大学出版社 2011 年版，第 28～29 页。

〔15〕 王泽鉴：《民法思维》，北京大学出版社 2011 年版，第 55 页以下。

承担的法律上的不利后果。我国《宪法》第9条第2款及第26条确认了我国的环境基本国策,对国家公权力提出了保护环境资源的法定义务,规定了国家在环境资源方面的职责,[16] 这为行政主体承担环境行政责任提供了宪法依据。《环境保护法》对行政主体及行政相对人的环境行政责任进行了详细规定,此外各环境保护单行法中也对行政法律责任问题进行了明确规定。我们可以从以下方面来理解环境行政责任的含义。

1. 环境行政责任的特征

对于环境民事责任和刑事责任,环境行政责任具有自己的特征。

(1)环境行政责任是一种危害性相对较轻的行为后果。一般而言,环境污染和破坏行为的危害程度由轻到重,是从环境民事责任到环境行政责任再到环境刑事责任;构成环境行政责任的污染和破坏行为危害程度较为"适中",或者大多尚未造成直接的污染和破坏后果,只是可能造成环境不良影响。

(2)环境行政责任的追究主体广泛。由于环境行政责任实际上包括了环境行政机关的责任和环境行政相对人的责任两个方面,因此,环境行政责任的追究主体相对广泛,包括人民政府及环境监管部门和人民法院等。

(3)环境行政责任追究程序多元。行政责任追究的主体不同,适用的追责程序必然不同。环境行政责任的追究程序既有行政程序,也有司法程序;在我国,还包括监察程序。

2. 环境行政责任的构成要件

环境行政责任的构成要件中,行为违法性和主观上有过错是必要条件;危害后果和违法行为与危害后果的因果关系,只有在法律明文规定时才存在,是"选择条件"。

(1)环境行政行为的责任主体。一般而言,承担环境行政责任的主体是环境行政主体及其工作人员,承担责任的前提是存在违法行政或不当行政行为。但是,由于环境法允许行政主体依据法律委托一些社会组织依法行使权力,因此,受委托的社会组织发生违法或者不当行为,也可能引起环境行政责任。

(2)环境行政相对人也是行政责任主体,其必须自觉遵守环境行政法律

---

〔16〕 陈海嵩:"国家环境保护义务的溯源与展开",载《法学研究》2014年第3期。

规范,在享受环境法律权利的同时,认真履行义务。如果不履行或者不当履行环境法律义务,可能构成环境行政违法行为,应承担相应的法律责任。

3. 环境行政责任是一种否定性的法律后果

环境行政责任因行为人违反环境行政法律规范或不履行环境行政法律规范所设定的义务或滥用权力(权利)而产生,是对环境违法行为的否定性评价而衍生的一种新的法律义务。环境行政违法行为,是环境法律关系的主体违反行政法律规范所规定的义务,侵害法律所保护的环境行政关系,对社会造成一定程度的危害,尚未构成犯罪的行为,包括环境行政主体的违法和环境行政相对人的违法。

(二)环境行政责任产生的原因

现代国家的产生,根源于公民对封建制度的反抗;通过相互签订契约的过程,使全体意志统一在唯一人格之中,即形成了国家,其目的在于"为了大家的和平与共同防卫运用全体的力量和手段"。[17] 环境问题表面上是人与自然的矛盾,实质上仍然是人与人的利益冲突,这种冲突来源于生态环境承载力的有限性与人类个体欲望无限性的矛盾。国家介入的必要性在于环境领域普遍存在的"市场失灵"。概言之,环境保护作为一种公益事业,特别需要"国家"这个拥有特殊公共职能的主体发挥作用。在环境权理论中,国家必须承担为当代人和后代人保护环境的职责。这种职责在国家治理实践中,表现为国家始终占据环境保护的主导地位,这是由环境保护的特殊性质和国家的特殊职能所决定的。[18]

但是,如果单纯强调环境保护的国家监管而忽视对国家权力的制约,极易走向事物的反面,也有违法治国家建设的基本原则。从世界范围内的环境保护实践来看,"政府失灵"同样是一个普遍存在的问题。在我国,由于缺乏法治传统,加之强烈的经济发展冲动,使这一问题表现得尤为突出,即公权力有可能出于经济发展的考虑,放松环境监管,甚至被污染企业所"俘获"。此时,政府不仅不承担保护环境的公共职责,而且异化成为环境保护的对立面,成为污染企业的"保护伞"。其具体表现为:个别地方政府出于保护地方利益目

---

〔17〕［英］霍布斯:《利维坦》,黎思复、黎延弼译,商务印书馆 1997 年版,第 131 ~ 132 页。

〔18〕夏光:"环境保护的国家意志",载《中国环境报》2007 年 4 月 10 日。

的，对环境违法行为予以庇护；有的地方政府疏于承担环境保护职责，形成"政府不作为"；一些地方环境保护部门受制于内外部环境，无法进行有效的环境监管。[19] 一些地方政府不履行环境保护责任或者不完全履行环境保护责任，已成为制约我国环境保护事业和环境法律实施的严重障碍。[20] 这是现代国家，由于公共管理的需要而权力不断扩张但约束和限制不足造成的结果。完善对权力的制约和限制机制，建立完整的法律责任体系并切实加以落实必要而且必须。

有必要指出的是，"国家"是一个抽象的政治实体，其在环境保护领域的权力运用主要依靠环境行政主体（行政机构）。因此，违法行政的环境行政责任主体首先是政府以及职能部门，也就是环境法律关系中的环境监管主体。而环境监管主体的环境行政权，要依靠具体的自然人即公务员或法律授权的人来具体实施。公务员或获得法律授权的人取得行使环境行政权的职务，就必须履行相应的职责并正确的履行职责，否则就要承担法律责任。同时，由于环境法具有"管理法"性质，环境法律关系中的受制主体——环境行政相对人如果有违反环境法律规定的行为，也要承担相应的法律责任，这也是环境行政责任的重要内容。

（三）环境行政责任的类型

根据不同的标准，可以将环境行政责任进行不同的分类。

1. 环境行政主体的环境行政责任和环境行政相对人的环境行政责任

这是根据承担责任主体的不同作的分类。环境行政法律关系主体包括行政主体和行政相对人，因而环境行政责任相应地包括环境行政法律关系双方主体的行政责任。这两类环境行政责任在概念、构成要件、责任承担方式等方面都存在区别。

2. 环境内部行政责任和环境外部行政责任

这是根据责任关系的不同作的分类。前者是基于内部行政法律关系而产生的行政责任，如行政主体工作人员对行政主体的责任，受委托的组织和个人

---

〔19〕 陈海嵩："我国风险环境治理中的府际关系"，载《南京工业大学学报（社会科学版）》2012 年第 3 期。

〔20〕 吕忠梅："监管环境监管者：立法缺失及制度构建"，载《法商研究》2009 年第 5 期。

对委托的行政机关的责任等。后者是基于外部行政法律关系而产生的行政责任,包括行政主体及其工作人员对行政相对人承担的责任和行政相对人的行政责任。

3. 财产性环境行政责任和非财产性行政责任

这是根据责任内容的不同作的分类。财产性环境行政责任,是指以财产的给付作为责任承担方式的环境行政责任,如罚款、没收违法所得、没收非法财物、行政赔偿等。非财产性行政责任,是指以人身权利的限制、责令做出某种行为等作为责任承担内容的环境行政责任,如通报批评、赔礼道歉、恢复名誉、消除影响停止违法行为、纠正不当、警告、责令停产停业、关闭等。

4. 惩罚性的环境行政责任和补救性的环境行政责任

这是根据责任功能和目的的不同作的分类。惩罚性的环境行政责任,是指环境行政违法行为必然导致法律上对违法主体进行惩罚的法律后果,通过给责任主体造成某种痛苦而达到教育和预防作用的环境行政责任。其具体形式有通报批评、行政处罚和行政处分。补救性的环境行政责任,是指环境行政违法行为主体补救履行自己的法定义务或补救因自身违法行为所造成的危害后果,以恢复遭受破坏的环境行政法律关系和行政法律秩序为目的的环境行政责任。其具体责任形式包括:承认错误、赔礼道歉、恢复名誉、消除危害、履行职务、纠正不当、恢复原状、停业治理等。此外,还可以根据违法行为的种类不同,将环境行政责任分为作为的环境行政责任和不作为的环境行政责任。[21]

## 二、环境行政责任的构成及承担

### (一)环境行政主体的责任

环境行政主体承担法律责任的前提是存在违法行政行为,即环境行政监管主体在具体的环境行政过程中侵害了受保护的法律关系但尚未构成犯罪的有过错行为。环境行政主体承担的行政责任包括内部责任和外部责任,其中,行政处分是承担内部责任的主要形式,这是一种惩罚性后果;行政赔偿责任是外部责任,这是一种补救性后果。行政处分的主体是环境保护监管机关的公

---

〔21〕 张璐:《环境与资源保护法学》,北京大学出版社 2010 年版,第 154 页。

职人员；行政赔偿的主体是环境监管机关。

《环境保护法》第68条对环境行政法律责任作了具体规定。明确了环境保护主管部门、其他负有环境保护监督管理职责的部门及其工作人员承担环境行政法律责任的具体情形及其法律后果。根据该规定，可以将其概括为环境行政不作为和违法行政作为的法律责任。

1. 环境行政不作为

环境行政不作为是指地方各级人民政府、县级以上人民政府环境保护主管部门和其他负有环境保护监督管理职责的部门应当履行法定职责而不履行法定职责的行为。[22]

环境行政不作为的构成要件为：(1)有法定的作为义务；(2)有履行义务的可能性；(3)有履行义务的必要性。

《环境保护法》第68条规定了环境行政不作为的三种情形：(1)依法应当作出责令停业、关闭的决定而未作出的；(2)对超标排放污染物、采用逃避监管的方式排放污染物、造成环境事故以及不落实生态保护措施造成生态破坏等行为，发现或者接到举报未及时查处的；(3)应当依法公开环境信息而未公开的。环境行政机关及其工作人员应对三种不作为行为承担行政法律责任。

2. 环境行政行为违法

环境行政行为违法是指地方各级人民政府、县级以上人民政府环境保护主管部门和其他负有环境保护监督管理职责的部门滥用职权、玩忽职守、徇私舞弊的行为。

环境行政行为违法的构成要件有两个：(1)没有法定权利；(2)有超越职权、滥用职权的行为。

《环境保护法》第68条规定了五种违法情形：(1)不符合行政许可条件准予行政许可的；(2)对环境违法行为进行包庇的；(3)违反本法规定，查封、扣押企业事业单位和其他生产经营者的设施、设备的；(4)篡改、伪造或者指使篡改、伪造监测数据的；(5)将征收的排污费截留、挤占或者挪作他用的。

地方各级人民政府、县级以上人民政府环境保护主管部门和其他负有环境保护监督管理职责的部门的直接负责的主管人员和其他直接责任人员，实

---

〔22〕 刘志坚："环境监管行政责任实现不能及其成因分析"，载《政法论丛》2013年第5期。

施了不作为或者违法行为中的一种或数种，视情况予以记过、记大过或者降级的处分；造成严重后果的，给予撤职或者开除处分，其主要负责人应当引咎辞职。

（二）环境行政相对人的责任

环境行政相对人责任的前提是行政相对人违法环境法律法规的规定，实施危害环境但尚未构成犯罪的行为。环境行政相对人的责任是不接受国家环境监管、不履行环境法律义务的法律后果。

1. 环境行政处罚

环境行政处罚是环境行政主体依法对违反环境行政法律规范的相对人所给予的制裁。根据我国《环境保护法》、《行政处罚法》、《环境行政处罚办法》的有关规定，环境行政处罚的主要种类和形式包括：

（1）警告。警告是环境行政主体对违法的相对人所进行的批评教育、谴责和警戒。《行政处罚法》第 8 条和《环境行政处罚办法》均将“警告”作为行政处罚之一。《环境保护法》没有规定，但《海洋环境保护法》明确规定了警告。

（2）罚款。罚款即环境行政主体强制违法的相对人向国家缴纳一定数额的款项的经济处罚。我国几乎所有的环境保护法律、行政法规在法律责任部分均规定了罚款这一罚种。除一般意义上的罚款外，《环境保护法》第 59 条规定了按日连续计罚，即针对持续性违法行为，以天为单位计算对违法单位或个人的经济处罚额度，是一种随时间累加而不断加总的动态罚款模式。根据《环境保护法》和《环境保护主管部门实施按日连续处罚办法》第 5 条规定，实施按日计罚的条件是污染企业“受到罚款处罚，被责令改正，拒不改正”；实施按日计罚的主体是“依法作出罚款处罚决定的环境保护主管部门”，实施按日连续处罚的行为：一是超过国家或者地方规定的污染物排放标准，或者超过重点污染物排放总量控制指标排放污染物；二是通过暗管、渗井、渗坑、灌注或者篡改、伪造监测数据，或者不正常运行防治污染设施等逃避监管的方式排放污染物；三是排放法律、法规规定禁止排放的污染物；四是违法倾倒危险废物；五是其他违法排放污染物行为。

（3）责令限制生产、停产整治。根据《环境保护法》第 60 条的规定，处罚的对象是“超过污染物排放标准或者超过重点污染物排放总量控制指标排放污染物的”企事业单位和其他生产经营者；实施主体是“县级以上人民政府环境保护主管部门”，具体处罚为“限制生产、停产整治等”。这是临时性的、阶段性的措施，在规定时间内，如果达到了整治要求，可以恢复生产，如果达不到治理要求，也可能产生更为严重的法律后果。

（4）责令停产、停业、关闭。根据《环境保护法》第60条的规定，处罚的对象是超过污染物排放标准或者超过重点污染物排放总量控制指标排放污染物，情节严重的企事业单位和其他生产经营者；实施主体是“县级以上人民政府环境保护主管部门”，具体处罚为停止生产、停止营业、关闭。相对于责令停产整顿，这是一种永久性的处罚。其他环境保护法单行法也有责令停产、停业、关闭的规定，比如，《水污染防治法》、《海洋环境保护法》等。

（5）暂扣、吊销许可证或者其他具有许可性质的证件。行政主体依法对持有某种许可证而实施行政违法行为的相对人采取暂时限制或剥夺其相应行为能力的处罚形式。《行政处罚法》对吊销许可证规定了听证程序，以确保慎重适用该处罚形式，保护相对人的合法权益。[23]《海洋环境保护法》第86条规定：“违反本法规定，不按照许可证的规定倾倒，或者向已经封闭的倾倒区倾倒废弃物的……对情节严重的，可以暂扣或者吊销许可证。”《矿产资源法》第42条规定：“违反本法第六条的规定将探矿权、采矿权倒卖牟利的，吊销勘查许可证、采矿许可证，没收违法所得，处以罚款。”

（6）没收违法所得、没收非法财物。环境行政主体对相对人从事违法行为的器具或非法所得予以强制收缴的处罚。该种行政处罚在很多环境保护法律、行政法规中均有规定，比如，《海洋环境保护法》第76条，《固体废物污染环境防治法》第77条，《矿产资源法》第39、40、42、43条等。

（7）行政拘留。即公安机关对违法的相对人实施的短期限制人身自由的处罚。拘留是一种人身自由罚，也是最严厉的行政处罚，适用于严重违反环境法律法规但不构成犯罪，而警告、罚款处罚不足以惩戒的情况。根据《环境保护法》第63条的规定，环境行政拘留的实施主体是公安机关，移送主体是县级以上环境主管部门或者其他有关部门。环境行政拘留的对象是对企业事业单位、其他生产经营者的环境违法行为负有直接责任的主管人员和其他直接责

---

〔23〕 姜明安主编：《行政法与行政诉讼法》，北京大学出版社、高等教育出版社1999年版，第223页。

任人员。环境行政拘留的前提条件是企业事业单位、其他经营者故意实施了严重的妨害环境管理秩序的违法行为,尚不构成犯罪的四类行为。

(8)法律、行政法规设定的其他行政处罚。环境行政处罚是环境行政责任中非常重要的内容,在具体的环境法律法规中有明确详细的规定,对不同的处罚形式,法律规定了不同的构成要件。实施环境行政处罚必须严格依照《行政处罚法》及其他法律、法规的规定和程序实施,否则,也必须承担侵权相应的法律责任。

2. 环境行政命令

从性质上看,环境行政命令是具有补救性的责任形式,包括消除危害、支付治理费用、恢复原状、赔偿损失等。其中一些责任形式与民事责任形式完全相同,这是国家承担环境管理职责,扩大环境行政权的结果。在环境污染和破坏后果严重,而依民事法律程序不利于及时、迅速地制止非法行为的情况下,法律将原应由司法机关追究的民事责任转由行政机关追究,可以发挥行政程序简便、快速的特点,更好地保护环境。

《环境保护法》对补救性的性质环境行政法律责任的规定主要有:第59条规定对"企业事业单位和其他生产经营者违法排放污染物"的"责令改正";第61条规定"建设单位未依法提交建设项目环境影响评价文件或者环境影响评价文件未经批准,擅自开工建设的",由负有环境保护监督管理职责的部门责令"停止建设"和"恢复原状"。

## 第四节 环境刑事责任

### 一、环境刑事责任概述

(一)环境刑事责任的含义

环境刑事责任是刑事责任的一种,它是指由环境刑事法律规定的,因实施违反环境法律法规造成或可能造成环境严重污染或破坏所构成的犯罪行为而产生的,由司法机关强制犯罪者承受的刑事惩罚或单纯否定性法律评价的负担。自20世纪70年代开始,一些污染严重的西方国家开始进行环境刑事立法，将严重的环境违法行为入罪，形成了较为系统的环境刑事法律规范。但是，由于环境问题的产生与经济社会发展密切相关，且环境污染和破坏在一定程度上是与经济社会发展相伴随的“副产品”，不具有传统刑法上的社会危害性和可谴责性，因此，环境刑事责任只能作为环境治理的“最后手段”，即在其他较缓和的措施特别是行政措施不能奏效时才可采取。[24]

（二）环境刑事责任的特点

相比于传统的刑事责任，环境刑事责任有着自己的特点。

1. 保护范围扩大

传统刑法的保护范围仅限于人身权和财产权。在环境法中，环境要素、环境权益成为主要的保护对象，这决定了运用刑法手段保护环境，必须扩大刑法的适用范围，将对人身及财产的保护扩大到环境要素、环境权益的保护。从可持续发展观出发，重视环境要素的价值，在法律关系中尊重环境要素的主体性，将其纳入刑法的保护范围。

2. 特别刑法出现

由于刑法手段在环境保护中的运用源于环境法的产生，传统刑法对此并无规定。为了应对严重的环境问题，对造成严重社会危害的环境污染和破坏行为，予以严厉的制裁，一些国家制定了特别刑法，或专门制定有关危害环境罪及其处罚的专门刑事法律（如日本的《公害罪法》），或修订普通刑法专设危害环境罪（如德国）；或在环境法律法规中规定刑事条款（如俄罗斯）等。这些为保护环境而生的刑法具有了不同与传统刑法的特性，也产生了一些新的规则：如因果关系推定由日本的《公害罪法》所确立，俄罗斯环境保护法创设了刑事非法捕捞海洋鱼类的按尺寸、按条数、按渔季处以刑罚的刑事责任形式。

3. 刑罚形式多样

由于环境污染和破坏后果的难以逆转性，特别是对人或生态造成的危害有些情况下不可弥补，事后的刑事处罚基本于事无补。因此，一些国家立足于预防原则，加大了刑法手段在事前和事中的运用，确立环境犯罪的危险犯制度，规定了抽象的犯罪构成，以降低对孕育着环境危险的行为的处罚门槛。如

---

〔24〕 焦艳鹏：《刑法生态法益论》，中国政法大学出版社2012年版，第1~10页。

法国，采取了列举具有危险性的典型行为方式，对于已列举的行为不要求产生具体的损害或发生损害后果的现实可能性，只要存在具体的危险就应承担刑事责任；如果具体的危险或造成了一定损害，可以成为加重刑罚的依据。同时，环境刑事责任中还有法人与个人并罚制度，对于同一犯罪行为，对企业和相关责任人同时处以刑罚。

4. 以财产刑为主

追究环境刑事责任的根本目的在于修复和改善遭受损害的生态系统和环境质量。所以，环境法上的刑事责任主要是财产刑。在国外环境刑事立法中，并处财产刑是环境刑事责任的一个显著特征。在我国，《刑法》也主要采取了财产刑，因为环境污染犯罪的主体主要是企业；破坏资源罪的主体虽然以自然人为主，但为了修复环境，一般也在人身刑的基础上并处财产刑。在司法实践中，由于破坏资源的犯罪主体主要是农民，一些地方法院在审理案件过程中创造了“复种补绿”、“劳务代偿”等形式，在对犯罪人处以较轻的人身刑的同时，判处一定形式的劳务罚，以劳务方式实现生态修复的目的。

（三）各主要的环境刑事立法类型

相对而言，世界范围内的环境刑事立法起步较晚。专门环境刑法由日本1970年制定，1980年颁布的《德国刑法》中专章规定污染环境罪。至今，这仍然是环境刑法的两种主要立法模式。也有一些国家在环境保护法中直接规定刑事责任。由于各个国家的环境问题的特点不同、经济社会发展程度不同、法律及文化传统不同，各国的环境刑事立法也有一些不同的特性。但是，从刑法理论上看，这些国家的立法也有一些适应环境保护需要的共性。

1. 以日本为代表的专门环境刑事立法

20世纪中叶，日本经济迅猛发展的同时，环境污染事件不断产生，成为世界上污染最严重的国家之一，环境问题引发了严重的社会动荡。鉴于此，日本开始了公害立法，所制定的环境法律法规中，都有追究环境犯罪者刑事责任的规定，同时，也开始了环境刑事立法。最有代表性的是1970年国会制定的《关于危害人体健康的公害犯罪制裁法》（以下简称《公害罪法》），该法仅7个条文，但在世界上是首次出现的关于环境犯罪的特别刑法，也是最早运用刑法手段保护环境的立法。《公害罪法》体现了环境刑事立法的鲜明特征：（1）规定了危险犯及其刑罚（第2条、第3条）；（2）明确了环境犯罪的因果关系推定原则（第 5 条）；（3）确立环境犯罪的两罚原则（第 4 条），既处罚法人又处罚法人成员。

2. 以德国为代表的法典化环境刑事立法

德国环境刑事立法经历了附属刑法和环境刑法法典化两个阶段。原西德从 20 世纪 70 年代起开始对环境保护进行刑事立法，但这些立法都附属在环境法律中，如 1960 年颁布的《水务法》，1972 年颁布的《垃圾处理法》，1974 年颁布的《联邦污染防治法》，罚则中都有环境犯罪的规定。1980 年修订刑法典时，在刑法分则中增设了“危害环境罪”，将原来分散的附属刑法内容全部吸收并增设了一些新罪名。1984 年统一后的德国修改刑法典时对有关环境犯罪内容进行了进一步完善。1998 年 11 月 13 日颁布的《德国刑法典》在第 29 章专设“污染环境犯罪”。具体罪名包括：污染水域（第 324 条）、污染土地（第 324 条 a）、空气污染（第 325 条）、造成噪音、震动和非放射性（第 325 条 a）、未经许可的处理垃圾（第 326 条）、未经许可开动核设备（第 327 条）、未经许可的放射性物质及其他危险物品的交易（第 328 条）、侵害保护区（第 329 条）、情节特别严重的危害环境犯罪（第 330 条）、放毒造成严重危害（第 330 条 a）等。[25] 德国环境刑事立法的特点有二：（1）处罚范围宽广；（2）刑罚较重，被认为是世界上处罚环境犯罪最严厉、处罚范围最广的国家之一。

3. 以英国和美国为代表的附属性环境刑事立法

英国和美国同属一个法系，没有成文的刑法典，环境刑事责任条款主要以附属法形式存在于作为成文法的环境法中。如英国的《清洁空气法》、《放射性物质法》、《河流防污法》、《水资源法》、《垃圾法》、《有毒废物倾倒法》等，其中都有环境刑事责任规定。

美国的环境刑事立法分为联邦法、州法、地方条例三个部分。在联邦法中，除了《环境政策法》没有规定刑事法律责任外，有关单行法都有刑事条款。如《清洁空气法》、《清洁水法》、《固体废物处置法》、《有毒物质管制法》、《资源回收法》、《环境反应、赔偿和责任综合法》等。美国环境刑事立法仅为名目详细完整的刑事罚则总汇，虽然涉及范围较广，但并不完备。

---

〔25〕 吴献萍：“中德环境污染犯罪比较研究”，载《河北法学》2012 年第 1 期。

## 二、我国环境刑事立法

我国采取了环境刑事立法法典化方式，即在《刑法》中专设破坏环境资源保护罪，同时，在一些相关条款中，也有与环境保护有关的规定。

### （一）《刑法》的相关规定

我国在1997年修订《刑法》开始，逐步完善了危害环境资源犯罪的内容，至今，《刑法》有九个修正案，修正案大多涉及了危害环境资源犯罪。根据现行《刑法》以及最高人民法院、最高人民检察院《关于执行〈中华人民共和国刑法〉确定罪名的补充规定》，有关环境资源的犯罪主要有：走私罪、妨害文物管理罪、破坏环境资源保护罪和渎职罪四类。2013年6月，最高人民法院、最高人民检察院出台《关于办理环境污染刑事案件适用法律若干问题的解释》，对具体的法律适用问题进行了规范。

1. 走私罪

《刑法》第三章第二节规定了走私罪，其中与环境资源有关的有：第151条第1款规定的走私核材料罪、第151条第2款规定的走私文物罪、走私珍贵动物、珍贵动物制品罪，第151条第3款规定的走私珍稀植物、珍稀植物制品罪。

2. 妨害文物管理罪

《刑法》第六章第四节规定妨害文物管理罪，其中与环境资源有关的有：第324条第1款规定的故意损毁文物罪，第324条第2款规定的故意损毁名胜古迹罪，第324条第3款规定的过失损毁文物罪，第325条规定的非法向外国人出售、赠送珍贵文物罪，第326条规定的倒卖文物罪，第327条规定的非法出售、私赠文物藏品罪，第328条第1款规定的盗掘古文化遗址、古墓葬罪，第328条第2款规定的盗掘古人类化石、古脊椎动物化石罪。

3. 破坏环境资源保护罪

《刑法》第六章第六节专节规定了"破坏环境资源保护罪"，其中包括如下内容：第338条规定的污染环境罪，第339条第1款规定的非法处置进口的固体废物罪，第339条第2款规定的擅自进口固体废物罪，第340条规定的非法捕捞水产品罪，第341条第1款规定的非法猎捕、杀害珍贵、濒危野生动物罪，第341条第1款还规定了非法收购、运输、出售珍贵濒危野生动物、珍贵、濒危野生动物制品罪，第341条第2款规定的非法狩猎罪，第342条规定的非法占用农用地罪，第 343 条第 1 款规定的非法采矿罪，第 343 条第 2 款规定的破坏性采矿罪，第 344 条规定的非法采伐、毁坏国家重点保护植物罪和非法收购、运输、加工、出售国家重点保护植物、国家重点保护植物制品罪，第 345 条第 1 款规定的盗伐林木罪，第 345 条第 2 款规定的滥伐林木罪，第 345 条第 3 款规定的非法运输、收购盗伐、滥伐的林木罪。

4. 渎职罪

《刑法》第九章规定了渎职罪，其中与环境资源管理有关的内容包括：第 407 条规定的违法发放林木采伐许可证罪，第 408 条规定的环境监管失职罪，第 410 条规定的非法批准征用、占用土地罪和非法低价出让国有土地使用权罪，第 413 条第 1 款规定的动植物检疫徇私舞弊罪，第 413 条第 2 款规定的动植物检疫失职罪，第 419 条规定的失职造成珍贵文物损毁、流失罪。

（二）《环境保护法》的相关规定

2014 年修订的《环境保护法》第 69 条规定："违反本法规定，构成犯罪的，依法追究刑事责任。"由于我国采取刑事责任法典化的立法模式，《环境保护法》也没有直接规定环境刑事责任。但结合《刑法》的相关规定来理解，环境保护法的这一规定体现了如下理念：

1. 污染环境的犯罪是行为犯。《刑法》第 338 条规定："违反国家规定，排放、倾倒或者处置有放射性的废物、含传染病病原体的废物、有毒物质或者其他有害物质，严重污染环境的，处 3 年以下有期徒刑或者拘役，并处或者单处罚金；后果特别严重的，处 3 年以上 7 年以下有期徒刑，并处罚金。"这也意味着，只要实施了污染环境的行为，就构成犯罪。是否造成财产、人身或环境损害，不是构成污染环境罪的必要条件，只是作为犯罪情节，在量刑时加以考虑。这一规定体现了对"生态法益"的保护。

2. 环境犯罪的责任主体既包括单位、也包括个人。我国《刑法》规定的犯罪主体包括单位和自然人两类。《刑法》第 346 条对单位环境犯罪作了规定，相关罪名对自然人犯罪也有规定。《环境保护法》第 69 条作为指引性规范，意味着环境犯罪的刑事责任适用《刑法》的相关规定，在犯罪主体上也是一致的。

### (三)环境刑事责任的法律适用问题

犯罪的本质是对法益的侵犯。法益是由法律所确认和保护的利益,为环境刑法所保护而为环境犯罪行为所侵害的利益称为环境刑法法益,它是危害环境行为罪与非罪的本质根据。环境刑法所保护的法益可概括为两个方面:第一,"环境"本身的安全,我们称为"生态法益";第二,人的生命、健康和公私财产安全,我们称为"个人法益"。传统刑法都对"个人法益"加以保护。但在环境刑法出现以前,没有承认独立的"生态法益",从而将对环境本身损害的行为也作为犯罪进行处罚。

环境刑法的出现,实现了从"个人法益"到"生态法益"的双重保护,这意味着人类对环境问题、人与环境关系的新认识。比如,德国环境刑法采取了结合"个人"和"生态"两方面利益作为保护法益的立场,一方面,处置造成或可能造成人身伤害和公私财产损失的环境污染行为;另一方面,承认独立的环境法益,将"环境"本身的安全加以保护,把对环境造成或可能造成的污染视为对生态法益造成的破坏,而不去探究其是否对"人身"或"财产"造成具体或抽象的危害或者有造成危害的危险。

我国《刑法》和《环境保护法》的规定,虽然在一定程度上体现了对"生态法益"的保护理念,但总体上看,规定还比较模糊,一些罪名的犯罪构成要件缺失或者不能适应保护"生态法益"的需要,亟待完善。

1. 环境犯罪的构成

(1)主观方面。我国刑法一直坚持主客观相一致原则,追究行为人的刑事责任,不仅要求客观上有危害行为,而且要求主观上有罪过,即必须有故意或者过失,不是在故意或过失支配下实施的行为,即使造成了损害结果,也不构成犯罪。但是,《刑法》对环境犯罪主观罪过形式规定得并不明确,从而导致学界的认识分歧。如重大环境污染事故罪,到底是故意还是过失,或者两者即可,等等,极易引起分歧;擅自进口固体废物罪的主观方面,也是如此。这种情形使得司法实践中常常陷入困境。如盐城水污染案,由于重大环境污染事故罪主观方面规定不明确,法院最终采用了过失说处理。鉴于行为人故意排放污水的意图明显,司法机关无法适用《刑法》第 338 条,最终以投放毒害性物质罪定罪。[26]

(2)客观方面。我国《刑法》规定了环境犯罪的行为犯、结果犯,但没有规定危险犯。但目前仅就污染环境罪规定了行为犯,其他罪名依然以结果犯为主。这既不利于贯彻"预防为主"原则,也有悖生态环境保护的规律。从环境保护的要求看,追究环境污染和破坏危险犯的刑事责任,即将足以造成环境污染和破坏危险状态的行为规定为犯罪,而无须消极地等待环境污染行为造成生命、健康、公私财产和环境生态系统重大损失后才予以刑事处罚,才能充分发挥刑法的预防功能及其在环境保护方面的先期屏障作用。此外,关于环境污染结果犯及危险犯的设置上,也应充分体现生态环境保护理念,把环境媒体本身的损害作为其结果或者危险的重要内容。实践中,还存在一些企业以不作为形式造成的环境污染和破坏,环境犯罪除了规定作为犯外,也应规定不作为犯。鉴于环境污染犯罪严重的社会危害性,除了处罚既遂犯外,还应该对那些严重污染环境的未遂犯进行处罚。但是,这些问题在我国《刑法》中都未得到明确的规定。

2. 环境犯罪证明方法

环境污染犯罪也必须要有证据来证明,证明是对环境污染犯罪惩治的前提。然而,环境污染犯罪的证明和其他传统犯罪及破坏资源犯罪的证明相比,存在相当的困难,其难点在对该种犯罪因果关系的证明,而证明的结果对行为人刑事责任的有无及刑事责任的轻重具有至关重要的影响。因此,为了有效打击环境犯罪,许多国家设法用新的理论来解释环境刑法中的因果关系,如日本以疫学因果关系理论、因果关系推定方法来认定环境污染犯罪的因果关系。

---

〔26〕 2007年11月底至2009年2月16日期间,原盐城市标新化工有限公司董事长胡文标、生产厂长兼车间主任丁月生,在明知标新化工有限公司为环保部门规定的废水不外排企业,明知在生产氯代醚酮过程中所产生的钾盐废水含有有毒有害物质的情况下,仍然将大量钾盐废水排入公司北侧的五支河内,任其流进盐城市区水源蟒蛇河,污染市区城西、越河两个自来水厂取水口。2009年2月20日,因水源污染导致市区20多万居民饮用水停止达66小时40分,造成了巨大损失。该案由检察院提起公诉后,江苏盐城市盐都区法院以投放危险物质罪,对盐城市"2·20"特大水污染事件责任人、原盐城市标新化工有限公司董事长胡文标一审判处有期徒刑10年,并与之前的刑罚并罚,决定执行有期徒刑11年。对另一被告人、该公司生产厂长丁月生以同样的罪名判处有期徒刑6年。这是中国首次以投放危险物质罪的罪名,对违规排放造成重大环境污染事故的当事人进行刑事处罚。该案的法律适用问题引起了巨大的争议。

我国目前在环境民事责任的证明方面,采用了因果关系推定方法。但在环境犯罪因果关系的证明问题上,既无立法及司法解释明确规定适用推定的证明方法,也无相关的司法实践。实际上,推定因果关系因与果之间尽管有高度的盖然性,但毕竟不是依靠科学法则,为了保证其适用的统一以及避免被滥用而侵犯被告人的合法权益,应用法律形式加以确定,明确刑事上的因果关系推定原则适用的范围、适用的规则、对因果关系推定的抗辩等,为因果关系推定在实践中的运用提供充分的法律依据。

3. 刑罚方式

我国环境犯罪的处罚主要采用自由刑和罚金刑并处制度,无论犯罪情节轻重,在判处自由刑的同时都科以罚金刑。这种做法虽然符合罚金刑惩治贪利性犯罪的立法初衷,但不符合罚金刑适用于轻罪的发展趋势,且易造成罚金刑在实践中难以执行。因此,可以实行自由刑和罚金刑选处制度。在自由刑方面,可适当增加法定刑幅度的规定,并适当降低其法定最高刑,以适用各种不同程度的环境犯罪行为。在罚金刑方面,应增加一些可操作性规定。对于不能缴纳罚金的,在对贫困者实行减免制度的同时,既可实行劳务代偿,也可以实行罚金刑易科,即将罚金刑改为自由刑,以更好实现环境刑事责任的目的。

## 第五节　专门环境法律责任

### 一、专门环境法律责任的含义

专门环境法律责任特指违法者对其环境违法行为所应承担的专门由环境法律规范所规定的不利的法律后果。这种专门责任来源于特定的环境法律义务,代表了环境法律对环境违法行为的否定性评价,并且不同于根源传统法律责任类型的环境民事责任、环境行政责任和环境刑事责任,其具有不可替代性,鲜明地体现了环境法律理论和制度的特色,是环境法作为一个独立法律部门对于规制社会秩序、保护环境所做出的独特贡献。在某种意义上说,专门环境法律责任在推进中国环境法治中发挥着不可或缺的关键作用。

在法理上,责任是连接义务和制裁的桥梁,是确保法律义务得以实现的中介。因此,法律责任作为法律运行的保障机制,是法治不可缺少的环节,法律对责任规定的合理性在很大程度上决定了法的强制力和执行力。但是,不能狭隘地将所有的法律责任都和法律制裁画上等号。法律责任是行为人因为其违法行为或法律的特别规定而承受的一种不利法律后果,这种不利法律后果并不必然意味着"制裁"或"惩罚"。"制裁"或"惩罚"意味着法律对当事人行为的否定性评价,但这种"否定性评价"并不等同于所有的不利法律后果。例如,许多民事责任和行政责任在本质上,并不是对当事人行为的否定,而是基于公平正义之目的而对利益关系进行的调整。实际上,将"制裁"和"惩罚"作为法律责任的本质,是以刑法和刑事责任为基本模式并加以泛化而得出的错误结论。著名法学家哈特就指出,只有刑法和侵权法领域,人们把确定何种行为构成可起诉的不法行为的规则也说成是强加于他们的力戒某种行为的责任的规则。这种行为本身被称为"规避责任",对它的赔偿或其他补救措施被称为"制裁"。但是,还有其他重要类别的法律,这种法律不强加责任和义务,而是通过创设权利和义务结构,来为个人提供实现他们愿望的便利。因此,它们执行的是完全不同的社会功能,同以威胁为后盾的命令全然无共同之处。〔27〕可见,为实现法律的利益调整功能,在常规性的体现法律惩罚的责任体系之外,也可以设立其他责任形式。

就环境法而言,目前的理论与实践对于环境法律责任包括民事责任、行政责任和刑事责任并无争议。但专门环境法律责任是否存在?有无设定的必要?这是传统环境法理论很少涉及的问题。本书认为,专门环境法律责任的设立,既有理论上的可能性,也有实践中的必要性。概言之,可能性表明的是专门环境法律责任的存在具有理论上的可行性,必要性是从现实角度去探讨专门环境法律责任制度设计对于解决实际问题的重要意义。

### (一)设立专门环境法律责任的可能性

从理论上看,法律责任以违法行为和法律规定的事实为条件,法律是其根据,〔28〕因此现有的法律责任的分类是根源于法律部门的划分的,主要是以

〔27〕［英］哈特:《法律的概念》,张文显等译,中国大百科全书出版社 1996 年版,第 29 ~ 30 页。
〔28〕公丕祥主编:《法理学》,复旦大学出版社 2002 年版,第 465 页。

当事人违反传统的民法、行政法和刑法等几个主要法律部门为基础。由于部门法并不局限于上述几个，且部门法的划分本身就存在诸多问题，故从理论上看，传统对法律责任的划分只是提供了一个主要框架并不是一个封闭的、完善的和静止的体系，对于法律责任的划分远未穷尽，因为新的法律部门会不断出现。由于部门法的划分在整体上是一种"异面"划分，不仅会有许多遗漏，而且在局部上还可能存在一些交叉，因此，我们不能束缚于传统理论，而必须有所突破，有所超越。[29] 就法学理论上说，法律责任除了具有制度设计之初的基本的惩罚作用之外，还有恢复权利和教育的作用；[30] 而就现代法律权利本位来说，法律责任的恢复权利的功能更为凸显，因此对于法律责任划分的标准和来源要相应适时地考虑权利因素。作为以保护环境权利为核心的环境法来说，专门的环境法律责任出现既是环境法完善的需要，也是法律发展的必需。

### （二）设立专门环境法律责任的可行性

法律作为一种调整社会关系的手段，实质上不过是以人的有限理性把握无限世界的方法。同样，法律责任是法律所创制的概念，并没有先天的、固定不变的本质，在不同的历史时期、不同的国家和地区以及在同一国家的不同法律部门中，其含义、分类往往会发生许多微妙的变化，因此，就需要有不同的理论和观点来进行解释。当法治环境发展时，现有的概念体系必然随之变动，既有的责任理论不应当也不可能绝对化。[31] 法律是自生自发秩序规则和人类理性设计同时并存在的产物，就两个方面来看，法律的发展和完善既与现实世界的发展又与人类认识能力的提高紧密相关，所有制度设计都应该是一个不断发展完善、趋近现实世界的动态过程。环境问题直至晚近才特别凸显其严重性，而现代环境法产生才数十年的时间，因此，在我们的法律体系中要以开放的心态接纳包括专门环境法律责任在内的环境法律理论和制度。

从法学理论上看，环境法作为一个新兴的法律领域，有着专门的法律规范，必然要求有相应的法律责任。从中国环境法治现实看，违法成本低、守法成本高，是必须解决的一个问题，完善环境法律责任体系是解决这个问题的有

---

〔29〕 张守文：《经济法理论的重构》，人民出版社2004年版，第443～444页。

〔30〕 公丕祥主编：《法理学》，复旦大学出版社2002年版，第468～469页。

〔31〕 吕忠梅、陈虹：《经济法原论》，法律出版社2007年版，第226页。

效途径。近年来,我国环境立法进入了高峰期,但现实环境问题层出不穷,环境法的实施面临困境,许多问题需要深入思考而不是简单地归结为“政府阻扰”。[32] 环境法何以难以得到有效实施?现有的环境法律责任体系是否存在问题?这需要我们从多角度进行反思,需要根据中国环境法治实践,升华出具体的法律责任形式,促进环境法理论与实践的发展。

## 二、专门环境法律责任的内容

不同种类的法律责任之间,实际上存在一定的交叉和内在的关联,各个不同的部门法可能只是对某类责任形式更为侧重而已,但未必意味着要排除其他的责任类型,各种形式的责任形式自然可能体现或贯穿于多个部门法的责任体系之中。[33] 所以,在环境法律责任体系中,环境民事责任、环境行政责任和环境刑事责任应该说是环境法律责任体系中的主要方面,但专门环境法律责任必不可少,具有自身的特殊性。从当代中国的环境法律实践出发,可以归纳、提炼出专门环境法律责任的具体内容。

### (一)环境保护行政问责制

环境保护行政问责制是行政问责制的一个方面。行政问责制是政治问责制的一个重要组成部分,是指特定的问责主体针对各级政府及其公务员承担的职责和义务的履行情况而实施的,并要求其承担否定性结果的一种规范。环境保护问责制就是在环境保护领域,对环境保护享有职权承担职责的各级政府、各级政府所属机构及其公务员的一切行为及其后果都必须和能够追究责任的制度。其实质是通过各种形式的责任约束,限制和规范政府权力和官员行为,使其公共权力的行使最终达到保障公民环境权、保护环境的目的。其所追究的“责任”主要涉及政治责任、行政责任、法律责任和道德责任四个方面。

我国的行政问责制是随着一系列突发公共性危机和重大恶性事故的出现而不断完善的。近年来环境突发事件非常引人注目,如2005年年底爆发的松花江污染事件等,这已成为突发公共性危机中非常重要的内容,因此,国家特

---

〔32〕 陈海嵩:“绿色发展中的环境法实施问题”,载《中国法学》2016年第1期。

〔33〕 吕忠梅、陈虹:《经济法原论》,法律出版社2007年版,第232页。

别突出了环境保护领域的问责制。我国自2006年2月20日起公布施行的《环境保护违法违纪行为处分暂行规定》详细规定了环境保护问责制的具体内容。近些年来,随着重大突发环境事件频繁发生,我国在全面推进生态文明建设的政策背景下,越来越重视地方各级政府承担的环境保护责任,推动环境保护领域目标责任制实施,对各级政府及其环境保护主管部门、其他负有环境保护监督管理职责的部门及其直接负责的主管人员和其他直接责任人员进行问责成为了制度建设的常态。比如,我国《国家环境保护"十二五"规划》规定:"建立化学品环境污染责任终身追究制和全过程行政问责制。"2014年修订的《环境保护法》第68条规定了环境保护法律问责的具体内容,详细规定地方各级人民政府、县级以上人民政府环境保护主管部门、其他负有环境保护监督管理职责的部门及其直接负责的主管人员和其他直接责任人员具体的行政法律责任。

(二)环境保护"党政同责"

多年来,我国在环境保护领域一直存在认识误区,比较突出的就是认为环境保护只是环保机关的事。这种认识直接导致了两个明显的矛盾:一方面是经济社会发展遭遇严重的环境资源"瓶颈",另一方面是环境污染和资源浪费没有得到根本性遏制;一方面是中央政府坚定的节能减排决心,另一方面是地方政府的"软执行"导致中央决策效力的消减。中央批评地方唯GDP论污染了环境,地方埋怨中央给的经济发展压力过大;同时,各部门间权力分割矛盾也导致相互掣肘。

为改变环保部门单打独斗治理环境的状况,《环境保护法》建立了"多元共治"的体制机制,实现发展与环境的综合决策、协同治理。2015年8月,中共中央办公厅、国务院办公厅印发《党政领导干部生态环境损害责任追究办法(试行)》,明确了"党政同责"的基本原则。这意味着,只要发生环境污染和生态破坏事件,不仅政府主要领导成员要担责,党委和相关部门的领导也有可能被追究相应责任。这个文件的出台,为实现"多元共治"机制提供了有效途径。

根据《党政领导干部生态环境损害责任追究办法(试行)》,地方各级党委和政府对本地区生态环境和资源保护负总责,党委和政府主要领导成员承担主要责任,其他有关领导成员在职责范围内承担相应责任。同时,实行生态环境损害责任终身追究制。对违背科学发展要求、造成生态环境和资源严重破坏的，责任人不论是否已调离、提拔或者退休，都必须严格追责。该办法具体规定了应当追究相关地方党委和政府主要领导成员责任的情形、应当追究相关地方党委和政府有关领导成员责任的情形、党政领导干部利用职务影响应当追责的情形。

在具体责任形式上，党政领导干部生态环境损害责任追究形式有：诫勉、责令公开道歉；组织处理，包括调离岗位、引咎辞职、责令辞职、免职、降职等；党纪政纪处分。组织处理和党纪政纪处分可以单独使用，也可以同时使用。追责对象涉嫌犯罪的，应当及时移送司法机关依法处理。负责作出责任追究决定的机关和部门，一般应当将责任追究决定向社会公开。

1. 党政同责的法理依据

按照法律规定，地方如果发生了环境污染和破坏事件，可以实施行政问责，依法追究政府主要负责人及主管人的责任；但过去党委的环保责任因为没有明确的规定而被虚化。就目前情况来看，党政同责的法治化的重点在于明确规定党委的责任。在国家立法层面，这个问题无法解决，因此必须要发挥党内立法的作用。

在我国，十八届四中全会决定，明确将党内法规纳入了国家法治体系。从理论上，解决了"党政同责"从"事理"到"法理"、从"政策"到"法规"的问题。《党政领导干部生态环境损害责任追究办法（试行）》首次以党内规章的形式明确了"党政同责"。这意味着，今后地方再发生环境事故，党委和政府负责人都需承担责任并且实行终身追责，有效解决了这个问题。

在实践中，除了中共中央发布的党内法规、规章以外，也有一些地方采取党政联合出台规范性文件的方式，明确从党委和政府两个方面共同落实党政同责、一岗双责、齐抓共管的要求，其效力在国家方面属于行政规章，在党内方面属于党内法规。这种做法，可以借鉴和参考。

2. 对"党政同责"的理解〔34〕

党政同责，可以从两个方面来理解：（1）"同有职责"，指的是党委和政府部门，在生态环境管理或者监管方面都有责任，党委书记、政府首长都应依法、

〔34〕 参见吕忠梅接受澎湃新闻采访，对党政同责的认识与理解，载 http://www.thepaper.cn/newsDetail_forward_1365250。

依规承担责任;(2)违反职责时“同样承担责任”,因为党委和政府的职责有所不同,其行为引起的政治、纪律、法律后果也不完全相同,因此,不是完全承担一样的责任。

从职责范围方面来看,党委的领导主要是政治领导、思想领导和组织领导,党委也主要通过这三种领导方式落实党政同责的责任,或者说党委主要承担领导责任。政府依照法律授权,负有保护和改善所辖区域生态环境质量的职责,对污染和破坏环境行为的监管职责,还有加大生态环境保护投入、实现可持续发展的职责,政府主要通过依法履行职责落实党政同责的责任。

如果出现了地方的环境事故,不能简单地说谁的责任更重,而是要看决策形成过程以及执行情况而定。如果是党委决策错误,党委应该承担主要责任;如果党委决策正确,行政执行有过错或者重大失误,则应该由行政承担主要责任。

另外,按照《党政领导干部生态环境损害责任追究办法(试行)》的规定,对重大生态环境损害将实行终身责任制。这也意味着,对地方环境事故发生当时的责任追究,不一定就是“终局”,如果后续发生了重大生态环境损害,也还可能继续追究责任。

实际上,与《党政领导干部生态环境损害责任追究办法(试行)》同时出台的还有《环境保护督察方案(试行)》、《生态环境监测网络建设方案》、《关于开展领导干部自然资源资产离任审计的试点方案》,这四个文件具有内在的逻辑联系,对于生态环境损害终身追责制度的建立具有非常重要的意义。其中,建立环保督察工作机制是抓手,为严格落实环境保护主体责任、完善领导干部目标责任考核制度、追究领导责任和监管责任奠定了基础。完善生态环境监测网络是科学依据,通过全面设点、全国联网、自动预警,为依法追责提供事实证据。开展领导干部自然资源资产离任审计试点是途径,通过建立比较成熟、符合实际的审计规范,推动领导干部守法守纪、守规尽责,促进自然资源资产节约集约利用和生态环境安全。终身追责是底线,按照客观公正、科学认定、权责一致的原则,针对决策、执行、监管中的责任,明确责任追究。

### (三)生态损害赔偿责任

目前,我国正在形成环境法上的生态损害赔偿责任。这一责任形式在法律上虽然还没有明确规定,但在最高人民法院的《环境民事公益诉讼司法解释》和《环境侵权责任司法解释》中都有所涉及。2015年中共中央办公厅、国务院办公厅印发了《生态环境损害赔偿制度改革试点方案》(以下简称《试点方案》),根据该方案,全国试点地方正在对此制度进行试点。如果试点成功,这项制度可能成为一项重要的环境法专门责任形式。

1. 目标

《试点方案》要求2015年至2017年,选择部分省份开展生态环境损害赔偿制度改革试点。从2018年开始,在全国试行生态环境损害赔偿制度。到2020年,力争在全国范围内初步构建责任明确、途径畅通、技术规范、保障有力、赔偿到位、修复有效的生态环境损害赔偿制度。

2. 生态损害赔偿的内涵

《试点方案》明确规定:"本试点方案所称生态环境损害,是指因污染环境、破坏生态造成大气、地表水、地下水、土壤等环境要素和植物、动物、微生物等生物要素的不利改变,及上述要素构成的生态系统功能的退化。"需要承担生态环境损害赔偿责任的情形为:(1)发生较大及以上突发环境事件的;(2)在国家和省级主体功能区规划中划定的重点生态功能区、禁止开发区发生环境污染、生态破坏事件的;(3)发生其他严重影响生态环境事件的。

《试点方案》明确将一些行为排除在生态损害赔偿范围之外:(1)涉及人身伤害、个人和集体财产损失要求赔偿的,适用侵权责任法等法律规定;(2)涉及海洋生态环境损害赔偿的,适用海洋环境保护法等法律规定。

3. 生态损害赔偿的范围

《试点方案》明确赔偿范围为:"生态环境损害赔偿范围包括清除污染的费用、生态环境修复费用、生态环境修复期间服务功能的损失、生态环境功能永久性损害造成的损失以及生态环境损害赔偿调查、鉴定评估等合理费用。"赔偿义务人为"违反法律法规,造成生态环境损害的单位或个人,应当承担生态环境损害赔偿责任。现行民事法律和资源环境保护法律有相关免除或减轻生态环境损害赔偿责任规定的,按相应规定执行"。赔偿权利人是"试点地方省级政府经国务院授权后,作为本行政区域内生态环境损害赔偿权利人,可指定相关部门或机构负责生态环境损害赔偿具体工作"。

由于《试点方案》正在实施过程中,有必要对其进行理论研究和实践跟踪,认真总结试点中的成熟经验,及时将其上升为环境法律制度。

（四）生产者责任的延伸

生产者责任的延伸，是指将产品生产者的责任延伸到其产品的整个生命周期，特别是产品消费后的回收处理和再生利用阶段，使生产者承担废弃产品的回收、处置等有关的法律义务，促进改善产品全部生命周期内的环境影响状况的一种环境保护制度。

生产者承担的延伸责任的内容主要有：(1)经济责任，指生产者承担产品生命周期内全部或部分环境成本，包括产品的回收、循环利用或最终处置的成本。(2)废物管理责任，指生产者直接参与废弃产品管理，负责产品回收及限期淘汰有毒有害危险材料的使用等，要求生产者对产品在使用寿命终结之后对环境产生的负面影响应当承担具体的责任。(3)信息责任，生产者要向产品生产过程中其他相关主体提供必要的信息。

生产者责任延伸是一种责任制度，其制度设计的初衷是为了保护环境和节约资源。在现有的环境法律中这一制度也有具体法律规范上的体现。日本在1998年通过律法要求所有的电子电气产品在报废后必须交回给生产者处理，处理费用由生产者和消费者共同承担。1997年的《容器及包装循环法》、2000年的《推进循环型社会形成的基本法》及2001年的《电子家用设备循环法》等个别法，这些法律中都反映了生产者责任延伸思想。韩国于2003年2月开始修订《资源节约及再利用促进法》，将生产者责任延伸计划列入全国实施规范，该法于2004年1月开始生效。

我国自2007年3月1日起实施的《电子信息产品污染控制管理办法》第10条规定："电子信息产品生产者在生产或制造电子信息产品时，应当符合电子信息产品有毒、有害物质或元素控制国家标准或行业标准，采用资源利用率高、易回收处理、有利于环保的材料、技术和工艺。"该《办法》还规定了相应的法律责任。2005年修改后的《固体废物污染环境防治法》第5条规定："国家对固体废物污染环境防治实行污染者依法负责的原则。产品的生产者、销售者、进口者、使用者对其产生的固体废物依法承担污染防治责任。"第18条规定："生产、销售、进口依法被列入强制回收目录的产品和包装物的企业，必须按照国家有关规定对该产品和包装物进行回收。"根据这些规定，生产经营组织对其设计、制造、进口和销售的产品，在经消费者使用后有义务进行收集、处置和再利用等。2014年《环境保护法》第36条规定："国家鼓励和引导公民、法人和其他组织使用有利于保护环境的产品和再生产品,减少废弃物的产生。国家机关和使用财政资金的其他组织应当优先采购和使用节能、节水、节材等有利于保护环境的产品、设备和设施。”该规定从经济激励和政府引导的角度,在生产、流通和消费全过程中促进产业结构升级、清洁生产、绿色消费,实现生产者责任延伸制度的进一步落实。

**延伸阅读** 张长健等1721人与福建省(屏南)榕屏化工有限公司环境污染责任纠纷案

福建省(屏南)榕屏化工有限公司(以下简称榕屏公司)自1995年投产后,对周边地区陆续造成污染,排放的废水、废气、废渣,对环境和人体造成严重损害。特别是排放的氯气,造成大片树林、竹林、果树、庄稼枯死,鱼虾不能生存。对此,有现场勘验报告和当地乡人民政府出具的《屏城乡溪坪村受榕屏公司污染情况》佐证,江西惠普会计师事务所据此提出了损失计算标准。张长健等1721人提起诉讼,请求判令榕屏公司立即停止侵害,赔偿农作物及竹、木等损失,清除厂内及后山废渣。

宁德市中级人民法院一审认为,榕屏公司虽主张排放达标,但不能证明排放不会造成损害,应推定因果关系存在,侵权责任成立。张长健等1721人从1995年榕屏公司投产后、山地陆续出现毛竹等死亡时,就陆续向有关部门反映,诉讼时效并未超过。一审判决,榕屏公司立即停止侵害,清除厂内和后山工业废渣,并赔偿山场林木、果树、毛竹和农田等部分损失。双方不服上诉至福建省高级人民法院。该院二审认为,污染物排放标准不是确定排污单位是否承担侵权赔偿责任的界限,榕屏公司未能提供证据证明其废气排放、废渣堆放与张长健等1721人的农作物受损没有因果关系,应承担举证不能的责任。二审法院于2005年11月16日作出判决,维持一审判决关于榕屏公司立即停止侵害的判项,判令榕屏公司赔偿山场林木、果树、毛竹和农作物等损失68.42万元,在限期内对厂内及后山的含铬废渣进行清理,并按规范进行处置,对原后山的堆场进行封场。

## 思考题

1. 本案中法院是如何认定因果关系的？这种认定符合环境法律责任理论吗？
2. 环境民事责任的构成要件与传统民事责任有何不同？为什么会出现这种不同？
3. 为什么会规定专门性环境法律责任？这些责任与传统法律责任有哪些差别？

# 第七章 环 境 司 法

**本章导读**

环境案件具有的公益性、复合型、专业性、预防性、恢复性和职权性等特征,需要审判机构专门化、审理程序特别化、审判人员专业化,以促进环境案件的正确审理,发挥环境司法所具有的纠纷解决、权利保障、权力制约和公共政策形成功能。但从实践来看,传统私益诉讼仅能涵盖对个体权利受损造成的人身、财产损害的赔偿,使得司法在应对环境问题上的功能受到很大限缩,故需确立环境公益诉讼制度,以实现司法对保护环境的完整功能。

## 第一节 环境司法概述

### 一、环境司法的含义和功能

#### (一)环境司法的含义

环境司法是指与环境保护有关的各种司法活动的总称,尤其是指法院对于环境案件的审理和执行。环境司法是实施实体法上规定的环境法律制度和环境法律责任最为正式也是最终的法律机制。如果环境法律制度不能通过司法加以实施,环境法律责任很难落实,环境法就只是“无牙的老虎”。在我国,环境法长期被视为不具有执行力的“软法”,很大程度上与司法对环境保护的介入不足有关。因而,要促进环境法的执行和遵守,应当注重发挥司法的作用。

环境司法作为司法在环境保护领域的体现,应当尊重司法的一般规律。

但同时,由于环境纠纷的特殊性,导致了环境司法具有不同于一般司法的特点,把握这些特点,有助于我们正确理解环境司法的内涵。

环境纠纷是随着日益严重的环境问题而出现的一类新的社会冲突形式,环境侵权行为是引发纠纷的主要原因。环境侵权纠纷作为主体间因环境利益冲突而产生的争议,既可以发生在公民之间、法人之间、公民与法人之间,也可以发生在公民、法人和国家行政机关之间;其争议的内容主要是环境使用权益,包括私益与公益。我们将其称为"复合性"。[1]

1. 环境纠纷中的利益复合

环境纠纷因人们对环境的开发利用活动产生冲突而产生,既涉及人们的经济行为,也涉及人们的生活行为。与传统的利益冲突不同的是,环境纠纷许多时候是因为人们的经济行为与生活行为之间的矛盾而形成,具有明显的复合性。

在一般意义上,传统纠纷争议的标的是某种财产权、人身权或者二者的聚合或竞合,争议的主要目的是对财产权和人身权受到的损害进行复原或者补偿。它是单一地因当事人之间的财产关系或人身关系而产生的利益冲突,比如损坏他人物品,伤害他人身体。在这样的纠纷中,首先是冲突双方的权利义务明确、主体明确,其次是冲突双方因对明确的权利直接侵害而产生纠纷。

我国台湾地区学者邱聪智先生看到了环境侵权的特殊性,指出环境侵权"颇富间接性,系透过广大空间,经历长久期间,并藉诸各种不可量之媒介物之传播连锁,危害始告显著,故其因果关系脉络之追踪,及侵害之程度、内容之确定,均甚困难。"[2]这意味着,在环境侵权纠纷中,冲突可能直接发生,也可能"间接"发生,争议双方并不存在传统意义上的财产关系或人身关系。在这个过程中,造成危害后果的行为并非直接作用于受害对象,而是作用于周围的环境,并经过环境发生了复杂的转化、代谢、富集等物理的、化学的、生物化学的过程后,对人身和财产造成损害。

值得注意的是,即便是直接发生的冲突,大多也隐含着"间接"的利益关系,比如向某人承包的鱼塘排污导致鱼类死亡、砍伐某林场的森林导致财产损

---

〔1〕 吕忠梅:"论环境侵权纠纷的复合性",载《人民法院报》2014 年 11 月 12 日。

〔2〕 邱聪智:《民法研究》(一),中国政法大学出版社 2002 年版,第 322 页。

失，直接的利益冲突是行为人与鱼塘承包人、林场之间的财产权，间接的利益冲突是鱼塘、森林作为生态要素对不特定多数人的生态服务功能——清洁的水、清洁的空气、优美的景观——所产生的环境权益。

环境纠纷就是这种“直接”利益冲突与“间接”利益冲突复合的表现形式，其争议内容不仅包括一般意义上的财产权和人身权，而且包括了环境权，是两种不同性质的权益“复合”。这种“复合”带来的问题是：在“直接”冲突中，因为是私益间的争议，主体确定、利益现实；而在“间接”冲突中，因为发生在私益与公益之间，公益主体不确定甚至未知，利益是未来的甚至看不见。如果法律上不设定特殊机制，这种“间接”冲突可能因为主体缺失、权利归属不明而形成不了“纠纷”，或者因无人主张权利而没有救济。环境司法即便存在，也形同虚设。

2. 环境纠纷形式的复合性

环境纠纷主要因环境污染或者生态破坏而产生，但这两种行为形成“纠纷”的情形却完全不同。

环境污染行为的标志是向环境“排放污染物”，是对环境的“二次利用”，后果表现为对“人”的损害和对“环境”的损害，可以抽象为“排放污染物—环境—‘人’……生态”。在这里，污染行为的表现形式单一，对“人”的损害可以确定。因此，在环境污染纠纷中，私益间的冲突占有很大成分。即便没有公益主体，个人也可以将争议目的限定在私益范围内，不考虑私益与公益冲突问题。

而生态破坏行为是对环境资源的“一次利用”，其行为的方式复杂多样、目的各异，虽然后果也表现为对“人”的损害和对“环境”的损害，但其过程却是“生态破坏—环境—生态……‘人’”。在这里，生态破坏行为与“人”的损害之间不仅没有明显的直接联系，没有确定的标志性行为；而且由于生态关系自身的多元化，是否会造成“人”的损害以及会造成怎样的损害具有不确定性。更重要的是，这里的“人”也并非私法意义上的个人，而是人的集合或者人类。因此，在生态破坏纠纷中，私益与公益间的冲突占有更大成分。在没有公益主体的情况下，私益主体不会也不能主张权利，争议无从形成。

两类纠纷的差异性，导致了不同纠纷中私益间冲突、私益与公益冲突的内容不同，形成了环境纠纷的不同争议目的以及对纠纷解决机制的不同要求：

（1）以环境污染行为致人损害为表现形式的环境纠纷。纯粹为私益间冲突，受害人主张私法上的请求权，要求填补个人利益，可称为“私益性纠纷”，如《物权法》规定的相邻权纠纷。由于这类纠纷得到及时处理，不会造成对环境的损害，可以完全依照民法规则解决。

（2）以环境污染行为致人损害、致环境损害为表现形式的环境纠纷。这种纠纷既有私益冲突，也有公益冲突，但受害人主张私法上的请求权，要求填补个人利益，不主张环境权益。可称为“私益性公益纠纷”，如《侵权责任法》规定的环境污染侵权行为，由于环境污染行为实际上既造成了私益损害，也造成了公益损害，如果在纠纷处理中只考虑私益填补，将导致对环境损害的责任落空。因此，必须在适用民法规则的同时，考虑环境修复或者公共利益保护，在损害事实、损害范围、填补方式等方面作双重考量。

（3）以生态破坏行为致环境损害、致人损害为表现形式的环境纠纷。这种纠纷既有公益冲突，也有私益冲突，虽然受害人可以主张私法上的请求权，但其权利能否得到救济有赖于公益的确认。可称为“公益性私益纠纷”，如《环境保护法》规定的市场化生态补偿，由于对一定区域的生态开发行为首先是对公益的损害，同时也会造成该区域内的个人私益损害，但该生态开发行为是否会造成私益损害，取决于对公益损害的判断。换言之，必须先确定公益损害的存在，才可能考虑对私益的填补。因此，处理这类纠纷，也必须在考虑公益性生态补偿问题的同时，考虑对个人利益的填补。

（4）以生态破坏行为致环境损害为表现形式的环境侵权纠纷。这种纠纷只有公益冲突，是否会带来私益冲突尚不确定，只有公益主体可以主张权利。可称为“公益纠纷”，如《野生动物保护法》规定对森林破坏行为导致生物多样性丧失的责任。虽然我们知道，生物多样性丧失将对人类的生存和发展带来毁灭性影响，保护生物多样性关系到当代人和后代人的共同利益，但却无法将这种利益归于个人，只有按照公益保护规则加以处理。

这里仅是从理论上所作的简单分类，但足以说明其与传统纠纷的巨大差异。实际上，环境纠纷在现实生活中，会表现得更为复杂。有的单一的污染与破坏行为不会造成损害，但多个污染行为或者多个破坏行为、一个污染行为与一个破坏行为结合，就会造成侵害，导致纠纷。共同侵权行为导致的环境纠纷情况更为复杂，与民法上的共同侵权相比，环境共同侵权行为存在主体无共同意思联络、行为时间与空间并非共同、只是由于环境的媒介作用而产生了侵害事实,也可能出现更为复杂的“私益性纠纷”、“私益性公益纠纷”、“公益性私益纠纷”、“公益纠纷”情形。

环境纠纷的复合性,意味着纠纷解决机制的特殊需求。在立法上,要为这些纠纷的解决提供合理的实体法与程序法依据;在司法过程中,对于这样的纠纷处理,需要法官有扎实的法律理论基础、建立环境法的整体性思维、有事实认定与法律适用的智慧与技巧。正基于此,环境司法的专门化才获得存在的价值。

(二)环境司法的功能

司法被誉为守护社会公平正义的最后一道防线。司法功能作为法律与其他社会系统联系的纽带和中介,其通过司法的运作(法院行使司法权或裁判权)而对社会生活产生实际的影响。对于司法的功能,学界有不同的理解,[3]一般认为,司法主要的功能表现为纠纷解决、权益保障、权力制约和影响公共政策等方面。环境司法的功能,也可以从以下方面加以理解。

1. 解决环境纠纷是环境司法的直接功能

司法的基本功能是定分止争、化解矛盾。司法可以把解决复杂社会矛盾的过程技术化、程序化、法律化,以较小的成本缓冲、化解社会矛盾冲突,维护社会稳定与和谐。在这个意义上,司法就成为以理性、平和的方式解决各类纠纷争议的最后渠道。有效化解矛盾纠纷、解决社会冲突,是司法权产生的原初目的,也是司法的直接功能。

当前,我国因环境污染和生态破坏引发的利益冲突日趋严重,群体性事件多发,且有从事后抗争向预防式维权过渡的趋势,成为转型过程中社会失范的

---

[3] 如有的将之归纳为惩罚、调整、保障、服务和教育功能,参见谭世贵主编:《中国司法制度》(第3版),法律出版社2013年版;有的将之归纳为保障权利与限制权力,参见丁国强:“司法功能的两个维度”,载《人民法院报》2015年12月14日;有的将之总结为权利救济、公权制约和纠纷终结功能,参见周玉华:“发挥好司法‘三大功能’是现代法治的根本要求”,载《中国党政干部论坛》2012年第12期;有的认为除了权利救济、公权制约和纠纷终结外,司法还具有公共政策形成的功能,参见王旭光:“论环境资源司法的基本功能”,载《人民法院报》2015年9月9日。

重要导火索。[4] 司法要在纠纷解决中发挥作用,就必须建立起环境友好型司法制度,根据环境案件的特点,建立有助于环境纠纷解决的法律规则、司法体制和审理程序,引导人民群众通过司法渠道,理性化解环境纠纷。

2. 保障公众环境权益是环境司法的首要功能

保障权利是法治的精髓。立法分配权利、执法落实权利、司法救济权利,其中救济最为关键,"无救济则无权利",没有司法的保障,任何权利都会形同虚设。因而,权利保障就成为司法的重要追求和基本任务。

环境法中的核心权利是环境权,它作为一个集合性权利束,[5] 环境权在公法层面需要知情权、参与权、监督权等程序性"邻接权"的保障,在私法层面与人身权、财产权一起表征了因环境侵害所造成的权利损害——"对人的损害"与"对环境的损害",[6] 我们把这些称为公众环境权益。由此,司法对于公众环境权益的保障,不仅要包含对人身、财产等私人权益的救济,同时也应包含对环境公共利益的救济。

3. 规范环境行政权运作是环境司法的核心功能

权力制约是现代法治的核心。行政权力的不当行使,对法治的破坏、对权利的侵害远远大于个人和其他一般社会组织的行为,因此,完善对权利的司法保障、对权力的司法监督是推动法治进步的重要手段。

环境立法源于国家必须承担环境保护的职能。因此,政府代表国家进行环境监管是环境保护的主要手段,行政机制在环境法中占据主要地位也具有内在合理性,环境法也由此具有了扩充行政权力、赋予行政机关更大的裁量权的特点,这是世界各国环境法的共同特征。但是,在我国,由于几千年的封建传统,"官本位"理念下,行政权力的有限性远未达成社会共识。在这样的历史背景下,以行政机制为主的环境法,注重"赋权"而忽视"限权",使得环境行

---

〔4〕 事后型抗争主要指在损害发生后,受害人因自身受有损害而采取的围堵企业、抗议、信访或诉讼等方式;预防式维权则是在项目尚处于拟议阶段或者在建阶段,无直接利害关系的人通过各种途径组织起来进行抗议的行为,如厦门、什邡、启动、宁波等地发生的针对 PX 项目等进行的抗争活动,这一类型往往比事后型抗争引发更严重的后果。

〔5〕 吕忠梅:《沟通与协调之途:论公民环境权的民法保护》,中国人民大学出版社 2005 年版,第 60 页。

〔6〕 吕忠梅:"环境侵权的遗传与变异——论环境侵害的制度演进",载《吉林大学社会科学学报》2010 年第 1 期。

政权的行使缺少法律上的有效制约。如果政府不履行或怠于履行环境保护职责,甚至与污染企业合谋,法律缺乏有效的制约措施。为此,《环境保护法》加强了对政府权力限制的内容,除了规定了各级地方人民政府对所辖区域环境质量负责制、环境保护行政管理部门和相关部门的责任以外,还通过完善环境行政责任的方式,加强了对政府以及管理部门的权力制约。在规范环境行政权力的运作方面,司法机制具有不可替代的功能。公民、法人和社会组织通过提起行政诉讼,由司法机关对环境执法行为进行合法性审查,实现对环境行政权的监督与制约。

4. 影响公共政策形成是环境司法的间接功能

公共政策是公权机关为解决公共问题所形成的,用以规范、指导社会行动的法律法规、行政命令、政府规划等行为规则。司法不会涉及公共政策的制定,但法官在案件裁判过程中,需要进行法律解释,这种解释可能涉及法官对待公共政策的态度。法官的裁判解释虽然只对个案具有拘束力,但诸多个案裁判的结果,可能对现实的社会关系造成影响,进而对公共政策的完善和执行发挥确认与补充作用,使现代司法具有了政策形成的衍生功能。

环境诉讼由于迥异于传统诉讼的特性,被作为现代诉讼的典型代表,其政策形成功能表现为在个案解决中,通过法官的能动司法和利益衡量,以法律解释等方式承认环境权益,影响现实环境保护社会关系,从而作用于环境法的制定。环境司法发挥影响公共政策功能的途径有三种:(1)通过司法裁判宣布法律、法令、规则或政策为违法无效,这是一种消极的否定方式。典型如美国,其很多环境管理制度都是通过公民诉讼的判决得以确立。(2)通过解释宪法或制定法,以积极主动的形式创立公共政策,如美国联邦最高法院通过宣布二氧化碳为《清洁空气法》中"大气污染物",从而使控制温室气体排放成为联邦环保署的法定职责,改变了美国气候变化法律和政策的走向。(3)直接发布司法解释或司法政策直接形成公共政策。典型如我国最高人民法院《关于审理环境侵权责任纠纷适用法律若干问题的解释》(以下简称《环境侵权责任司法解释》),就《侵权责任法》第66条关于污染者应当就"其行为与损害之间不存在因果关系承担举证责任",进行了释明。在该司法解释发布之前,许多人将其理解为受害者无须承担因果关系的举证责任包括初步责任,解释将其明确为在因果关系推定中,受害者需首先证明排污行为与损害后果之间的关联性。与之类似,最高人民法院发布的《全面加强环境审判工作为推进生态文明建设提供有力司法保障的意见》,对专门环境审判机构的设置和审理程序进行了规定,直接影响到地方法院环境司法的议程设定。

## 二、环境司法专门化机制

环境案件往往涉及众多不特定人的利益、影响范围大、延续时间长、纠纷双方矛盾尖锐,常常引发群体性事件。在西方发达国家,甚至酿成了大规模的社会反污染、反公害运动,严重威胁经济社会生活秩序。司法作为以和平手段解决社会矛盾与纠纷的最后手段,理应发挥其减压阀、缓冲器的功能。但是,司法功能与作用的彰显,又以建立妥善应对环境案件的诉讼机制为前提。

### (一)环境司法专门化的必要性[7]

由于环境法律关系的特殊性,具体到环境案件中,实际上是不同性质的纠纷,是否应该和是否可能在一个案件中加以解决的问题。

我们知道,环境案件的复合性体现为一个纠纷涉及多种法律关系并关乎公益与私益两种利益。比如,在环境侵权案件中,常常会出现一个侵权行为侵犯两类不同性质的利益——私益与公益的情形,环境法律责任制度的目的在于对这两类利益的填补。虽然两类利益分属不同性质的法律领域调整、法律责任追究方式各不相同,但环境侵权行为却是一个。一旦这样的纠纷进入诉讼,应该如何处理?

这里可能出现的情况有二:(1)私益性环境侵权纠纷和私益性公益侵权纠纷,因为有私主体利益受到侵害,原告以主张私益方式提起诉讼;(2)公益性私益侵权纠纷和公益性纠纷,因为目前尚无确定的私益受到侵害,常常会因公益主体缺乏而无法提起诉讼。

为解决公益主体缺乏问题,美国发明了公民诉讼(citizen suits)制度,通过立法赋予一定主体权利,在已有主体(行政机关、政府部门)不行使职权时,代表公共利益主张权利,提起诉讼,并因此产生了所谓的“私人检察长”(private

---

〔7〕 吕忠梅:“论环境司法专门性”,载《中国审判》2015 年第 1 期。

Attorney General,又译私人司法部长)理论。[8] 许多国家借鉴美国的制度,设计了自己的公益诉讼制度。我国的《民事诉讼法》、《环境保护法》也对环境公益诉讼制度作了规定。环境公益诉讼中的当事人的广泛性、诉讼目的的特殊性、诉讼理由的前置性、请求救济的内容的预防性、诉讼裁判效力范围的扩张性等特质,对环境司法提出了专门需求。

更为突出的还有原告以私益受到侵害的方式提起诉讼应该如何处理?不同于公益诉讼是一种全新的创造,它必须在既有规则基础上的改造或接续。仔细分析我国已有环境侵权案件,不难发现一个问题,当事人经常在民事诉讼与行政诉讼中来回奔波,最终却是案难结、事难了。[9] 出现这种情况的原因在于环境侵权涉及私益与公益,而法律授权环境行政管理部门代表公益,在当事人以主张私益方式提起诉讼时,行政机关的行为性质及其效力的认定出现了诉讼机制障碍。我国现行的三大诉讼分离体制,民事诉讼中有行政行为介入,必须中止诉讼,待当事人提起行政诉讼并获得判决后再行恢复,因为民事诉讼法官无权对行政行为进行审查和判断,尽管在民事诉讼中某个行政行为(行政处理、行政检查等)只是证据,并非法官裁判依据。但按照行政诉讼法,行政诉讼审查的是具体行政行为是否合法,并不能审查具体行政行为的合理性以及科学性。实际上,在环境侵权民事诉讼中,行政判决与民事诉讼的判断需求存在本质差异,反而是由于这种制度设计容易导致民事审判法官放弃证据效力认定的职权,简单依据行政判决"一判了之",形成了当事人循环诉讼、行政权力无所适从、司法公信不彰的局面。

放眼世界,为回应环境案件特殊性对司法的需求,各国采取了环境司法专门化的方式。美国没有诉讼分立模式,而且在联邦法院体系里,有设在环保系统内的环保法庭,按照成文的环保法处理相关纠纷。德国有行政法院受理行政案件,普通法院受理民事案件,但对环境侵权纠纷按照民事诉讼规则处理:首先,在实体法上有"准物权"或"特许物权"规定,将对自然资源的开发利用的公法限制纳入,典型的如在民法典上先规定"动物不是物",然后明确"动物

---

〔8〕 See Cheng, Carl. "Important Rights and the Private Attorney General Doctrine." California Law Review 73.6(1985):1929 - 1955.

〔9〕 参见吕忠梅:"走出环境司法改革的困境",载 http://opinion.caixin.com/2014 - 11 - 21/100753682_all.html。

保护适用野生动物保护法的规定”;然后,在环境责任法规定了相应的请求权——环境污染受害人对环境保护行政机关的信息请求权、对污染企业的信息请求权,从程序上解决了将行政机关的行政规制信息、污染企业的排污信息作为证据加以提供,由法官统一进行甄别、判断的问题,不需要形成两个诉讼、由不同的法庭进行审理。

环境司法在世界范围内日益向专门化方向发展,是因为专门环境诉讼无论是对于环境私益保护还是对环境公益的增进都具有特殊功能,主要体现在以下方面:(1)环境司法专门化可以克服传统分离式诉讼对环境纠纷整体性的肢解,克服分离式诉讼所带来的公益保护缺位、私益保障不足、预防功能低下、法院审理困难等问题。(2)环境司法专门化可以提高诉讼效率、彰显司法权威,有效地制止环境污染和破坏行为,督促环境保护行政部门和相关部门履行其法定义务,鼓励公民和社会组织参与环境保护,维护公共利益;改变传统诉讼事后救济的被动性,堵塞法律漏洞,发挥司法的政策形成功能,促进环境法制的发展和完善。

不同的国家诉讼体制并非完全相同,任何一个国家的环境司法体制机制都并非可以直接复制到中国,正如美国的公民诉讼不同于德国的团体诉讼、美国的环保法庭不同于印度的环保法庭一样,中国不可能完全照抄照搬外国。但是,我们可以通过分析各国不同机制背后的共同特征,然后根据中国的诉讼体制,结合当前正在进行的司法体制改革,设计出符合中国应对环境纠纷解决需要的合理的司法机制。

### (二)专门性环境司法的三个支点

环境司法专门化建设是一个长期的过程,不可能一蹴而就。我国目前还处于环境司法专门化的初创时期,工作千头万绪。但从长远来看,应从如下三个方面为环境司法专门化建好稳固的支点。

#### 1. 建立专门化的环境资源审判体制

我国实行三大诉讼分立的审判体制,不利于保护当事人的合法权益,不利于实现环境保护的法律目标。因此,首先需要进行审判体制改革,建立符合环境司法需求的“三审合一”体制,改变将环境诉讼人为地划分为行政诉讼、民事诉讼、刑事诉讼的现状。按照环境纠纷的特性,建立新的审判体制。不是简单地将原有的民事诉讼、行政诉讼、刑事诉讼放在一个庭内审理,而是根据环境侵权行为的规律，确立新的诉讼类型，按照环境私益诉讼、环境公益诉讼的不同特性，合理配置司法资源。我们必须看到，公法手段对私法领域的介入，必然导致行政权的扩大以及对民事权利的直接裁量，但环境管理中的行政权已不是传统意义上的行政权，它是以行政权形式出现的社会性公权利，与之相对应的是以公民个人利益形式出现的社会性私权利。正因如此，环境侵权诉讼既不是传统意义上的民事诉讼，也不是传统意义上的行政诉讼，甚至不是传统意义上的刑事诉讼，而是一种新的诉讼类型。

2. 建立专门化的诉讼机制

(1)建立对行政权、民事权利主张的双重审查机制。环境诉讼的实质是因为公众环境权益受到侵害，公众环境权益的表现形式既有“公”的方面，又有“私”的方面，环境权的内容以及行使的结果均涉及社会公共利益和个人利益，因此，必须对这项权利进行双重审查。

(2)建立社会公共利益的裁量机制。环境诉讼的目的因为环境权的属性而具有了双重性，在保护个人利益不受侵犯的同时还必须考虑环境作为社会公共产品的公共利益问题，因此，在环境司法中，解决公民个人之间的民事纠纷的并非单一目的，它还必须实现有效维护社会公共利益的目标。所以，在环境司法中，不能简单地依据民事诉讼的一般规则来进行裁量，必须充分考虑社会公共利益，运用实质公正、社会公正等价值标准进行利益衡量，采用无过错责任和公平责任形式。

(3)建立环境公益诉讼机制。环境公益诉讼保护的是公共环境利益，这种公共环境利益源于对人和自然关系的重新认识，是一种新的诉讼方式，有不同于传统诉讼的功能与目标，需要建立以保护大多数人在良好的环境中生存和发展的权利不受侵害的普遍状态的裁量标准与方法，运用整体性和普遍性思维。

3. 建立专门化的诉讼程序

(1)高度重视程序正义的独立价值，建立能动司法程序。环境诉讼在程序构造上，必须突破当事人主义，强调法官的作用，要求法官能动地进行司法活动。在环境问题异常严峻的今天，法院肩负着保护当事人合法权益和保护环境公共利益的重任，当环境法律尚不能完全满足权利保护需求的情况下，就要求法官负起通过审判创制法律和权利的责任。法院在对待环境纠纷时难以像传统诉讼那样严格按照既存法律作出判决，需要通过正当程序对其予以确认。彻底的当事人主义会导致当事人双方为维护各自利益而忽略甚至牺牲环境公益,对环境保护的力度是不够的,所以应当承认法官在环境案件的诉讼主动权,对具体案件的性质、当事人适格以及如何运用各诉讼形态等都由法官在诉讼中依职权决定。

(2)程序设置向弱者一方倾斜。在环境诉讼中,诉讼当事人的地位不对称、诉讼能力差异巨大是一种常态。环境加害方具有经济、知识和信息上的强势,在诉讼中处于有利地位,因而有必要通过程序的设置对弱势的受害方进行照顾,以实现实质公平。这些程序规则包括举证责任倒置、因果关系推定、法律援助和诉讼费用支持等。

(3)诉讼程序与非诉讼程序的衔接。环境诉讼虽然是解决纠纷的重要手段,但由于环境诉讼具有致害行为与主体关系多元、因果关系复杂、科学认知水平局限等特征,现有技术难以实现高效率的司法公正。为了妥善解决环境纠纷,使受害人以及环境公共利益都能够得到及时救济,诉讼替代机制得到了广泛发展。因此,需要建立诉讼机制与非诉讼机制的衔接程序,实现保护环境的目标。

### (三)环境司法专门化的实践发展

近年来,我国以实践为先导,试图根据环境司法的特殊性,建立适应环境案件审理需要的司法体制和裁判程序,取得了瞩目的成就。尤其是在新《环境保护法》实施以后,环境司法的功能得到进一步彰显强化,环境司法专门化有了很大进展,包括审判机构的专门化、审判程序的特别化以及审判人员的专业化。

#### 1. 审判机构的专门化

我国环境审判机构发展大致可分为三个阶段。第一阶段(萌芽期)为2007年之前,一些地方法院与环保局共同设立了环境保护法庭,如武汉市硚口区人民法院与区环保局共同设立了环保法庭,[10]辽宁省也先后于沈阳、丹

---

〔10〕 这是我国第一个环保法庭的尝试。针对实践中的争议,湖北省高级人民法院向最高人民法院提交了"关于武汉市硚口区人民法院设立环保法庭的情况报告",最高人民法院于1989年2月10日作出答复称:(1)环保法庭与人民法庭性质不同,目前在基层人民法院设立环保法庭尚无法律根据。为适应实际需要,可在武汉市硚口区人民法院有关审判庭内设立专门审理环保案件的合议庭进行试点,并注意总结经验。(2)国家审判机关的审判职能与国家行政机关的行政管理职能不应混淆,人民法院不要在法院以外同行政管理部门联合(或共同)另行设立专业法庭。(3)人民法院在审理专业性较强的案件时视案情需要,可请有关专家作为陪审员参加合议庭。

东、大连等地环保局设立了十余个环保法庭作为派出机构，但由于这种设置不符合《人民法院组织法》的规定、有违司法权与行政权分立原则，且无案可审均被撤销。[11] 第二阶段（初创期）为2007～2012年，在一些出现比较严重的环境污染事件的地方、且在地方主要领导人的大力推动下，以贵阳市创设“环保两庭”（贵阳市中级人民法院环境保护审判庭和清镇市人民法院环境保护法庭）为起点，无锡、云南、海南、福建等地紧随其后，环保法庭增至120余家。[12] 第三阶段（发展期）为2013年至今，以最高人民法院成立环境资源审判庭为标志，环保法庭数量有较大攀升，不仅开始向省级层面拓展，且组织架构和诉讼程序也开始向纵深发展，2014年最高人民法院出台的《全面加强环境审判工作为推进生态文明建设提供有力司法保障的意见》，将环境司法专门化实践推向一个新的高度。该意见要求，高级人民法院要设立环境专门审判机构，中级人民法院应当根据环境审判业务量合理设立环境审判机构，个别案件较多的基层法院可以经高级人民法院批准设立环境审判机构。并要积极探索环境刑事、民事、行政案件由环境专门审判机构归口审理，优化审判资源，实现环境案件的专业化审判。同时，要逐步改变目前以行政区划分割自然形成的流域等生态系统的管辖模式，着眼于从水、空气等环境因素的自然属性出发，结合各地的环境案件量，探索设立以流域等生态系统或以生态功能区为单位的跨行政区划环境专门审判机构，实行对环境案件的集中管辖，有效审理跨行政区划污染等案件。这些规定，都是针对环境案件特殊性所采取的司法举措。

截至2015年年底，全国已有24个省区市人民法院设立了450余家环境审判庭、合议庭或者巡回法庭。从组织形式看，有审判庭、派出法庭、合议庭和巡回法庭四种模式，其中以环境保护合议庭为大多数。海南、贵州、福建、江苏、重庆五省市已实现全省法院系统的环境司法专门组织，在省高级法院设立独立建制的环境资源审判庭。一些法院开始探索环境案件的跨区域集中管辖，如贵州省按照省内五个流域将环境资源审判划分为四个管辖区，在贵州高院及4个中级法院设立生态保护审判庭，5个基层法院设立生态保护派出法

〔11〕 王琪：“十余年零诉讼，辽宁环保法庭何处走”，载《辽宁法制报》2010年10月21日。

〔12〕 这一时期的环保法庭主要是“因水而生”，如贵阳“环保两庭”的设立主要是因为贵阳400万人饮用水源的“两湖一库”发生严重污染；无锡环保法庭则是因太湖蓝藻事件而生；昆明则是由于阳宗海污染，在时任市委书记拍板下成立。

庭，跨区域集中受理环境案件。

2. 审理程序的特别化

审判机构专门化推进的同时，对专门环境诉讼机制的探索也在积极推进。自2013年以来，最高人民法院先后出台了《关于办理环境污染刑事案件适用法律若干问题的解释》（与最高人民检察院联合发布）、《关于审理环境民事公益诉讼案件适用法律若干问题的解释》、《环境侵权责任司法解释》三个司法解释，对于环境诉讼的实体和程序规则进行了明确的规定。

从实践来看，各地也在审理模式和裁判方式上进行了一系列探索。例如，各地设立的专门审判机构也多是采取民事、刑事、行政“三合一”或者纳入执行的“四合一”模式，一些地方开始探索适应环境案件审理需要的特色审判机制，在合议庭构成、鉴定评估、证据保全、举证分配、执行方式、救济途径等方面作出了特殊应对。例如，通过先予执行、禁令防止环境损害的扩大，以发挥环境司法的预防性功能；创造“异地补植”、“补绿复种”、“劳务代偿”等替代性责任方式，明确了环境司法的恢复性司法理念等。

3. 审判人员的专业化

环境案件的专业性、复杂性以及环境法与其他法律部门在功能取向上的差异，决定了传统普通法庭的法官在处理环境案件时往往力有未逮。目前专门审判机构的法官多为从传统民事、行政、刑事审判庭抽调，并未经过系统的环境法律训练，很难对环境案件的特殊性有深入的把握；即便熟悉环境法律规则，鉴于环境诉讼的高度专业性和技术性，不具有专门背景和专门知识的法官很难胜任，因而各国在环境案件的审理上均高度仰赖外部辅助。故实践中各地多从内外着手提升审判人员的专业化水平。

就内部而言，主要是促进对环境法官的持续培训。由于环境诉讼需要较强的法律与技术背景，因而除了加强对法官的日常培训和学习外，还应减少环境法官的流动性，减小对环境法官的审案数量考核压力，使其专注于提升办案水平。就外部而言，主要是完善专家陪审员、专家证人和鉴定评估机制，以解决环境案件鉴定难、审理难的困境。

但是，环境司法专门化在快速推进的同时，也不可避免地遭遇到体制和机制障碍。比如，由于与《人民法院组织法》规定的设置审判机构有差异，专门环境资源审判机构设置的合法性存在疑问；再如，按行政区域设立的专门环境审判机构作用有限，专门环境诉讼机制的缺乏使环境司法专门化的基础不牢，等。这些问题还需要在进一步深化司法体制改革过程中加以解决。

## 第二节 环境私益诉讼

### 一、环境私益诉讼概述

#### （一）环境私益诉讼的含义

私益诉讼，顾名思义，是因为侵害私人利益而引发的诉讼，此处的私人包含了自然人、法人和其他组织。提起私益诉讼，需要当事人与案件标的之间具有利害关系，因而私益诉讼本质上是一种“利害关系人诉讼”或者说“主观诉讼”。体现在立法上，我国《民事诉讼法》和《行政诉讼法》都规定，提起诉讼的原告，必须与案件具有利害关系，或者，当事人对诉争案件当事人双方争议的诉讼标的没有独立的请求权，但案件的处理结果与其有法律上的利害关系。例如，2013 年修订的《民事诉讼法》第 119 条规定，起诉必须符合下列条件：“（一）原告是与本案有直接利害关系的公民、法人和其他组织……”第 56 条规定：“对当事人双方的诉讼标的，第三人认为有独立请求权的，有权提起诉讼。对当事人双方的诉讼标的，第三人虽然没有独立请求权，但案件处理结果同他有法律上的利害关系的，可以申请参加诉讼，或者由人民法院通知他参加诉讼。”2014 年修订的《行政诉讼法》第 25 条规定：“行政行为的相对人以及其他与行政行为有利害关系的公民、法人或者其他组织，有权提起诉讼”，明确规定了原告与案件之间必须存在“法律上利害关系”。

我们知道，原告与案件之间的利害关系，是私益诉讼的核心概念，体现为原告对案件标的必须具有诉之利益，即原告要求法院就其私权主张予以裁判时所必须具备的必要性。因为“利益是衡量诉权的尺度，无利益者无诉权”，目的是防止滥诉。

环境私益诉讼亦应如此。所谓环境私益诉讼，是当事人因加害人从事环境污染或生态破坏行为或者行政机关的环境行政行为导致其人身、财产损害而诉至法院请求救济的司法活动。

(二)环境私益诉讼的类型

当事人的人身、财产权利,既可能因为企业从事排放污染或者破坏生态的行为而受到侵害,也可能因为行政机关作出的行政行为而受到影响。依其适用的法律领域与救济途径的区分,可以分为环境民事诉讼和环境行政诉讼两大类型。若依民事诉讼途径,受害人可以向加害人请求排放侵害或损害赔偿;若依行政诉讼途径,受害人可以请求排除侵害或者请求国家赔偿。这一分类,实际上建立在公私法区分的基础上,不认为环境诉讼具有独立于其他诉讼的地位和价值。

根据所主张责任形式的不同,环境民事诉讼又可以分为停止侵害之诉、排除妨碍之诉、消除危险之诉、恢复原状之诉与赔偿损失之诉,上述诉讼类型既可以单独主张,也可以合并提出;环境行政诉讼则可以分为确认之诉、变更之诉、撤销之诉、履行之诉与赔偿之诉。

与环境民事诉讼解决私人权益纠纷不同,环境行政诉讼着重于"私人与行政机关"及"环境与行政机关"之间的关系,行政机关往往并非真正侵害公民权利及生态环境的加害人,反而可能充当"私人与私人"冲突的裁决者与把关者角色,如何确保行政机关能够落实环境行政的公平正义,是环境行政诉讼的主要任务。

## 二、环境民事诉讼

环境民事诉讼是指人民法院对平等主体之间有关环境权利义务的争议,依照民事诉讼程序进行审理和裁判的活动。环境民事诉讼作为民事诉讼的类型之一,适用《民事诉讼法》所规定的诉讼原则和制度。但是,由于环境案件的特殊性,环境民事诉讼呈现出不同于一般民事诉讼制度的面貌。

(一)环境民事诉讼的案由

根据最高人民法院《民事案件案由规定》,我国民事诉讼中涉及环境纠纷主要包括三类五个案由:

第一类,所有权纠纷。包括相邻采光、日照纠纷和相邻污染侵害纠纷两个案由。

第二类,侵权责任纠纷。包括环境责任纠纷一个案由,其下又被细分为大气污染责任纠纷、水污染责任纠纷、噪声污染责任纠纷、放射性污染责任纠纷、土壤污染责任纠纷、电子废物污染责任纠纷、固体废物污染责任纠纷七个子案由。

第三类,海事纠纷。包括船舶污染损害责任纠纷和海上、通海水域污染损害责任纠纷两个案由。

环境民事诉讼活动,基本上以这些案由立案开始展开。这些案由虽相对独立,但在适用法律和诉讼程序上并无实质区别,两个海事海商污染纠纷类型虽然适用海事特别诉讼程序,本质上也属于环境污染责任的范畴;所有权纠纷,也可能与侵权纠纷发生聚合或竞合,由于环境污染责任属于特殊侵权,对于保护受害人利益更为有利,当事人更愿意选择环境污染责任纠纷作为诉由。由此,环境侵权诉讼几乎成为环境民事诉讼的代名词。

### (二)环境民事诉讼的特殊规定

长期以来,由于实体法规定的抽象与不确定性,为解决“有关环境污染责任的规定与民法通则、环境保护法以及各环境保护单行法衔接适用问题不明确,审判实践中常常出现对环境污染责任归责原则、责任构成以及数人侵权责任划分等法律适用不统一的问题”,最高人民法院于2015年6月颁布《环境侵权责任司法解释》,以19个条文对环境侵权责任进行了具体化,对一些争议已久的问题如环境侵权的调整范围、归责原则、违法性、举证责任、责任划分等进行了明确。从诉讼角度看,该解释的重心在于解决环境侵权责任纠纷中的事实认定和法律适用问题,重点包括以下方面。

#### 1. 降低受害人的证明难度

由于环境侵害具有的交互性、多因性、潜伏性等特征,如果沿用传统“谁主张,谁举证”的规则,无异于将宣告堵死受害者的救济之门。为克服这一难题,确保受害者不因因果关系的障碍而无法获得救济,在通过过错推定责任乃至无过错责任降低受害者举证责任的同时,一些国家和地区还采取了进一步降低受害者在因果关系上的证明难度的方法,我国亦如此。《侵权责任法》第66条规定:“因污染环境发生纠纷,污染者应当就法律规定的不承担责任或者减轻责任的情形及其行为与损害之间不存在因果关系承担举证责任。”这一规定多被称为建立了“举证责任倒置”,与此前司法解释和立法一脉相承,成为环境侵权因果关系判断中“举证责任倒置”规则的主要规范依据。但是,对于受害者在因果关系上是否承担举证责任,理论界和实务界一直存在分歧。

一种观点认为,受害者在因果关系上无须承担任何证明责任,“在没有法律或者司法解释特别明确受害人应对污染行为与损害之间的因果关系初步举证之前,应当从文义及立法目的出发,按照受害人无须承担因果关系的任何证明(包括初步证明)”。[13] 另一种观点则认为,受害人在因果关系上仍应承担一定的举证义务,因为我国已经采取了无过错责任,如果再免除受害人在因果关系的举证义务,将使其在环境侵权构成上的证明责任限缩为单纯的排污行为与损害后果,而鉴于加害人无法证明因果关系不存在与受害人不能证明因果关系存在的原因本质上是相同的,这种组合方式对于加害人而言无异于绝对责任,也违反了证据法学关于“消极事实不可证”的基本原理。[14]

《环境侵权责任司法解释》第6条规定,被侵权人根据《侵权责任法》第65条规定请求赔偿的,必须提供证据证明以下三个事实:(1)污染者排放了污染物;(2)被侵权人的损害;(3)污染者排放的污染物或者其次生污染物与损害之间具有关联性。如果具有以下四种情形,则可以排除关联性的存在:(1)排放的污染物没有造成该损害可能的;(2)排放的可造成该损害的污染物未到达该损害发生地的;(3)该损害于排放污染物之前已发生的;(4)其他可以认定污染行为与损害之间不存在因果关系的情形。显然,《环境侵权责任司法解释》采因果关系推定立场。

所谓因果关系推定,是指在损害发生以后,数个行为都有可能造成损害,在不能确定谁是致害行为人,或因果关系难以确定时,法律从公平正义和保护受害人的角度出发,推定某行为人的行为与损害结果之间具有因果关系。举证责任倒置和因果关系推定均是降低受害人证明责任的方式,但举证责任倒置意味着证明责任的重新分配,受害人是否对因果关系进行证明是权利而非义务;而因果关系推定并未改变证明责任分配,仅仅是降低了证明标准,即说服责任的降低。从适用效果看,举证责任倒置属于立法者推定,受害人无须再承担因果关系证明责任,加害人对因果关系的证明是无条件的,法官无自由裁量的幅度;而因果关系推定则属于司法者的推定,需经历“受害人举证满足某

---

〔13〕 最高人民法院侵权责任法研究小组:《中华人民共和国侵权责任法条文理解与适用》,人民法院出版社2010年版,第463~465页。

〔14〕 罗马法上曾有“为主张之人有证明义务,为否定之人无之”的原则,进而演化为“主张积极事实之人有证明义务,主张消极事实之人无之”。

种盖然性—推定因果关系成立—加害人反证”三个阶段,法官对于是否满足盖然性要求进行自由心证,因此才有疫学因果说等各种推定手段存在的可能。[15]

2. 延长诉讼时效

在法理上,诉讼时效作为一种消灭时效,是指民事权利受到侵害的权利人在法定的时效期间内不行使权利,当时效期间届满时,债务人获得诉讼时效抗辩权。此时,义务人虽可拒绝履行其义务,权利人请求权的行使仅发生障碍,但权利本身及请求权并不消灭。当事人超过诉讼时效后起诉的,人民法院应当受理。受理后,如另一方当事人提出诉讼时效抗辩且查明无中止、中断、延长事由的,判决驳回其诉讼请求。如果另一方当事人未提出诉讼时效抗辩,则视为其自动放弃该权利,法院不得依照职权主动适用诉讼时效,应当受理支持其诉讼请求。由于环境损害具有潜伏性和滞后性,如果诉讼时效过短,可能使受害人获得救济的难度加大,因此,许多国家的环境立法都采取了延长诉讼时效的方法。我国《环境保护法》第 66 条规定:“提起环境损害赔偿诉讼的时效期间为三年,从当事人知道或者应当知道其受到损害时起计算。”这一规定,对于保护污染受害者较为有利,即环境损害赔偿诉讼时效并非从损害发生时起算,而是从当事人知道或应当知道其受到损害时起算,这里的“知道其受到损害”,并非是指其知道自己发生了损害后果,而是指其知道或应当知道其损害发生的可能原因时起算。

但我国《民法通则》还同时规定了最长时效,即从权利被侵害之日起超过 20 年的,人民法院不予保护。值得注意的是,这个时效是从人身、财产权利被侵害之日起算,不同于《环境保护法》的规定。虽然最长时效规定的目的在于防止社会关系长期处于未决状态,具有合理性。但对于环境侵害而言,由于不同污染物质造成损害的潜伏期不同,有的损害显现时,可能已经超出最长时效。比如,日本富山痛痛病事件,20 世纪初期,神通川沿岸出现水稻枯死、鱼类死亡,1931 年发现首例“痛痛病”病人。1946 年~1960 年,经过临床、病理、流行病学、动物实验和分析化学等多方面研究人员的多年跟踪研究,初步发现痛痛病是镉中毒,污染物镉是神通川上游的神冈矿山排放的废水;1961 年,富

---

〔15〕 张宝:“环境侵权诉讼中受害者的举证义务研究”,载《政治与法律》2015 年第 2 期。

山县成立“富山县地方特殊病对策委员会”，开始国家级的调查研究，1967年发表联合报告，表明痛痛病主要是由于重金属尤其是镉中毒引起；1968年，患者及其家属提起民事诉讼。还有日本水俣病事件，从企业排放含有甲基汞的污染物到出现大量水俣病患者，经过了将近半个世纪。因此，有些国家将环境民事诉讼的最长时效，规定为50年甚至更长。我国对于环境民事诉讼时效，也有作出特殊规定的必要。

3. 拓展鉴定制度

环境问题的高度科技关联性使得环境诉讼过于依赖科学证据，无论是加害人的甄别、因果关系的判断还是损害的认定，都离不开科学证据和专家证言。最高人民法院近年来颁布的司法解释对环境诉讼中的科学证据与专家证言进行了拓展。

最高人民法院、最高人民检察院2013年发布《关于办理环境污染刑事案件适用法律若干问题的解释》规定：“对案件所涉的环境污染专门性问题难以确定的，由司法鉴定机构出具鉴定意见，或者由国务院环境保护部门指定的机构出具检验报告。县级以上环境保护部门及其所属监测机构出具的监测数据，经省级以上环境保护部门认可的，可以作为证据使用。”最高人民法院《环境侵权责任司法解释》第8条规定，“对查明环境污染案件事实的专门性问题，可以委托具备相关资格的司法鉴定机构出具鉴定意见或者由国务院环境保护主管部门推荐的机构出具检验报告、检测报告、评估报告或者监测数据。”这表明，由国家环保部推荐的机构出具的检验报告、检测报告、评估报告或者监测数据与司法鉴定机构出具的鉴定意见具有同等的效力。此外，本解释还规定了专家证人出具的意见以及其他负有环境保护监督管理职责的部门或者其委托的机构出具的环境污染事件调查报告、检验报告、检测报告、评估报告或者监测数据的证据效力，即这些证据经过当事人质证，可以作为认定案件事实的根据。

2016年1月，最高人民法院、最高人民检察院、司法部联合发布了《关于将环境损害司法鉴定纳入统一登记管理范围的通知》，环境损害司法鉴定成为自《全国人民代表大会常务委员会关于司法鉴定管理问题的决定》颁布10年来第一个实行登记管理的鉴定事项。司法部、环保部也联合印发了《关于规范环境损害司法鉴定管理工作的通知》，就规范管理环境损害司法鉴定工作作出了明确规定,环境诉讼鉴定难的困境有望得到一定程度的缓解。

4. 法律适用

环境民事诉讼的管辖、提起、当事人、执行等适用民事诉讼法的一般规定,与普通民事诉讼不存在差异;其诉讼过程亦分为起诉、立案、审理、作出判决和执行判决四个阶段,适用《民事诉讼法》所规定的诉讼原则和制度。此外,最高人民法院出台了《环境侵权责任司法解释》,其相关规定优先适用。

## 三、环境行政诉讼

环境行政诉讼是人民法院根据对具体环境行政行为不服的公民、法人或者其他组织(环境行政相对人)的请求,在双方当事人和其他诉讼参与人的参加下,依照法定程序,审理并裁决环境行政争议案件的司法活动。

### (一)环境行政诉讼的受案范围

根据《行政诉讼法》第 25 条的规定,能够提起行政诉讼的原告包括行政行为的相对人以及其他虽不是相对人、但是与行政行为有利害关系的公民、法人或其他组织。结合该法关于受案范围的规定,环境行政诉讼中当事人所具有的"法律上利害关系"主要包括:(1)不服环保机关作出的行政处罚决定。根据环保部制定的《环境行政处罚办法》,环境行政处罚的种类包括警告,罚款,责令停产整顿,责令停产、停业、关闭,暂扣、吊销许可证或者其他具有许可性质的证件,没收违法所得、没收非法财物,行政拘留以及法律、行政法规设定的其他行政处罚种类。同时,实施行政处罚时,行政机关还可以作出责令当事人改正或者限期改正违法行为的行政命令。(2)不服环保机关作出的查封、扣押等行政强制措施。(3)不服环保机关作出的许可决定,或者环保机关拒绝或在法定期限内不予答复。(4)申请行政机关履行保护人身权、财产权等合法权益的法定职责,行政机关拒绝履行或者不予答复的。(5)环保机关违法要求履行义务的。(6)认为行政机关侵犯其他人身权、财产权等合法权益的。

### (二)环境行政诉讼中的特殊问题

环境行政诉讼作为行政诉讼的一种,必须遵守所有行政诉讼所共同遵守的司法原则。这些原则可以分为两类:(1)环境行政诉讼作为一种一般的诉讼活动应该遵守的基本原则,如人民法院独立行使审判权原则;以事实为依据,以法律为准绳原则;合议制原则;回避原则;公开审判原则;两审终审制原则;当事人法律地位平等原则;使用本民族语言文字进行诉讼原则;辩论原则;人民检察院实行法律监督原则等。(2)环境行政诉讼作为一种行政诉讼活动所要遵守的基本原则,如选择复议原则,具体环境行政行为不因诉讼而停止执行原则,被告负举证责任原则,不适用调解原则,审查具体环境行政行为合法性原则,有限司法变更权原则等。以下重点介绍环境行政司法审查中的特殊问题。

1. 环境行政司法审查的范围

传统上,环境行政司法审查的对象主要是环境行政处罚,近年来则逐渐拓展到对于建设项目的环境影响评价等环节,具有鲜明的预防性司法特征,但对于环境规划、环境标准制定等抽象性行政行为,尚未进入司法审查的范围。

环境影响评价的根本宗旨是政府决策时最大限度地反映或听取广大公众的合理化建议,能够做到政府决策的科学化、民主化及合理化。因此,环评制度有效落实的关键在于保障广泛的公众参与和充分的信息公开。依据现行《行政诉讼法》,环评制度的司法审查,也必须以原告与环评的对象具有"法律上的利害关系",因此,法院的审查重点主要集中在是否充分保障公民的知情、参与、申辩、听证等权利。关于是否应该或者可以进行实质性审查,在理论上尚有争议,司法实践中还没有案例。

2. 环境行政司法审查的强度

传统上,法院对行政行为主要进行合法性审查,而不具体判断行政行为的合理性与适当性。新修正的《行政诉讼法》在坚持合法性审查原则的基础上,进一步加大了对行政行为合理性审查的力度,将原来的合理审查范围由"行政处罚显失公正"扩大到了对所有行政行为的"明显不当",扩大了法院对行政行为的审查强度。对于环境行政而言,尤其环境问题涉及高度的科技关联和广泛的利益冲突,环境决策也由此具有浓厚的科技背景,甚至要"决策于未知之中",故环境行政法上充满了不确定法律概念,给行政机关留下了大量的裁量空间,也增加了行政恣意的风险。如果法院仅仅对行政合法性进行审查,难以对行政相对人进行有效的保护;但如果法院对环境行政行为的审查过密,则又不利于行政机关进行合理的环境决策,如何在强化对行政行为的审查和尊重行政机关的专业判断之间达到平衡,成为各国法院应对的重心。从各国经验来看,大多从正当程序出发,着重对环境决策程序进行合法性和合理性审查。

## 四、环境私益诉讼的局限与不足

环境私益诉讼在解决私人之间的环境纠纷、保障私人权益、规范行政权运作等方面发挥了重要作用,但其局限也是明显的。私益诉讼仅关注到环境侵害造成的人身、财产损害,使得环境司法在应对环境问题上的功能不能得到完整发挥。原因在于,环境私益诉讼建立在传统诉讼的基本预设之上,认为侵害行为仅会造成单一的人身、财产损害,本质上是一种对人责任;而环境损害则具有典型的二元特征,不仅会造成"对人的损害",而且还会造成"对环境的损害"。环境侵害具有典型的间接性与不特定指向,行为人的活动都不直接针对他人的财产或者人身,而是指向自然环境;行为造成的后果既有他人人身、财产、精神的损害,又有对自然环境本身的损害。有些时候,可能是"对人的损害"与"对环境的损害"并存(混合损害);有些情况下,可能只有"对环境的损害",而没有可归属于具体"人"的损害(纯生态损害)。

这决定了环境纠纷关涉私益与公益、个人损害与生态损害、直接利益与间接利益、实际损失与未来风险等多重因素。但私益诉讼仅关注个体的私益损害,且被局限于直接损害和实际损害,难以满足环境纠纷的解决的需求。虽在个案中可能使个体的人身、财产权益得到救济,但由于无法关注个案所导致的公共利益损害问题,环境司法的功能由此就大打折扣。

### (一)环境民事诉讼的局限

自然环境是民事法律关系和环境法律关系的共同客体,但由于民法与环境法秉持不同的价值追求和采取不同的权利保护手段,因而两者之间的本质属性上不同。虽然在保护环境、维护人类生存家园的共同目标下,民法作出了努力,将一些环境保护义务纳入,以限制个人权利自由,对生态环境保护具有间接作用。但在不改变意思自治理念的前提下,通过私益诉讼无法实现维护公共利益的目标,私益诉讼在生态保护方面的局限十分明显:

1. 生态损害私法保护模式的涵盖范围有限。生态损害纳入民法调整,必须以生态环境组分或要素可以特定化为物权客体为前提。而作为物权客体的

"物",至少需要具备"法律上具有排他支配之可能性",[16]即必须是特定物、独立物,可以彼此区分从而在法律上设定所有权。但并非所有的环境要素都可以成为所有权或用益物权的客体,如空气就不具有支配性、排他性、独立性等特征,无法特定化为物权客体,难以通过追究物权责任方式修复受污染的大气环境。

2. 生态损害间接保护模式的碎片化难以实现对生态价值的应有关注。间接保护模式的实质是依托生态环境的资源属性间接实现对其生态属性的观照,在具体做法上是将生态环境的组分或要素进行分割,使之成为特定之物从而归属于一定权利主体。然而,生态系统作为一种复杂适应系统,交互性和不可分割性是其最重要的特征,建立在近代经典科学基础上的还原主义法律观恰是导致环境问题的重要制度根源。[17] 运用传统的私益救济模式解决生态损害,注定是"只见树木,不见森林",虽能在一定程度上弥补个体损害,但难以实现对生态损害的有效填补。

3. 在间接保护模式下,环境权无法得到有效救济。生态损害所侵害的法益实际上是环境权,[18]但在间接保护模式下,环境权成为了物权行使的"反射利益",而物权保护主要通过恢复原状和金钱赔偿。这两种救济手段在应对生态损害时往往存在诸多难题:恢复原状是针对物的毁损,所涉及的也主要是经济损失,人们对环境所享有的权利和利益(附着于被侵害的财产上)往往未加考虑;损害赔偿以恢复原状为原则、金钱赔偿为例外,环境侵权责任的司法解释虽规定了恢复原状,但其落脚点仍在恢复原状的费用上,即加害人可以不承担恢复原状的义务,而以金钱赔偿作为替代,这种做法,表面看更容易使恢复原状得以实施,但实际上则可能因赔偿权利人不去修复环境而导致恢复原状的空洞化。

事实上,由于间接保护方式救济生态损害在力度和范围上都极为有限,作为推进民法在应对环境问题上的尝试,很多学者都提出了可以采取扩大"一般人格权"的路径,或者将"洁净空气"、"纯净的水"、"无噪声"归入民法典所

---

〔16〕 谢在全:《民法物权论》(修订5版),中国政法大学出版社2011年版,第10页。

〔17〕 See Klaus Bosselmann, *Losing the Forest for the Trees: Environmental Reductionism in the Law*, 2 Sustainability 2424(2010), at 2430 - 2431.

〔18〕 参见本书第五章。

规定的“其他权利”，或者将生态损害认定为“纯粹经济损失”等许多主张。[19]但这些做法都受到很多质疑，认为会对法的安定性造成危害。生态损害若想在私法框架内加以解决，就必须开辟新法理，在通过间接保护方式进行个别救济的同时，更需要打破传统民事诉讼对于原告资格的限制，建立一种“公法性质、私法操作”的新型请求权，此时，原告提起诉讼并非基于其对生态环境享有直接的人身或财产权益，而是作为环境权的主体来提起诉讼，其目的不是“保障个人的权利或利益”，而是通过立法在立法政策上，利用“争讼”这一程序来实现“维持客观的法秩序”或者“保护公共的利益”的目的，从而建立一种本质上不同于私益“主观诉讼”的客观诉讼制度。[20]

（二）环境行政诉讼的局限

环境行政诉讼在保护公民、法人和其他组织合法权益的同时，通过个案监督环境行政机关依法行使职权，发挥了一定作用。但是，在法律尚未明确承认环境权的背景下，环境行政往往被认为是为公共利益而运作，并非以保障公民个体的权利、利益为直接目的，[21]公民因环境行政而受到的利益，仅仅是“反射利益”，公民与其并不具有“法律上的利害关系”。这种对于原告资格的严格限制，决定了个案的示范效力极为有限。虽然从环境行政执法现状来看，相较于环境执法手段的不完善，我国更大的问题是行政权的不作为或不当作为。作为垄断环境执法权的政府，往往基于强烈的 GDP 冲动成为环境破坏的帮凶乃至罪魁，《环境保护法》在实体法上对于加大政府环境保护责任、加强对环境行政管理机关的执法责任作出了努力，建立了严格的问责制度。因而通过司法监督政府依法履行环境管理职责，应当是环境行政诉讼的重心。

然而，环境保护作为公共事务，许多行政行为并没有直接的相对人，也不会对特定的个人权利义务产生影响，但政府的决策或者执法行为可能对自然环境带来巨大影响甚至是毁灭性后果。这种情形下，面对政府及环保机关违法履职、选择性执法、懈怠执法等情形，公民或社会组织因不具有“法律上利害关系”而无法提出行政诉讼，实现司法救济。由于行政机关是维护环境公

---

〔19〕［德］冯·巴尔：《大规模侵权损害责任法的改革》，贺栩栩译，中国法制出版社 2010 年版，第 81～87 页。

〔20〕［日］盐野宏：《行政法》，杨建顺译，法律出版社 1999 年版，第 429 页。

〔21〕如我国《环境保护法》的立法目的即明确指出是“保障公众健康”，而非保障公民个人权利。

共利益的法定责任主体，不允许通过司法对其进行监督，转而要求公众对污染企业提起诉讼，实际上是要求司法代替行政机关，有违宪法规定的权力配置原则，造成司法资源的浪费。

## 第三节 环境公益诉讼

### 一、环境公益诉讼的产生和发展

#### （一）环境公益诉讼的域外发展

公益诉讼是指一定的组织和个人可以根据法律法规的授权，对违反法律、侵犯国家利益和社会公共利益的行为，向法院提起诉讼，由法院追究违法者法律责任的诉讼制度。与私益诉讼不同，公益诉讼是以促进公共利益为目的和诉讼条件，利害关系人甚至任何人均能提起，诉讼目的是督促政府机构或其管理相对人履行法定义务。

公益诉讼最早可以追溯到罗马法时期。罗马法把诉讼分为公诉和私诉，以私人资格发生、保护私人权益为目的的诉讼为私诉；以保护公共利益为目的的诉讼为公诉，除法律有特别规定者外，凡市民皆可提起。现代意义上的公益诉讼则发端于美国20世纪五六十年代的民权运动，旨在挑战针对黑人的种族隔离和种族歧视政策。20世纪70年代以来，公益诉讼逐渐成为了一种全球景象，范围从最初的取消种族隔离诉讼扩展到为保护所有社会弱势群体、边缘化群体——环境、消费者、女性、有色人种、未成年人及类似的诸多利益。虽然各国称谓迥异，具体操作方法亦不相同，但所体现的精神和基本形式却穿越两千年而不易。

环境公益诉讼同样发轫于美国。美国1970年《清洁空气法》规定了公民诉讼制度，[22]随后有多部法律采纳。公民诉讼赋予公民及其团体对违反法定

〔22〕 与我国公益诉讼制度不同，美国没有公私法划分，其公民诉讼制度兼具民事和行政性质，且原告在提起公民诉讼前必须履行提前告知程序，以尊重环保部门在处理环境纠纷上的权力。在环保部门没有采取措施或者认为环保部门采取的措施没有到达勤勉程度时，方可选择针对环保部门或者污染者提起诉讼。

义务的污染者或怠于执法的环境保护行政机关提起诉讼的权力。公民或团体借助法院的司法权，可以“私人检察官”身份，对环境违法者提起“公”诉，成为环境法律的特殊执法主体。公民诉讼制度的理念在于，执法资源有限、信息不充分以及政治上的压力经常使政府环境执法不力，而居住在污染源附近的公民是违法排污行为最经济、最有效的监控者。可以通过公民诉讼激励责任机构积极执法，如果这些机构未能勤政则可提供另外的执行机制；同时，设置提前告知程序，保证公民诉讼制度的设立不至于取代政府执法。

德国的团体诉讼则将原告限定于满足特定条件的社团法人，实质上是将具有共同利益的众多法律主体提起诉讼的权利“信托”给具有公益性质的社会团体，由该社会团体提起符合其章程、设立目的的诉讼。[23] 但是，与其他领域的团体诉讼可以针对平等主体不同（如反不正当竞争中的团体诉讼可以针对经营者），环境保护团体诉讼只能针对环保部门提起，目的在于督促政府履行职责。

日本主要通过民众诉讼来维护环境公益。民众诉讼主要针对行政机关提出，是国民请求纠正国家或者公共团体不符合法律规定的行为，并以选举人的资格或自己在法律上的利益无关的其他资格提起的诉讼。[24] 民众诉讼的目的是保护客观上的法律秩序，使国民以选举人的身份通过诉讼手段制约国家机关或公共权力机构行使职权行为，监督法律的正确适用。典型的民众诉讼形式有选举无效诉讼、当选无效诉讼以及住民诉讼等，与环境公益诉讼相关的主要是地方自治法所规定的住民诉讼制度。

我国台湾地区“环境法”引入了美国的公民诉讼制度。台湾地区“环境基本法”及其他单行环境法中均确立了环境公民诉讼条款，如“环境基本法”第34条规定，“各级政府疏于执行时，人民或公益团体得依法律规定以主管机关为被告，向行政法院提起诉讼”。其目的在于为督促政府能彻底执行环境保护工作，性质上是无须具有利害关系的客观诉讼。

### （二）我国环境公益诉讼的发展

我国环境公益诉讼“实践先行”。在法律尚未明确规定的时候，由一些地

---

〔23〕 谢伟：“德国环境团体诉讼制度的发展及其启示”，载《法学评论》2013年第2期。

〔24〕 王太高：“论行政公益诉讼”，载《法学研究》2002年第5期。

方以改革试点方式探索,2007年贵阳环保法庭成立,媒体就称为“为公益诉讼而生”,贵州、江苏、云南、福建、海南等省以地方立法或者高级法院发布司法规则方式,推动公益诉讼发展。[25] 但这些实践都因为缺乏法律依据,遭到了诸多质疑。

在多方努力之下,2012年修订的《民事诉讼法》第55条首次规定“对污染环境、侵害众多消费者合法权益等损害社会公共利益的行为,法律规定的机关和有关组织可以向人民法院提起诉讼”,为环境民事公益诉讼“破冰”,提供了程序法依据。但2014年修改《行政诉讼法》时,写入公益诉讼的建议却没有得到采纳。

2014年修订的《环境保护法》从实体法上进一步明确了环境公益诉讼制度,该法第58条规定了提起公益诉讼的社会组织资格。2014年年底,最高人民法院颁布《关于审理环境民事公益诉讼案件适用法律若干问题的解释》,对社会组织提起环境公益诉讼的条件与程序进行了进一步明确的解释,为社会组织提起环境公益诉讼提供了可操作规范。

2015年7月1日,全国人大常委会通过《关于授权最高人民检察院在部分地区开展公益诉讼试点工作的决定》,次日,最高人民检察院正式发布《检察机关提起公益诉讼试点方案》,在北京、内蒙古、江苏、贵州、福建等13个省、自治区、直辖市的检察院开展提起公益诉讼试点,试点期为三年。根据试点方案,检察机关应针对生态环境和资源保护等领域侵害国家和社会公共利益的情况,及时提起公益诉讼,加强对国家和社会公共利益的保护。根据该试点方案,检察院提起公益诉讼的被告,既可以是污染和破坏环境的企业,也可以是环境保护管理部门。2016年2月,最高人民法院发布《人民法院审理人民检察院提起公益诉讼案件试点工作实施办法》,对人民法院审理人民检察院提起公益诉讼案件的受案范围、起诉材料、诉讼请求、诉讼地位、案件管辖、反诉、陪审制、调解、撤诉、二审和再审程序、司法公开、司法建议、诉讼费用等问题作出了明确规定。应该说,环境公益诉讼制度尚在形成过程中,目前,在诉讼类型、原告资格、诉讼程序等方面理论上还有不少分歧,实践中也还存在不少问题。

---

〔25〕 庄庆鸿:“环保法庭的公益诉讼困境”,载《中国青年报》2013年11月9日。

## 二、环境公益诉讼的基本内容

环境公益诉讼作为一种客观诉讼，是不同于私益诉讼的独立类型。从性质上讲，不能简单归属于传统的诉讼类型。[26] 但由于其是一种“公法性质，私法操作”的制度设计，这种制度设计必须通过一定的立法形式来体现。在我国，实行的是民事诉讼、行政诉讼分立模式，针对污染和破坏企业的诉讼、针对行政机关的诉讼也需要分别在不同的诉讼法中加以规定。于是，比照私益诉讼中环境民事诉讼和环境行政诉讼的分类，依据被诉对象的不同，也将环境公益诉讼分为环境民事公益诉讼和环境行政公益诉讼，前者是针对污染和破坏者进行的诉讼，后者是针对环境监管者的诉讼。

### （一）环境民事公益诉讼

从现行规范体系来看，我国环境民事公益诉讼实际上存在两种形态。

1. 社会组织提起环境公益诉讼的资格和程序

社会组织依据《环境保护法》第58条以及《最高人民法院关于审理环境民事公益诉讼案件适用法律若干问题的解释》，可以提起环境民事公益诉讼。

提起环境民事公益诉讼的社会组织的资格为：(1)在设区的市级以上人民政府民政部门登记的社会团体、民办非企业单位以及基金会等，其中“设区的市级”包括设区的市，自治州、盟、地区，不设区的地级市，直辖市的区。(2)社会组织章程确定的宗旨和主要业务范围是维护社会公共利益，且从事环境保护公益活动。其中，社会组织提起的诉讼所涉及的社会公共利益，应与其宗旨和业务范围具有关联性。(3)社会组织在提起诉讼前五年内未因从事业务活动违反法律、法规的规定受过行政、刑事处罚。

根据最高人民法院的司法解释，社会组织提起环境民事公益诉讼的内容主要包括：

(1)受案范围。根据《环境保护法》及司法解释规定，环保组织可以对已经损害社会公共利益或者具有损害社会公共利益重大风险的污染环境、破坏生态的行为提起诉讼。在实践中，也有社会组织提起了这两类诉讼，法院均已

---

〔26〕 吕忠梅：“环境公益诉讼辨析”，载《法商研究》2008年第5期。

受理。[27]

(2)诉讼管辖。第一审环境民事公益诉讼案件由污染环境、破坏生态行为发生地、损害结果地或者被告住所地的中级以上法院管辖。中级人民法院认为确有必要的,可以在报请高级人民法院批准后,裁定将本院管辖的第一审案件交由基层法院审理。经最高人民法院批准,高级人民法院可以根据本辖区实际情况,确定部分中级人民法院集中受理第一审案件。同一原告或者不同原告分别向两个以上有管辖权的法院提起的,由最先立案的法院管辖,必要时由共同上级人民法院指定管辖。

(3)鉴定问题。针对环境诉讼中鉴定难、鉴定贵问题,司法解释采取了四方面措施:第一,对于应当由原告承担举证责任且为维护社会公共利益所必要的专门性问题,人民法院可以依职权委托具备资格的鉴定人进行鉴定。第二,对于应由原告负担的鉴定费用,人民法院还可以从其他环境民事公益诉讼生效裁判认定的生态环境修复费用以及生态环境受到损害至恢复原状期间服务功能等款项中酌情予以支付。第三,保障当事人要求专家出庭发表意见的权利,对于符合条件的申请应及时通知专家出庭就鉴定意见和专业问题提出意见,专家意见经质证,可以作为认定事实的根据。第四,对于生态环境修复费用,人民法院可以结合污染环境、破坏生态的范围和程度、生态环境的稀缺性、生态环境恢复的难易程度、防治污染设备的运行成本、被告因侵害行为所获得的利益以及过错程度等因素,并可以参考负有环境保护监督管理职责的部门的意见、专家意见等,予以合理确定。

(4)责任方式。原告可以请求被告承担停止侵害、排除妨碍、消除危险、恢复原状、赔偿损失、赔礼道歉等民事责任,其中恢复原状处于核心地位。适用恢复原状这一责任方式应遵循以下原则:第一,生态环境损害发生后,被告首先应当采取有效措施将生态环境修复到损害发生之前的状态和功能。比

---

〔27〕 例如,中国生物多样性保护与绿色发展基金会针对实施雅砻江水电梯级开发计划可能破坏濒危野生植物五小叶槭生存的情况,提起了国内首例保护濒危植物公益诉讼,请求依法判令水电公司立即采取适当措施,确保不因雅砻江水电梯级开发计划的实施而破坏珍贵濒危野生植物五小叶槭的生存。绿发会、自然之友都针对生物多样性、古村落保护等提起了诉讼,此处不作介绍。2015 年 10 月,绿发会又向郑州市中级人民法院提起国内首起人文遗迹(文物)保护公益诉讼,以破坏生态的诉由将郑州市上街区峡窝镇马固村村委会、上街区政府、上街区峡窝镇政府、上街区文化广电新闻出版局诉至法院。

如,在植被破坏地按照受损植被的种类、数量进行补种复绿。第二,出现部分或全部无法原地原样恢复情形的,可以准许采用替代性修复方式。比如,因采矿遭受破坏的山体植被无法原地恢复的,可以在异地按照相同种类、数量进行补种复绿。

(5)司法能动。环境民事公益诉讼的公益属性决定了人民法院在坚持司法中立原则的同时,也要在合理限度内发挥职能作用,防止因原告诉讼能力欠缺或不作为导致环境公共利益得不到有效维护。为此,司法解释在四个方面扩大了法院职权:第一,行使释明权,即法院认为原告提出的诉讼请求不足以保护社会公共利益的,可以向其释明变更或者增加停止侵害、恢复原状等诉讼请求;第二,依职权调查收集证据和委托鉴定;第三,对当事人处分权进行适度限制,即对原告的自认是否有损社会公共利益进行审查,不允许被告以反诉形式提出诉讼请求,以及对当事人达成的调解协议或和解协议进行公告并对协议的内容依职权进行审查;第四,主动移送执行,直接由审判人员将生效裁判直接移送执行人员。

(6)司法与执法的衔接。人民法院受理环境民事公益诉讼后,应当在十日内告知对被告行为负有环境保护监督管理职责的部门,对于因相关部门依法履行监管职责而使原告诉讼请求已经全部实现的,如原告坚持不申请撤诉,人民法院应判决驳回原告的诉讼请求。为进一步落实协调机制,最高人民法院还与民政部、环境保护部联合制定《关于贯彻实施环境民事公益诉讼制度的通知》,对查询社会组织基本信息、调取证据资料以及组织修复生态环境等需要几个部门协调配合的内容提出了明确的要求。

(7)公益诉讼与私益诉讼的衔接。第一,环境民事公益诉讼和私益诉讼不能合并审理,如公民、法人和其他组织以人身、财产受到损害为由申请参加环境民事公益诉讼的,人民法院应告知其另行起诉。第二,公益诉讼生效裁判就行为与损害之间是否存在因果关系等方面作出对私益诉讼原告有利的认定,其可以在私益诉讼中主张直接适用,被告有相反的证据予以推翻除外。第三,被告财产不足以履行判决确定的全部赔偿义务的情况下,应当先履行私益诉讼判决所确定的义务。

2. 检察机关提起环境民事公益诉讼的资格和程序

根据《检察机关提起公益诉讼试点方案》以及《人民法院审理人民检察院

提起公益诉讼案件试点工作实施办法》(以下简称《工作办法》),检察机关提起环境民事公益诉讼适用环境民事公益诉讼司法解释的一般规定,但同时也具有一些特殊要求。

(1)诉前程序。检察机关在提起民事公益诉讼之前,应当依法督促或者支持法律规定的机关或有关组织提起民事公益诉讼。法律规定的机关或者有关组织应当在收到督促或者支持起诉意见书后一个月内依法办理,并将办理情况及时书面回复检察机关。经过诉前程序,法律规定的机关和有关组织没有提起民事公益诉讼,社会公共利益仍处于受侵害状态的,检察机关可以提起民事公益诉讼,要求被告停止侵害、排除妨碍、消除危险、恢复原状、赔偿损失、赔礼道歉等。

(2)原告地位。检察机关以公益诉讼人身份提起民事公益诉讼,诉讼权利义务参照民事诉讼法关于原告诉讼权利义务的规定。对于人民法院作出的民事公益诉讼判决、裁定,当事人依法提起上诉、人民检察院依法提起抗诉或者其他当事人依法申请再审且符合《民事诉讼法》第 200 条规定的,分别按照民事诉讼法规定的第二审程序、审判监督程序审理。

对于上述司法解释、试点方案和工作办法中没有规定的内容,可以适用最高人民法院《环境侵权责任司法解释》。

(二)环境行政公益诉讼

环境行政公益诉讼也显现了"实践先行"的轨迹,有些地方检察院早在 20 世纪 90 年代就开始了提起环境公益诉讼的探索,但总体上看不仅案件数量少,而且很难看到某一地区或者某个检察院持续提起环境公益诉讼,大多只有一至两个案件,呈现分散、零星的特点,不能为学理上提供充分的研究对象。2015 年 7 月,全国人大常委会授权检察院进行提起公益诉讼试点,2015 年年底试点才真正展开。这项工作虽然推进很快,但总体上还处于起步阶段。根据前述试点方案和工作办法的规定,检察机关提起环境行政公益诉讼需适用以下程序。

1. 诉前监督程序

检察机关提起环境行政公益诉讼需要履行诉前监督程序,应当先行向相关行政机关提出检察建议,督促其纠正违法行政行为或者依法履行职责。行政机关应当在收到检察建议书后一个月内依法办理,并将办理情况及时书面回复检察机关。经过诉前程序,行政机关拒不纠正违法行为或者不履行法定职责,国家和社会公共利益仍处于受侵害状态的,检察机关可以提起行政公益诉讼,其诉讼请求包括撤销或者部分撤销违法行政行为、在一定期限内履行法定职责、确认行政行为违法或者无效等。

2. 诉讼管辖

根据《工作办法》,检察机关提起行政公益诉讼由最初作出行政行为的行政机关所在地基层人民法院管辖,经复议的案件也可以由复议机关所在地基层人民法院管辖;人民检察院对国务院部门或者县级以上地方人民政府所作的行政行为提起公益诉讼的案件以及本辖区内重大、复杂的公益诉讼案件由中级人民法院管辖。

3. 诉讼程序

检察机关提起环境行政公益诉讼依照《行政诉讼法》和《环境保护法》及相关法律审理,其诉讼权利义务参照《行政诉讼法》关于原告诉讼权利义务的规定。一审原则上适用人民陪审制,且不适用调解,检察机关在宣告判决或者裁定前申请撤诉的,由人民法院裁定是否准许。对于人民法院作出的行政公益诉讼判决、裁定,当事人依法提起上诉、人民检察院依法提起抗诉或者其他当事人申请再审且符合《行政诉讼法》第 91 条规定的,分别按照行政诉讼法规定的第二审程序、审判监督程序审理。

由于我国检察机关的司法机关性质,依照宪法和法律具有法律监督的职权,如何处理环境行政公益诉讼中两个公权力机关的关系,尤其是检察机关的诉讼地位等问题,存在争议。在环境公益诉讼中,检察机关是诉讼程序启动者没有疑问,但如何理解试点方案中的"检察机关在履行职责中"发现的损害环境公共利益的行为?检察机关履行法律监督职责与检察机关提起民事公益诉讼之间是什么关系?检察机关收集的证据在环境民事公益诉讼中的效力应如何认定?如果检察机关作为原告提起的环境民事公益诉讼败诉,二审按照什么程序进行?检察机关是否可以不提起上诉而直接进入审判监督程序?对此,《工作办法》中一方面表示检察机关的诉讼权利义务参照《民事诉讼法》和《行政诉讼法》中关于原告诉讼权利义务的规定,但同时又规定了检察机关对裁判不服的是提起抗诉而非上诉,按照审判监督程序审理。这些都会对检察院提起环境行政诉讼乃至检察院提起公益诉讼试点造成影响,需要尽快由立法机关加以明确。

（三）国家代表人诉讼

在我国，还有一种特殊的诉讼形式——国家代表人诉讼，因为国家所有权的特殊性，也有学者将其纳入公益诉讼的范畴。[28] 笔者认为，这类诉讼不是典型的公益诉讼，作为国家所有权行使的一种特殊方式，本质上依然是私益诉讼。但由于在我国公有制下，国家代表人诉讼担负着代表全体人民的功能，因此而具有一定的公益性，可以将其作为与公益性私益诉讼的一种形式。

2015年12月，中共中央办公厅、国务院办公厅印发《生态环境损害赔偿制度试点改革方案》，规定试点地方省级政府经国务院授权后，作为本行政区域内生态环境损害赔偿权利人对造成生态环境损害的单位或个人主张承担生态环境损害赔偿责任。同时，方案明确指出海洋生态环境损害适用《海洋环境保护法》的规定。据此，国家代表人诉讼目前也分成普通的生态环境损害赔偿诉讼以及海洋生态环境损害赔偿诉讼。

1. 生态环境损害赔偿诉讼

根据试点方案，2015年至2017年将选择部分省份开展生态环境损害赔偿制度改革试点；2018年开始在全国试行生态环境损害赔偿制度；到2020年，力争在全国范围内初步构建责任明确、途径畅通、技术规范、保障有力、赔偿到位、修复有效的生态环境损害赔偿制度。目前，国务院已确定贵州、湖南、山东等7个省份展开试点，最高人民法院也要求积极探索省级政府提起生态环境损害赔偿诉讼案件的审理规则。[29]

（1）适用范围。方案所称的生态环境损害，是指因污染环境、破坏生态造成大气、地表水、地下水、土壤等环境要素和植物、动物、微生物等生物要素的不利改变，以及上述要素构成的生态系统功能的退化，即环境污染和生态破坏引发的对环境本身的损害（纯生态损害）。当发生较大及以上突发环境事件，或者在国家和省级主体功能区规划中划定的重点生态功能区、禁止开发区发生环境污染、生态破坏事件，或者发生其他严重影响生态环境事件的，赔偿权

---

〔28〕 颜运秋："公益诉讼：国家所有权保护和救济的新途径"，载《环球法律评论》2008年第3期。

〔29〕 《最高人民法院关于充分发挥审判职能作用为推进生态文明建设和绿色发展提供司法服务和保障的意见》（法发〔2016〕12号）。

利人可以对造成生态环境损害的单位或个人主张损害赔偿责任。

(2)赔偿权利人。试点地方省级政府经国务院授权后,作为本行政区域内生态环境损害赔偿权利人,可指定相关部门或机构负责生态环境损害赔偿具体工作。

(3)赔偿范围。包括清除污染的费用、生态环境修复费用、生态环境修复期间服务功能的损失、生态环境功能永久性损害造成的损失以及生态环境损害赔偿调查、鉴定评估等合理费用。

(4)磋商程序。经调查发现生态环境损害需要修复或赔偿的,赔偿权利人根据生态环境损害鉴定评估报告,就损害事实与程度、修复启动时间与期限、赔偿的责任承担方式与期限等具体问题与赔偿义务人进行磋商,统筹考虑修复方案技术可行性、成本效益最优化、赔偿义务人赔偿能力、第三方治理可行性等情况,达成赔偿协议。磋商未达成一致的,赔偿权利人应当及时提起生态环境损害赔偿民事诉讼。赔偿权利人也可以直接提起诉讼。

2. 海洋生态环境损害赔偿诉讼

《海洋环境保护法》第 90 条规定:"造成海洋环境污染损害的责任者,应当排除危害,并赔偿损失;完全由于第三者的故意或者过失,造成海洋环境污染损害的,由第三者排除危害,并承担赔偿责任。对破坏海洋生态、海洋水产资源、海洋保护区,给国家造成重大损失的,由依照本法规定行使海洋环境监督管理权的部门代表国家对责任者提出损害赔偿要求。"按照本条的规定,发生海洋环境污染事故后,可能发生的后果主要包括以下三种:(1)使他人财产遭受损失,包括法人的财产和公民个人的财产;(2)使他人人身造成损害,包括致伤或致死;(3)造成各种海洋资源的损害,包括生态资源、水产资源和旅游资源等。其中第三种损害不是给某个个人或某个单位造成损失,而是使某一区域或某一种资源受到损害。由于海洋资源属于国家所有,对破坏海洋生态、海洋水产资源、海洋保护区,给国家造成重大损失的,由依照本法规定行使海洋环境监督管理权的部门代表国家对责任者提出损害赔偿要求。

2014 年 10 月 21 日,国家海洋局印发《海洋生态损害国家损失索赔办法》,重点围绕海洋生态损害国家索赔的目的依据、适用范围、索赔内容、索赔主体、索赔途径、保全措施、信息公开、赔偿金用途等方面提出了明确的规定和要求。其主要内容包括:从涵盖的行为来看,包括新建、改建、扩建海洋、海岸工程建设项目等十二类活动，造成国家重大损失的情形；从索赔费用的构成看，包括控制、减轻、清除生态损害而产生的处置措施费用，以及由处置措施产生的次生污染损害消除费用等五类费用；从职责划分来看，明确了“国家海洋局主抓监督管理，国家海洋局派出机构和地方海洋行政管理部门依据管辖海域分片管理”的职责划分格局；从索赔程序上看，形成了四步走的基本程序，具体是：预判—评估—发送索赔函—协商、仲裁或诉讼等。

根据《海事诉讼特别程序法》，海洋生态损害赔偿之诉由海事法院专属管辖，并适用该法规定的程序。

**延伸阅读**　泰州市环保联合会诉锦汇、常隆等公司环境污染公益诉讼案[30]

2012年1月至2013年2月，常隆、锦汇等六家公司将生产过程中产生的副产酸等危险废物总计25934.795吨，通过买卖合同等方式交给没有危害废物经营许可证的江中公司等企业进行处置，同时还以每吨20元到100元不等的价格提供补贴。江中公司等企业对这些危险废物未做任何处理，直接将其倾倒进如泰运河、古马干河，造成了严重的环境污染。江中公司等企业负责人及倾倒者因此犯有污染环境罪，被判处25年有期徒刑。2013年泰兴市环境监测站对如泰运河、古马干河水质进行检测，结果显示不达标。经泰州市人民检察院和泰州市环境保护局委托，江苏省环境科学学会于2014年4月出具《评估技术报告》，载明正常处理倾倒危险废物中的废酸需要花费3662.0644万元。2014年8月，泰州市环保联合会对上述六家企业提起诉讼。

江苏省泰州市中级人民法院认定六家被告构成侵权，并根据环境保护部《环境污染损害数额计算推荐方法》所规定的Ⅲ类水体环境修复费用计算标准，以上述评估报告中合法处置副产酸的成本3662.0644万元为虚拟治理成本，按该虚拟治理成本的4.5倍计算环境修复费用。最终，一审判决六家公司分担赔偿环境修复费用共计约160666745.11元。

常隆、锦汇等四家公司不服一审判决，向江苏省高级人民法院提起上诉。

〔30〕　吕忠梅：“司法理性不能止于‘天价’赔偿：泰州环境公益诉讼案评析”，载《中国法学》2016年第3期。

2014年12月，二审判决基本维持了一审判决，仅对一审确定的判决履行方式和履行期限做了改判，即如果当事人提出申请，且能够在判决生效之日起30日内提供有效担保的，环境修复费的40%可以延期至判决生效之日起1年内支付。在判决生效之日起1年内，如常隆公司等能够通过技术改造对副产酸进行循环利用，明显降低环境风险，且1年内没有因环境违法行为受到处罚的，其已支付的技术改造费用可以凭环保行政主管部门出具的企业环境守法情况证明、项目竣工环保验收意见和具有法定资质的中介机构出具的技术改造投入资金审计报告，向泰州市中级人民法院申请在延期支付的40%额度内抵扣。

锦汇公司对终审判决仍存异议，向最高人民法院提起再审申请。2016年1月31日，最高人民法院(2015)民申字第1366号民事裁定书最终裁定驳回泰兴锦汇华东有限公司的再审申请。

至此，历经3年的泰州市环保联合会与锦汇、常隆等公司环境污染侵权纠纷案终于画上了句号。由于该案为2014年《环境保护法(修正案)》通过后环保社会团体提起的首个公益诉讼且判决金额巨大，广受各方关注，也被媒体称为"天价诉讼"。抛开媒体的渲染，该案实属"经典"：其参与主体的特殊、诉讼程序的完整、环境污染损害鉴定评估方法以及专家辅助人的运用、赔付履行方式的创新等，都可以使该案成为我国环境法治史上的里程碑。

## 思考题

1. 本案中，泰州市环保联合会是否有资格提起公益诉讼？法院判决常隆、锦汇等六家公司承担法律责任适用了何种归责原则？判决江中公司承担法律责任的法律依据是什么？
2. 如何理解环境司法专门化的必要性与可能性？
3. 在我国，环境私益诉讼有哪些类型？私益诉讼与公益诉讼是什么关系？

**图书在版编目(CIP)数据**

环境法学概要 / 吕忠梅主编. -- 北京:法律出版社, 2016.8(2024.7 重印)
ISBN 978-7-5118-9922-4

Ⅰ.①环… Ⅱ.①吕… Ⅲ.①环境法学-研究 Ⅳ.①D912.604

中国版本图书馆 CIP 数据核字(2016)第 210820 号

**环境法学概要**
**HUANJING FAXUE GAIYAO**

吕忠梅 主编

责任编辑 吴 昉
装帧设计 凌点工作室

**出版发行** 法律出版社
**编辑统筹** 法律教育出版分社
**责任校对** 陈 慧
**责任印制** 刘晓伟
**经 销** 新华书店

**开本** 720 毫米×960 毫米 1/16
**印张** 17.75 **字数** 268 千
**版本** 2016 年 8 月第 1 版
**印次** 2024 年 7 月第 8 次印刷
**印刷** 固安华明印业有限公司

地址:北京市丰台区莲花池西里 7 号(100073)
网址:www.lawpress.com.cn
投稿邮箱:info@lawpress.com.cn
举报盗版邮箱:jbwq@lawpress.com.cn
销售电话:010-83938349
客服电话:010-83938350
咨询电话:010-63939796


**书号**:ISBN 978-7-5118-9922-4
**定价**:36.00 元

凡购买本社图书,如有印装错误,我社负责退换。电话:010-83938349